Raimund Schwendner

High Value Management

Raimund Schwendner

High Value Management

Spitzenerfolge durch innovatives
Lernen, Coachen, Führen

Die Deutsche Bibliothek – CIP-Einheitsaufnahme
Ein Titeldatensatz für diese Publikation ist bei
Der Deutschen Bibliothek erhältlich

1. Auflage Mai 2002

Alle Rechte vorbehalten
© Betriebswirtschaftlicher Verlag Dr. Th. Gabler GmbH, Wiesbaden 2002

Lektorat: Ulrike M. Vetter

Der Gabler Verlag ist ein Unternehmen der Fachverlagsgruppe BertelsmannSpringer.
www.gabler.de

Das Werk einschließlich aller seiner Teile ist urheberrechtlich geschützt. Jede Verwertung außerhalb der engen Grenzen des Urheberrechtsgesetzes ist ohne Zustimmung des Verlags unzulässig und strafbar. Das gilt insbesondere für Vervielfältigungen, Übersetzungen, Mikroverfilmungen und die Einspeicherung und Verarbeitung in elektronischen Systemen.

Die Wiedergabe von Gebrauchsnamen, Handelsnamen, Warenbezeichnungen usw. in diesem Werk berechtigt auch ohne besondere Kennzeichnung nicht zu der Annahme, dass solche Namen im Sinne der Warenzeichen- und Markenschutz-Gesetzgebung als frei zu betrachten wären und daher von jedermann benutzt werden dürften.

Umschlaggestaltung: Nina Faber de.sign, Wiesbaden
Druck und buchbinderische Verarbeitung: Wilhelm & Adam, Heusenstamm
Gedruckt auf säurefreiem und chlorfrei gebleichtem Papier
Printed in Germany

ISBN 3-409-11948-5

Die Aufgabe

Die Ressource Zeit ist knapp. Ebenso die Verfügbarkeit der qualifizierten Mitarbeiter. Deshalb kann – trotz der vielfachen Veränderungen, die der unternehmerische Wandel erfordert – nicht stets aufs Neue in Prozesse der Führungs-, Team- und Personalentwicklung investiert werden. Andererseits erlaubt es der Wettbewerb nicht, nur mit Halbwissen und punktuellen Kompetenzen „über die Runden" zu kommen. Die Lösung strategischer wie personeller Probleme erfordert eine Reihe von Fähigkeiten, die in den Köpfen der Verantwortlichen präsent und so aktuell wie pfiffig sind, um zügig exzellente Resultate zu erzielen. Des Weiteren gilt es, die Standards der Zukunft zu setzen und als Benchleader künftige Spitzenpositionen auszubauen.

All das legt den Bedarf an einem hochwirksamen „High Value Management" nahe, um ein umfassendes, langfristiges und gleichermaßen hohes Niveau an Wertschöpfung zu erzielen. Damit Führungskräfte, Projekt- und Prozessverantwortliche diesen Anforderungen gerecht werden, sind „Value Competence Trainings" hilfreich. Diese müssen ebenso schnell zu guten Ergebnissen führen wie langfristig nützen, um den skizzierten Anspruch zu erfüllen. Dazu ist es wichtig, dass sie klar strukturiert, flexibel einsetzbar und auf nachhaltige Lernprozesse ausgelegt sind. Damit dienen sie als Modell für kompetentes Führungsverhalten: Denn die Führungs- und Personalverantwortlichen sind konsequent als „High Value Agents" zu fördern, das heißt als Leistungserbringer für eine umfassende Wertschöpfung zu qualifizieren.

Ein Beispiel mag das verdeutlichen: Mehrere Unternehmen mit unterschiedlichen Team- und Firmenkulturen schließen sich zusammen. Welche Lern-, Coaching- und Führungsprozesse erlauben es, binnen kurzem zu einer gedeihlichen, leistungsstarken Kooperation zu kommen? Wie können Teams und Führungsverantwortliche verschiedene Problemlösestile und -stärken erkennen und einbeziehen, ohne erst durch die Mühlen eines jahrelangen, oft als beschwerlich empfundenen „Kulturwandels" gehen zu müssen? Wie können sie ein Change Management, das sich langatmig anlässt, kurzerhand überholen und zügig zu weit besseren Ergebnissen kommen? Wie sind Coaching-Prozesse anzulegen, um mit einer, maximal zwei Sitzungen herausragende Lösungen für dringliche Probleme zu finden? Wie sind Kundenkontakte zu gestalten, um kritische Situationen erfolgreich auszuräumen? Was heißt es, die Kreativität von Mitarbeitern, Teams und Kunden zu verstehen – und professionell darauf einzugehen?

Greift man diese Herausforderungen auf, dann ist zu klären, wie im Rahmen der:

- strategischen Führung,
- Team- und Projektführung,
- Optimierung von Lösungsstrategien sowie des
- Team-Coachings, Kunden-Coachings als auch des dialogischen Lernens

geeignete, von Beginn an wirksame Maßnahmen zu gestalten sind, die gerade wegen ihrer Kürze zu raschen und substanziellen Erfolgen führen. Diesen Fragen widmet sich das Buch.

Inhaltsverzeichnis

Die Aufgabe 5

Die Befähigung zum „High Value Management" 13
    Kompetenzprofile des High Value Agent 16

**KAPITEL I: Vom richtigen Umgang mit Effektoren und Innovatoren -
Das Wichtige erkennen. Das Wesentliche lernen. Das Wirksame tun** 21

Sind Sie fit für die Pole-Position? Wirksame Hebel erkennen 23
    Checkliste I: Den optimalen Start beachten 28

Phase eins: Die αF-Analyse 29
    Proaktive und reaktive Wechselwirkungen erkennen 31
    Was sind Effektoren, Indikatoren, ambivalente und neutrale Faktoren? ... 34

Einflussprofile visualisieren 35
    Vier Schritte, um dem Missmanagement wirksam vorzubeugen 39

Belohnung als Risiko – Wie Sie psychologische Fallen vermeiden 41
    Ein häufiger Fauxpas der Personalentwicklung 42

Phase zwei: Die Dalton-Analyse 45
    Averell bewundern, von Joe, Jack und William lernen 45

Die „Dalton-Brüder" im Assessment-Center 47
    Fit für ein Reengineering? 47

„Lumpy Risks" – Entstehung, Diagnose, Prävention 49
    Iatrogener Stress und aktionistische Pausen 51

Klumpenrisiken – „Viren" in der virtuellen Kommunikation 56

KAPITEL II: Integrative Führung, Self-Controlling und Krisenprävention - Münchhausen und die Trojanischen Pferde: Wie erfolgreiche Kommunikationsmodelle das Lern- und Innovationsverhalten beeinflussen 63

Was zeichnet erfolgreiche Kommunikationssysteme aus? 65
    Integrative Führung steigert den Wert von IuK-Systemen 68
    Checkliste II: IuK-Systeme für die Führungs- und Personalentwicklung 71

Phase drei: Die Innovatoren-Analyse 72
    Handlungslernen 74
    Wahrnehmungslernen 75

Das Münchhausen-Prinzip: Wie zieht man sich in Krisen selbst aus dem Sumpf? 80

Effektoren- und Nutzwert-Analysen verzahnen – Wie offensive Wertschöpfung entsteht 82

Multiple Nutzwert-Analysen 86

Das „Controlling" des Controllings 89

Phase vier: Meta-Analysen fördern EFQM, Balanced Score Cards und ROM 91

Die Arbeit mit „Trojanischen Pferden" 95
    Tipps und Tricks für komplexe Kooperationen 97
    Paradigmenübergreifende Analysen 100

Lösungenstrategien: Inbound, outbound oder zirkulär? 102

Effektoren-Management als Element der strategischen Führung 106
    Top-Down: Transformationsprozesse für Nachzügler 109

Checkliste III: Wert- und Strategieentwicklung *112*

KAPITEL III: Problemlöse-Stile erkennen, komplementäre Kompetenzen nutzen – Die Führung der adaptiven und innovativen Kreativität. Die Integration widersprüchlicher Teamkulturen **115**

Freiheit oder Marmelade? – Das Doppelgesicht der Kreativität **117**
    Welchen Stil bevorzugen Sie? *119*

Kreativitätsmanagement geht vor Krisenmanagement **125**

Was zeichnet exzellente Lösungen aus? **127**

„Creativity-Coaching": Wie Teams über sich selbst hinauswachsen **132**
    Welche Art der „Ideenführung" bevorzugen Sie? *133*
    „Bridger" – Vermittler zwischen gegensätzlichen Polen *139*

Von der Teamführung zur Selbstführung im Team **143**
    Strategie statt Clownerie *144*

„A-R-T" – Die Kunst, homogene und heterogene Teams zu führen **146**

Wie „Kreativität" Stress und Burn-out verursacht **150**
    Coping-Strategien – ein Teil der Lösung oder des Problems? *152*
    „Burn-out": Gradmesser für Führungskompetenz *153*

Change Management um jeden Preis? Risiken des Wandels und die Folgen **156**
    Risikofaktor Eins: Witwe Boltes verzweifelte Hühner *157*
    Risikofaktor Zwei: Die Genese der Mittelmäßigkeit *157*

Wie kreativ ist Ihr Kunde, wie professionell Ihre Kundenorientierung? **160**
    Checkliste IV: Charakteristika der Ideenführung, Effizienz und Teamführung *164*

Zusammenfassung: Balance von Kern- und Experimentalgeschäft 165

**KAPITEL IV: Trilogie des Könnens, Corporate-Coaching, Customer-Coaching – Vom Wirkungssystem zur Systemwirkung:
Teamführung, Auftragsklärung und Dialogisches Lernen**........................ 167

Wer handelt, wer leidet, und wer gratuliert? 169

Wirkungsräume verstehen und gestalten... 171
 Vom Nutzen des Unbehagens 177
 Parentale Teams schützen vor „lästigen" Kunden und „störenden" Ideen............. 178

Die Trilogie des Könnens 179
 Vom Eizahn zum Flügge werden 181

Customer-Coaching und Corporate-Coaching... 182
 Relationship Manager: Berater, Promoter oder Coach? 183
 Dem Kunden beim Überwinden seiner Barrieren helfen........................... 184

Die Auftragsklärung 189

Zusammenfassung: Wie Sie Optimierungsprozesse optimieren 192

Dialogisches Lernen: Die Kunden-Pfad-Analyse..................................... 196
 Wenn der Kunde die Führung übernimmt 197
 Checkliste V: Den Kontext des Kunden verstehen.................................... 198

**KAPITEL V: Multi-Center-Teams, Multi-Power-Teams, Salutogene Teams –
Wertschöpfungs-Netzwerke gestalten: Wie Fitness in der Kooperation entsteht** 199

Salutogene Teams – Was zeichnet die organisationale Fitness aus? 201

Wie das Mobbing von selbst verschwindet **204**

Dialogisches Lernen: Was „reife" von „unreifen" Beziehungen unterscheidet **205**

Vom Multi-Power- zum Multi-Center-Team:
Wie Probleme zügig gelöst werden **208**

    Welches Team dient welcher Situation? – Eine Entscheidungsmatrix *212*

Selbst-führende Teams **215**

    Selbst-Führung: Aufgaben- und Mitarbeiter-Orientierung im Wandel *219*

Wie sich vernetzte Teams selbst coachen **223**

    Unzulänglichkeiten des „systemischen" Coachings bedenken *224*

    Wie professionelle Kunden zum Coach ihrer Berater werden *226*

Lösungsorientierte Skulpturen **228**

    Die emotionale Valenz der Lösungen spiegeln *229*

    Checkliste VI: Sculptured Solutions in der Projektarbeit *232*

KAPITEL VI: Lineare, rollierende oder reflexive Meilenstein-Projekte? –
Die Koordinaten des erfolgreichen Projektmanagements: Handwerkszeug,
Controlling und Kultur **233**

Das Projektmanagement **235**

Präventive oder reaktive Projektkultur – Vorbereiten oder „Nach-Tarocken"? **237**

    Checkliste VII: Projektstrukturen und Controlling *242*

    Projekt-Controller in der Rolle des Coaches *246*

Erfolgreiche Implementierung – Das Kalkül der Kommunikation zählt **247**

    Vom Wert der kommunikativen Kompetenz *248*

Die Dynamik der Innovation: Lineare, rollierende oder Meilenstein-Projekte? ... **252**

Checkliste VIII: Die Integration der Time-Line *258*

Spielarten des Wandels: Gradmesser für intelligente Lösungen **260**

„Paradigm Shift": Serielles Change Management *262*

**KAPITEL VII: Die Zukunft erkennen, bewerten, gestalten –
Scenario-Learning, Strategische Führung und Karriere-Management** **269**

Die Zukunft ermessen – ein Kompetenzkriterium **271**

Wie das Wissensmanagement falschen Prognosen vorbeugt *272*

Warum Consultants nur selten zu den Benchleadern gehören **275**

Die Crux der Personalentwickler: Substituierte statt substantielle Verantwortung *276*

Die „Kristallkugel" des Managements: Was bringt die Zukunft, was ist zu tun? **279**

Was leisten die Instrumentarien der Zukunftsbewertung? **283**

Das Scenario-Management: Intra-Paradigmatisches Lernen *289*
Systemische Allianzen: Triple-Win-Strategien *295*

Karriereplanung – der Weg in die Eigenverantwortung **300**

Selbst-Coaching *303*

Gewinnen – ein schöpferischer Prozess **304**

Literatur **305**

Abbildungsverzeichnis **307**

Stichwortverzeichnis **310**

Der Autor **317**

Die Befähigung zum „High Value Management"

Das High Value Management zielt auf eine außerordentlich hohe und wirksame Beschleunigung von Prozessen ab, die den Wert des Unternehmens ebenso fördern wie die souveräne Gelassenheit seiner Führungskräfte und Mitarbeiter: Wie können, so die zentrale Überlegung, wertschöpfungsorientierte Schritte im Kontext der Organisations- und Führungsentwicklung binnen kurzem zu exzellenten als auch langfristig stabilen Resultaten kommen? Der Fokus des High Value Managements richtet sich konsequent auf vier Anforderungen:

Es gilt,

1. *Die richtigen Dinge zu tun* – und sonst nichts.

2. *Die Dinge richtig zu tun* – und nicht auf irgendeine Weise.

3. *Die Lernprozesse, die dazu nötig sind, zu initiieren* – und nicht beliebig andere.

4. *Die wesentlichen Brennpunkte zu vernetzen* – und nicht alles mit jedem zu vermischen.

Leicht gesagt? Vielleicht. Dennoch, sich diese Haltung bei strategischen als auch projekt- wie personalbezogenen Entwicklungen zu eigen zu machen, ist die wesentliche Voraussetzung, um in kurzer Zeit das zu leisten, was nach gängigen Maßstäben Jahre dauert. Mehr noch: Wenn diese Haltung greift – eine Organisation, ein Team davon „infiziert" ist – wird die erzielte Leistung etablierte Vergleiche trotz aller Kürze noch übertreffen. Dies zeichnet das High Value Management aus. Jeder Führungsverantwortliche wirkt als „High Value Agent", der sein Handeln an hohen Wertschöpfungszielen ausrichtet und deren Erfolge ebenso zügig realisiert wie stabilisiert. Das Besondere ist, dass diese Haltung zu merklich mehr Effektivität und Effizienz, aber keinesfalls zu zusätzlichem Stress oder gar Aktionismus und hektischer Betriebsamkeit führt. Vielmehr unterstützt diese Haltung eine souveräne, engagierte und entspannte Gelassenheit – auf persönlicher wie betrieblicher Ebene. Denn die systematische Konzentration auf das Wesentliche schafft Freiräume, die es erlauben, Spannkraft mit Besonnenheit zu verbinden, „wert"-volles Tun zu entfalten und bei Bedarf einengende, etablierte Grenzen zu überwinden.

Diese Kompetenzen zu fördern und zu pflegen – darauf legen das High Value Management als auch die Value Competence Trainings größten Wert. Damit beugen sie zahlreichen Risiken vor: Denn wenn diese Gelassenheit schwindet und sich an ihrer Stelle hektischer Aktionismus breit macht, wird selbst mit einem Vielfachen an Aufwand immer nur das Nötigste erreicht. Dann macht sich bei den Führungsverantwortlichen und ihren Mitarbeitern bald erschöpfte Müdigkeit statt eigeninitiativer Dynamik breit. Dieses Dilemma führt selbst bei Unternehmen, die am Markt prosperieren, zu einer Reihe von Symptomen, die kritisch zu hinterfragen sind:

- Wie kann es sein, dass Organisationen erst mit großem Engagement und Schwung eine *Zusammenarbeit, Allianz* oder *Fusion* beschließen, um dann mühseligen Missverständnissen und Kleinkriegen zu erliegen, kaum dass sich die erste Begeisterung gelegt hat?

- Wie kommt es, dass in Unternehmen mit *verschiedenen Kulturen* die „Teamentwicklung" bisweilen zum Reizwort gerät, statt deren Unterschiede clever zu nutzen und Konflikte pfiffig zu lösen?

- Wie kann es passieren, dass *Change Management* angepriesen wird, weil es in der Theorie den Geschäftswert eines Unternehmens fördern und den Kunden zugute kommen soll, während in Wirklichkeit ein Betrieb seine besten Kunden irritiert und oft die fähigsten Mitarbeiter verliert?

- Wie ist es möglich, dass *Projekte*, die für eine Firma „lebenswichtig" erscheinen, zuerst enorme Ressourcen verbrauchen, dann lahmen oder sich auflösen, ohne viel bewirkt zu haben?

High Value Management bedeutet, solchen Hemmnissen und Verlusten präventiv zu begegnen und ihnen jene Klugheit entgegenzusetzen, die nötig ist, um nicht aus Schaden klug werden zu müssen. Leistungsfähige Maßnahmen, die solche kurz- wie langfristige Fehlentwicklungen vorsorglich abwenden, stellen das höchste Wertschöpfungspotenzial dar. Dieses Potenzial einzufordern, im persönlichen Handeln zu verankern und in der betrieblichen Praxis zu gewährleisten, skizziert den Kernauftrag des High Value Agent – sei es als Führungskraft, Personal-, Projekt- oder Prozessverantwortlicher.

Zahlreiche Organisationen brauchen Jahre, um die skizzierten Probleme zu lösen und neuen Herausforderungen wirksam zu begegnen. Gemessen am Wettbewerb, an den Entwicklungen der Märkte und Ideen, an den Erwartungen der Beteiligten und Betroffenen sind das meist einige Jahre zu viel. Damit solche Aufgaben zügig und erfolgreich gelöst werden, implementiert das High Value Management diejenigen Lern-, Coaching- und Führungsprozesse, die nötig sind, um:

- den gestellten Herausforderungen mit geringem Aufwand wirkungsvoll zu begegnen und
- die erzielten Erfolge langfristig zu stabilisieren.

Um nun in wenigen Wochen und Monaten das zu schaffen und auf Dauer zu halten, wozu bei anderen oft Jahre ins Land gehen, bedarf es einer Reihe von neuartigen Ansätzen und Vorgehensweisen.

Aus der Pole-Position starten, in der Lead-Position führen

Value Competence Trainings, die das High Value Management unterstützen, setzen auf straffe Prozesse zur Entwicklung von Führungs- und Teamkompetenzen, sowie zum Coaching, Prozess- und Projektmanagement. Warum ist gerade beim High Value Management das Gebot der Kürze von Bedeutung? Erlauben wir uns dazu einen Vergleich: In der Psychotherapie mit all ihren verschiedenen Richtungen zeigt sich als gemeinsamer Nenner, dass so genannte Kurzzeittherapien auf dem Vormarsch sind. Sie gipfeln im Bemühen, mit einem Bruchteil an investierter Zeit zu gleich guten oder wesentlich besseren Ergebnissen zu kommen, als dies bei klassischen Ansätzen der Fall ist. Fünf Monate statt fünf Jahre in der Psychoanalyse, ein statt fünf Dutzend Sitzungen in der Verhaltenstherapie, drei statt dreißig Stunden in der System- und Familientherapie lauten die Ziele. Die Ergebnisse sind beeindruckend: Je klarer, prägnanter, kürzer der therapeutische Prozess, umso besser sind häufig die erzielten Resultate. Steckt darin gar ein „Benchmark" für die Steigerung und Beschleunigung von Unternehmenserfolgen?

Nun haben weder Value Competence Trainings, noch die Prozesse des High Value Management in irgendeiner Form mit Therapien zu tun. Vor diesem Anspruch sollten sie sich auch hüten. Lernen können sie davon aber einiges, und dieses Potenzial auszuloten ist durchaus nützlich. Vor allem, wenn es um Prozesse der Führungs- und Teamentwicklung sowie der Customer-Relation geht, sind manche gedankliche, bisweilen methodische Anleihen aus dem Reich der professionellen Therapeuten von Wert. Deren wichtigste Überlegungen lauten:

- Wie kann der Einstieg in einen Prozess so wirksam wie möglich gestaltet werden?
- Welche Probleme sind tatsächlich relevant, und nicht vorgeschoben?
- Woran genau sind sie zu erkennen?
- Was sind die Hebel, die mit geringem Aufwand größtmöglichen Nutzen bewirken?
- Was trägt zur Stabilisierung des Erfolges bei, ohne dass es zu einer Verschiebung von unerwünschten Symptomen kommt?

Wenn es gelingt, solche Überlegungen in betriebliche Abläufe konsequent mit einzubeziehen, ist viel Terrain gewonnen. Für Value Competence Trainings sind sie charakteristisch. Denn sie verfolgen das Ziel, den Auftakt eines Prozesses jeweils optimal zu gestalten. Jede Entwicklung sollte – wie in der Formel I – aus der besten Ausgangslage, der sogenannten „Pole-Position" starten und diesen Vorsprung dann in der Umsetzungsphase, im Sinne einer „Lead-Position", kontinuierlich ausbauen. Dies zu leisten heißt, sich zum Benchleader zu entwickeln.

Kompetenzprofile des High Value Agent

Das Buch stellt die verschiedenen Arbeitsfelder vor, die dem High Value Management zu Grunde liegen. Die erforderlichen Analysen, Prozesse und Instrumentarien werden durch Value Competence Trainings unterstützt. Sie zielen darauf, das Kompetenzprofil einer Führungskraft als High Value Agent auf anspruchsvollem Niveau zu entwickeln.

Dies spiegelt keineswegs altbekannte, durch vielfältigen Gebrauch standardisierte Trainings- und Coachingprozedere wider, die es lediglich im Zeitraffertempo abzuwickeln gelte. Im Gegenteil – der besondere Wert der Value Competence Trainings besteht darin, eine Reihe von innovativen Fähigkeiten, Prozessen und Instrumentarien bereitzustellen, um sie auf verschiedenartige Aufgaben hin abzustimmen und geschickt zu verknüpfen. Das Engagement des High Value Agents kommt darin zur Geltung, dass er die aktuellen wie künftigen Aufgaben ebenso zügig wie wertorientiert zu lösen weiß. Es gilt, vielfältige Wertschöpfungspotenziale zu erkennen, deren Wertvolumen mit Hilfe geeigneter Entscheidungsprozesse zu fördern, substanzielle Entwicklungen klar zu identifizieren und nachdrücklich zu beschleunigen als auch die notwendigen Projekte wirksam zu gestalten. Dies kommt in folgenden Themenbereichen zum Ausdruck:

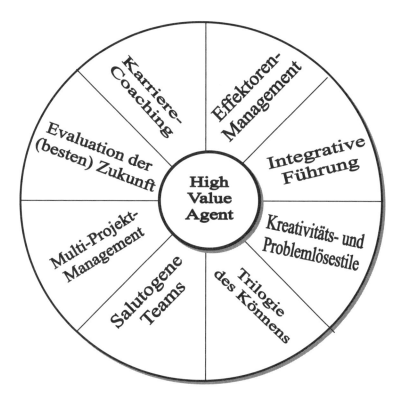

Abbildung 1: Arbeitsfelder des „Value Competence Trainings"

1. Das *Effektoren-Management* klärt, welche Einflussgrößen starke Wirkungen auslösen. Sie als „Hebel" zu nutzen erlaubt, bei sparsamem Ressourcen-Einsatz exzellente Resultate zu erzielen. Wenn deren Innovationsgrad bestimmt wird, ermöglicht dies, den Lernbedarf für die verantwortlichen Teams und Führungskräfte „maßgeschneidert" abzuschätzen und in ein hochwirksames Knowledge-Management zu überführen. Dies beugt Klumpenrisiken im Projekt- und Prozessmanagement vor und steigert insbesondere deren „Return on Management".

2. Die *integrative Führung* unterstützt den nötigen Perspektivenwechsel bei komplexen Interessenlagen. Sie vermag, Kommunikations- und Entscheidungspfade zu optimieren, in geeignete Lösungsstrategien zu übersetzen und auf diese Weise einer Vielzahl von Konflikten vorzubeugen.

3. Die Integration von unterschiedlichen *Problemlöse-Stilen* verbessert die Problemlösekompetenz von Teams und unterstützt die Qualität der Teamführung. Das kommt der Unternehmensentwicklung (Corporate Coaching) ebenso zu Gute wie der Kundenorientierung (Customer Coaching), wenn es gilt, bevorzugte Problemlöse-Stile der Kunden zu erkennen und in gemeinsame Lösungsstrategien einzubeziehen.

4. Die *Trilogie des Könnens* fördert das optimale Zusammenspiel von unternehmens- und kundenbezogenen Entwicklungen. Es bedeutet, geeignete Rahmenbedingungen zu entwickeln, das Initiative-Management zu fördern und Hemmnisse präventiv zu minimieren.

5. Der Aufbau von s*alutogenen Teams* bildet die beste Voraussetzung, um wichtige Aufgaben eigeninitiativ und eigenverantwortlich umzusetzen. Das kommt in ihrem Geschick zur Selbst-Führung, zum Selbst-Coaching sowie zum Self-Controlling zum Ausdruck.

6. Im *Multi-Projekt-Management* ist der wertorientierten Kooperation und Koordination von Teams sowie einem leistungsfähigen Schnittstellenmanagement Rechnung zu tragen.

7. Die zutreffende *Evaluation der Zukunft* entscheidet darüber, ob Investitionen tatsächlich zu einer mittel- und langfristigen Wertschöpfung führen – oder nach kurzfristigen Höhenflügen wirkungslos verpuffen. Der „Qualität der Zukunftsbewertung" widmet sich deshalb das High Value Management, um Entwicklungen auf Branchen-, Unternehmens-, Bereichs- und Teamebene abschätzen zu lernen und für zutreffende Analysen das nötige Know-how bereitzustellen.

8. Dem *Karriere-Coaching* obliegt dabei die Verantwortung, diejenigen persönlichen Fähigkeiten und Ressourcen zu entfalten, die den High Value Agent qualifizieren. Es gilt, die Führungskräfte zu befähigen, den hochklassigen Ansprüchen zügig gerecht zu werden.

Das Buch untergliedert die Arbeitsbereiche und Ziele des High Value Management in sieben Kapitel. Diese erläutern, entlang der Module des Value Competence Trainings, die diagnostischen Schritte, Prozesse und Instrumentarien des High Value Management. Sie werden durch zahlreiche konkrete Beispiele und praxisorientierte Checklisten veranschaulicht.

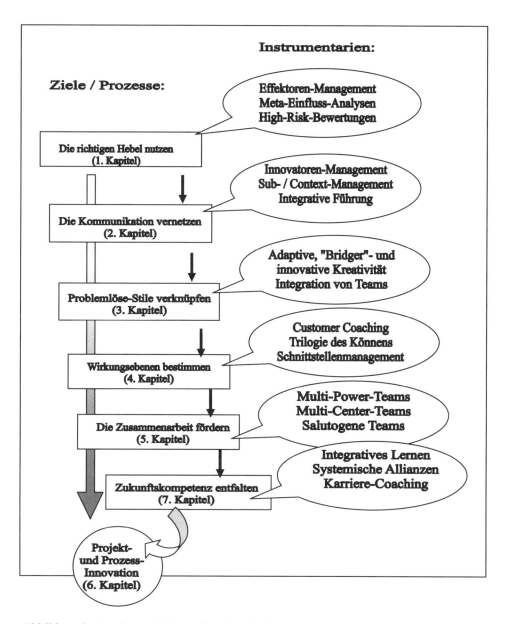

Abbildung 2: Der thematische Aufbau des Buches

Die *analytischen Schritte* des High Value Managements werden zusammen mit einer Reihe unterstützender Instrumentarien in den Kapiteln I bis IV vorgestellt. Sie erlauben es, die wirksamen Effektoren zu identifizieren, die richtigen Konsequenzen für innovationsorientierte Projekte und Prozesse abzuleiten und sie mit Hilfe geeigneter Kreativiäts- und Problemlösestile systematisch zu verbessern.

Die Kapitel V bis VII widmen sich den *synergetischen Leistungen*, die das High Value Management bereitstellt. Die Effizienz- und Kompetenzgewinne, die in den ersten vier Kapiteln durch besagte analytische Schritte erarbeitet werden, entfalten ihre größte Wirkung und ihren besonderen Wert, wenn sie in ein Netzwerk von fitten Kooperationen, multiplen Projekten und hocheffizienten Prozessen eingebunden werden. Diese Leistungen zu bündeln und entsprechend den jeweiligen Herausforderungen zügig zu integrieren, spiegelt die Thematik im zweiten Teil des Buches wider.

Kapitel I:

Vom richtigen Umgang mit Effektoren und Innovatoren

Das Wichtige erkennen

Das Wesentliche lernen

Das Wirksame tun

Sind Sie fit für die Pole-Position? Wirksame Hebel erkennen

Always above or in front of the trunk, the head is first exposed to the unknown. Or is responsible for the rest of the body as a leader for its heard.

Magdalena Abakanowicz

Eine Kette ist so gut wie ihr schwächstes Glied – das gilt mehr noch für strategische Entwicklungen. Diese sind stets so gut wie die Einflussgrößen relevant sind, auf denen sie aufbauen. Diese bilden das Fundament des künftigen Erfolges. Das gilt ebenso für eine erfolgreiche Teamarbeit und sogar für das pesönliche Karriere-Coaching: Die wesentlichen Einflussgrößen zu erkennen, daraus richtige Entscheidungen und wirksame Maßnahmen abzuleiten, bestimmt zum Großteil das Gelingen der nötigen Projekte und Prozesse. Umsolche Prozesse optimal vorzubereiten, ist die Analyse von Einflussgrößen der erste Schritt. Außerdem beugt dies unnötigen Kosten vor, weil Human- wie Kapitalressourcen für relevante Aktivitäten eingesetzt und zugleich die Risiken für Fehlinvestitionen minimiert werden.

Die relevanten Einflussgrößen werden im Folgenden auch als „Effektoren" bezeichnet. Sie versinnbildlichen die wirksamen Hebel, die mit wenig Kraftaufwand große Wirkungen erzielen. Sie zu ermitteln und ihre Konsequenzen für das persönliche wie organisationale Lernen zu erkennen, markiert das so genannte Effektoren-Management. Bei komplexen Herausforderungen kommt hinzu, die so genannten „Meta-Effektoren" darzustellen, die bei vielschichtigen Teilprozessen den roten Faden bilden und die Akteure vor unnötigen Verzettelungen und isolierten Insellösungen bewahren.

Doch was sind derart wirksame Hebel? Woran sind sie zu erkennen? Wie sind sie zu nutzen, um tatsächlich mit geringem Ressourceneinsatz möglichst viel zu erreichen, zu *bewirken*?

Um einen Ozean-Tanker zu manövrieren, bedarf es einer immensen Kraft, um allein dessen Ruder zu bewegen. Es muss selbst erst Tausende von Kubikmetern Wasser verdrängen, bevor es dem Schiff eine neue Richtung gibt. Doch mit Raffinesse kann ein Tanker auch mit geringem Kraftaufwand seine Richtung ändern. Peter Senge verweist in einem Vergleich darauf, dass sich am hinteren Rand eines großen Ruders manchmal ein kleines Zusatzruder befindet, das nur wenig Wasser verdrängt und deshalb leicht zu bewegen ist. Wird dieses nun – mit geringem Aufwand – schräg gestellt, dann drückt es das große Ruder in die entgegengesetzte Richtung. Das große Ruder leitet wiederum die Drehung des gesamten Schiffes ein.

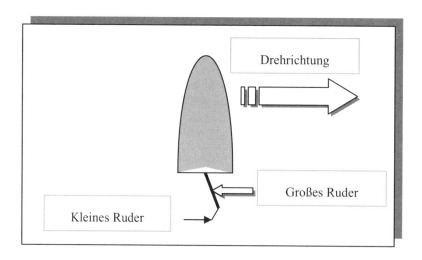

Abbildung 3: Wie kleine Ruder große Schiffe bewegen

Dieses Prinzip ist einfach und keineswegs auf bestimmte Vorhaben beschränkt. Übertragen auf Organisationen, dient es dem Verständnis der Führungs-, Team- und Karrierebildung, als auch der Unternehmensentwicklung. Die Voraussetzung für leichte, aber wirksame Bewegungen ist jedoch stets, dass der „Tanker" mit Schwung vorankommt.

Je größer die ihm zu Grunde liegende Dynamik, umso stärker fällt die Wirkung der „kleinen Hebel" aus. Das gilt in ähnlicher Weise für einzelne Personen, Teams oder ganze Organisationen. Um deren Dynamik zu unterstützen, genügt es aber nicht, die wirksamen Hebel wie in Senges Bild nur mechanisch, als Ruder zu betrachten. Alle relevanten Einflussgrößen weisen vielmehr „individuelle Charaktere", Profile und Qualitäten auf. Sie setzen sorgfältige Beobachtung und einen geschickten Umgang voraus, um ihre Wirkung bestmöglich auszuloten. Darin ähneln die Einflussgrößen und Effektoren weder Maschinen noch Rudern oder anderen mechanischen Teilen, sondern Menschen, die es nach ihren subjektiven Stärken und Neigungen zu behandeln gilt. Vor allem dann, wenn verschiedene Einflussgrößen zusammenwirken und deren Wechselbeziehungen ins Blickfeld geraten, entdeckt man deren qualitative Seiten.

Die meisten Einflussgrößen sind keineswegs gleichartig, sondern fallen in ihrem „Charakter" und ihrer Dynamik unterschiedlich aus. So sind die einen durchsetzungsstark und dominant, andere zurückhaltend und sensibel, manche wiederum labil oder gar launisch. Einige erweisen sich sogar als „desinteressiert", denn sie reagieren auf nichts, noch nehmen sie auf andere Einflussgrößen Einfluss. Mit den unterschiedlichen Eigenarten scheinbar abstrakter Einflussgrößen richtig umzugehen, ist ein wesentlicher Aspekt des Effektoren-Managements. Jede Aufgabe, jede Problematik signalisiert, dass sie von zahlreichen Einflussgrößen tangiert wird. Manche dieser Einflussgrößen erweisen sich dabei stärker als andere. Ihre Effekte sind umso gewichtiger, je mehr der anderen Faktoren sie beeinflussen und je nachdrücklicher diese Wirkungen sind. Sie gleichen darin so genannten Alpha-Tieren, die andere Mitglieder einer Gruppe meist stärker beeinflussen als von diesen beeinflusst werden. Frederic Vester hat die Arbeit mit solchen Einflussgrößen im Kontext der Scenario-Technik eingeführt. Eine Reihe von Autoren wie Schoemaker oder das Team um Fink, Schlake und Siebe haben diesen Ansatz zum Scenario-Management weiterentwickelt.

Auch im Rahmen des Effektoren-Managements werden relevante Einflussgrößen bewertet. Dieser Prozess erstreckt sich über vier Phasen. Die erste Phase ist die so genannte „Alpha-Faktoren"-Analyse (αF-Analyse). Sie ist an Vesters Effektoren-Analyse angelehnt und erlaubt, Erfolg versprechende Korridore für wirkungsvolles Handeln vorzubereiten. Allerdings gibt es einen bemerkenswerten Unterschied zwischen der αF- und der Effektoren-Analyse: Die αF-Analyse macht sowohl die proaktiven als auch reaktiven Wechselwirkungen zwischen aktuellen und künftigen Einflussgrößen einer Entwicklung sichtbar, kakulierbar und nutzbar. Reaktive Wechselwirkungen beschreiben die Ursache-Wirkungs-Ketten, bei denen die gegenwärtigen Ereignisse gewisse Reaktionen (in der Zukunft) nach sich ziehen. Proaktive Wechselwirkungen markieren hingegen Vorgänge, bei denen künftige Lösungsbilder nicht nur auf die gegenwärtigen Ereignisse wie in einer Zeitmaschine „zurückwirken", sondern auch deren erforderliche Lernprozesse und Kompetenzprofile voraus gestaltend modifizieren. Eine Reihe von ergänzenden Instrumentarien, etwa das Integrative Lernen, unterstützen dieses Vorgehen. Dies maximiert die erzielbare Wirkung von unterschiedlichsten Prozessen, sei es das persönlichkeitsorientierte Coaching, die Team- und Organisationsentwicklung, das Projektmanagement oder die strategische Bewertung einer Firma.

Die vier Phasen des Effektoren-Managements

Das Effektoren-Management umfasst neben der ersten, der αF-Analyse, noch drei weitere Phasen, namentlich die Dalton-, Innovatoren- und Meta-Analysen. Den einzelnen Phasen kommt in der Praxis folgende Bedeutung zu:

1. *αF-Analysen* filtern die relevanten Einflussgrößen zur Lösung einer Aufgabe heraus und unterscheiden dabei wesentliche Effektoren, Effizienz- und Frühwarn-Indikatoren, sowie ambivalente und neutrale Faktoren. Sensitivitäts-, Ambiguitäts- und Indifferenz-Analysen präzisieren den jeweiligen Informationswert dieser Arbeitsschritte.

2. *Dalton*-Analysen weisen auf den jeweils „richtigen Umgang" mit variablen Einflussgrößen hin, um deren Joe-, William-, Jack- und Averell-Charakteristika gerecht zu werden.

3. *Innovatoren*-Analysen ermitteln den Innovationsgrad einer Aufgabe, der relevanten Einflussgrößen und der Lernprozesse, die nötig sind, um adäquate Maßnahmen zu initiieren.

4. *Meta-Analysen* bewerten projekt- und prozessübergreifende Faktoren (Effektoren), die bei komplexen und interdisziplinären Herausforderungen eine wesentliche Orientierung vorgeben und zugleich unnötigen Komplexitätskosten vorbeugen.

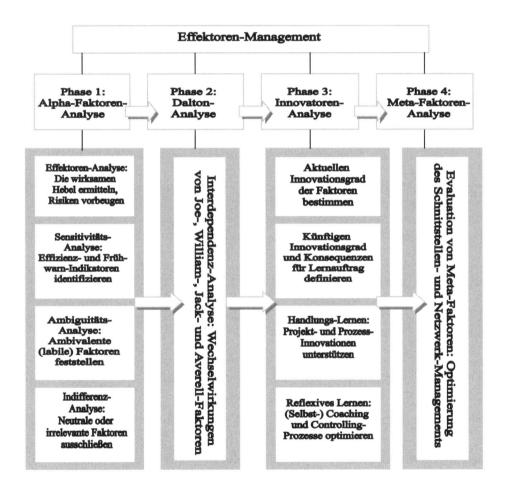

Abbildung 4: Der Aufbau des Effektoren-Managements

Diese vier Phasen des Effektoren-Managements können kompakt, in einem einzigen Arbeitsschritt, erarbeitet werden. Die einzelnen analytischen Abschnitte folgen der nachfolgend skizzierten Logik. Dabei werden bei vergleichsweise geringem methodischen Aufwand alle nötigen Maßnahmen abgeleitet und in ein optimiertes Projekt- und Prozessmanagement transformiert. Im Value-Competence-Training wird dieses komprimierte Vorgehen bevorzugt, weil es eine Fülle von effizienz- und wertorientierten Potenzialen freisetzt und binnen weniger Tage oft bessere Ergebnisse erzielt, als das mit standardmäßigen Prozedere des Projektmanagements in Monaten zu erwarten ist.

Checkliste I: Den optimalen Start beachten

Betrachten wir zunächst den Nutzen, den das Effektoren-Management für die Projektarbeit mit sich bringt. Um in kurzer Zeit zu exzellenten und gleichermaßen stabilen Ergebnissen zu kommen, ermöglicht das Effektoren-Management, insbesondere den Start von Projekten und Prozessen zu optimieren. Dies zeichnet die Professionalität der Verantwortlichen aus, denn just der Beginn eines Projektes entscheidet in den meisten Fällen darüber, mit welcher Qualität, also mit welcher Eleganz oder Mühsal die avisierten Ziele erreicht werden.

Was markiert die Pole-Position eines Projektes? Was zeichnet ihre Qualität aus?

Das ist, abhängig vom jeweiligen Ziel, im Einzelfall zu prüfen. Generell lässt sich jedoch sagen, dass unbefriedigende Ergebnisse oftmals die Folge einer vernachlässigten Pole-Position sind. Die Risiken einer unzureichenden Vorbereitung äußern sich darin, dass Verantwortliche:

➢ aus Wunschvorstellungen heraus initiativ werden, ohne den Wirkungshorizont ihres Handelns zu überblicken – ein Nährboden für spätere, unliebsame Überraschungen,

➢ wichtige Einflussfaktoren nicht beachten, unwichtige stattdessen überbewerten,

➢ die richtigen Leute mit falschen Lernprozessen konfrontieren,

➢ bei komplexen Aufgaben der nötigen, wechselseitigen Zusammenarbeit rhetorisch wortreich, in der Sache aber hilflos gegenüberstehen – mit der Konsequenz, an den falschen Hebeln anzusetzen und dafür einen ungeheuren Verschleiß an Ressourcen und Energien in Kauf zu nehmen.

Werden diese Aspekte wie bei einer Checkliste bedacht und an den Beginn wichtiger Entwicklungen geeignete präventive Maßnahmen gestellt, dann resultiert daraus eine „Project-Pole-Position", also ein Kick-off für einen optimalen Start. Dem widmen sich die einzelnen Phasen des Effektoren-Managements, die im Folgenden vorgestellt werden.

Phase eins: Die αF-Analyse

Zunächst möchte ich das Vorgehen der Alpha-Faktoren (αF)-Analyse skizzieren.

Deren erster Schritt gleicht der so genannten „Effektoren-Analyse", die auch im Scenario-Management zum Einsatz kommt. Das Instrumentarium der Effektoren-Analyse wird jedoch nur selten transformiert und eingesetzt, um gezielt die Arbeitsschritte des Projekt- und Prozessmanagements zu qualifizieren. Eben dies leistet die αF-Analyse. Sie dient insbesondere der Vorbereitung, Planung und Optimierung der Projektarbeit. Zugleich beugt sie unnötigen, zeit- und kostspieligen Projektmaßnahmen vor und verhindert, die Aufmerksamkeit nachrangigen oder gar irrelevanten Aktivitäten zu widmen. Dadurch unterstützt die αF-Analyse die Wertschöpfung, die in der Projekt- und Prozessarbeit liegt, und eröffnet dem Controlling innovative Ansätze. Die αF-Analyse bietet ein umfassendes Handwerkszeug, das es erlaubt, den Fokus des Handelns konsequent auf wesentliche Aktivitäten zu richten sowie begleitende Innovations- und Lernprozesse auf ihre Relevanz hin zu überprüfen.

Die αF-Analyse untergliedert sich in folgende Schritte:

(a) Ermitteln, Darstellen und Gewichten von allen relevanten Einflussgrößen

(b) Bewerten von proaktiven und reaktiven Wechselwirkungen

(c) Visualisieren und Interpretieren der Ergebnisse

Die Einflussgrößen ermitteln

Zunächst sind alle wichtigen Einflussgrößen zu bestimmen, die für eine Aufgabe (sei es eine aktuelle Problematik oder künftige Herausforderung) und deren Lösung zu beachten sind. Dazu werden die relevanten Faktoren aus Sicht der betreffenden Organisationseinheit (also auf Branchen-, Unternehmens-, Team- oder Führungsebene) und ihrer Umwelt berücksichtigt. Dieses Prozedere kann durch Daten aus Portfolio-, Benchmark- und Kontext-Analysen ergänzt werden.

In dem Zusammenhang ist jedoch zu bedenken, dass jede Analyse nur so gut ist wie das Team, das sie erstellt. Die Zusammensetzung eines Teams trägt zur Qualität einer Analyse wesentlich bei. Zum Beispiel mag sich ein homogenes Team bei der Lösung eines Problems vorschnell, dafür aber mit hoher Effizienz auf einen beschränkten Bezugsrahmen einigen. Indem es vorwiegend innerhalb eines etablierten Bezugssystems nach Lösungswegen sucht, riskiert es, die Fülle bedeutsamer Einflussgrößen allzu selektiv vorzunehmen und gemeinsam „seinen blinden Fleck" zu pflegen. Ein heterogenes Team mag hingegen in der Diskussion vielfältige Lösungsalternativen aufwerfen, dann aber Schwierigkeiten haben, sie in der Umsetzung sinnvoll zu integrieren. Derartige, teambezogene Risiken sollten reflektiert werden, damit das Effektoren-Management brauchbare und verlässliche Ergebnisse liefert. (Dieser Thematik widmet sich im Buch vor allem das dritte Kapitel.)

Beispiel „Allfinanz-Geschäft":

Die Projektarbeit profitiert vom Effektoren-Management auf vielfältige Weise. Dessen methodischen Aufbau möchte ich aus Gründen der Übersichtlichkeit deshalb an einem aktuellen, realen Beispiel illustrieren und seine Verknüpfung zum Projektmanagement verdeutlichen.

Ein Versicherungsunternehmen, das sich im „Allfinanz"-Geschäft engagiert, hat Probleme mit seinen IT-basierten Kundendaten. In verschiedenen Fach- und Querschnittsbereichen wurden bisher spezialisierte Daten verwaltet, die sich noch nicht schlüssig in ein Gesamtbild integrieren lassen. Die Fusion mit einem anderen Versicherungsunternehmen hat diese Situation weiter verschärft. Ein Projektteam erhält nun den Auftrag, mit Hilfe neu eingeführter IT-Instrumente dieses Problem umgehend zu lösen. Obwohl dieses Projekt auf Vorstandsebene favorisiert wird, kommt die Projektarbeit bislang nur zögerlich voran. Die umsetzbaren Ergebnisse lassen zu wünschen übrig. Wie läßt sich die Implementierung der IT-Tools wirkungsvoll beschleunigen? Um Abhilfe zu schaffen und nunmehr zügig zu relevanten Resultaten zu kommen, werden zunächst alle Einflussgrößen ermittelt, die auf dieses Projekt einwirken. Dazu werden die beteiligten Führungskräfte, Projektleiter und Linienverantwortlichen eingeladen. Sie erarbeiten insgesamt etwa dreißig Faktoren, die bei der Integration von Kundendaten zu beachten sind. Diese Arbeitsschritte beziehen Beobachtungen aus der bisherigen Projektarbeit, Kontextanalysen und Benchmark-Vergleiche mit Kooperationspartnern ein.

Die wichtigsten Fragen in diesem Arbeitsschritt lauten:

♦ *Rahmenbedingungen:*
Unter welchen Rahmenbedingungen wurden bisher spezialisierte Daten entwickelt? Welchen Anforderungen werden sie dadurch gerecht? Wie haben sich Rahmenbedingungen demgegenüber verändert? Welchen Anforderungen werden die bisheri-

gen Daten deshalb nicht mehr gerecht? Welche Rahmenbedingungen – im Sinne von variablen Szenarien – werden künftig zu beachten sein? Welche Konsequenzen hat dies für das Design und die Leistungsfähigkeit der Kundendatenbank?

- *Initiativen:*
  Welche Initiativen sind aus der Sicht künftiger Anforderungen erforderlich, um leistungsfähige Kundendatenbanken zu entwickeln? Wer übernimmt in diesem Gestaltungsprozess welchen Auftrag? Welche Veränderungen des Arbeitsflusses hat das anschließend zur Folge? Wie haben sich die einzelnen Funktionsbereiche und deren Zusammenarbeit zu verändern, um das Projekt erfolgreich zu implementieren?

- *Corporate-Coaching:*
  Welche Funktionsbereiche sind für das Corporate-Coaching (also die bereichsübergreifende, gegenseitige Unterstützung) verantwortlich? Welche begleitende Maßnahmen sind zu beachten, etwa seitens der Personalentwicklung, um den Informationswert und Nutzen von Kundendatenbanken zu optimieren?

Proaktive und reaktive Wechselwirkungen erkennen

Nun werden solche Einflussgrößen gewichtet, eventuell bereinigt. Synonyme Begriffe werden geclustert, unklare Begriffe konkretisiert, vage „Ideen" differenziert, redundante Nennungen eliminiert. Beim „Sortieren" taucht bisweilen die Frage auf, welche zeitliche Perspektive zu wählen ist. Kurzfristig, das heißt auf die aktuelle Situation bezogen, erscheinen meist andere Faktoren wichtig zu sein als aus längerfristiger Sicht. Diese Unterscheidung ist hilfreich, weil sie das Effektoren-Management in eine dynamische Betrachtungsweise einbindet, statt nur punktuelle, statische Aussagen zu treffen. (Dieser Thematik widmet sich die Innovatoren-Analyse, siehe dritte Phase des Effektoren-Managementss. Das im siebten Kapitel des Buches skizzierte Scenario-Coaching greift diese Überlegungen ebenfalls auf.) Für das Projektmanagement ist es in jedem Fall wichtig, die aktuell wirksamen Einflussgrößen herauszufiltern, weil diese als starke Hebel keineswegs ignoriert werden dürfen.

Bei längerfristig angelegten, strategisch bedeutsamen Projekten – etwa im Zuge einer Organisationsentwicklung – sind beide zeitlichen Perspektiven in die αF-Analyse einzubeziehen, das heißt die aktuell wie längerfristig relevanten Einflussgrößen zu berücksichtigen. Dies erlaubt, sie im zeitlichen Ablauf differenziert zu nutzen und erforderliche Lernprozesse frühzeitig abzuschätzen. Vor allem können proaktive wie reaktive Feedback-Schleifen schnell erkannt und die Folgen für die Projektarbeit eingeschätzt werden. Reaktive Feedback-Schleifen spiegeln die zeitlich lineare Verkettung von Ursachen und Wirkungen wider: Das heißt, die künftig wirksamen Effektoren sind das Resultat vorausgehender, „aktueller" Einflussgrößen. Proaktive Feedback-Schleifen spiegeln hingegen eine antizipatorische Verknüpfung wider. Sie drehen gleichsam das Verhältnis von Ursache und Wirkung um, indem die Betrachtung möglicher, künftiger Effektoren zur „Ursache" wird und in der Konsequenz den Umgang mit aktuellen Einflussgrößen verändert. Proaktive Feedback-Schleifen auszuloten eröffnet die Chance, verfügbare Handlungsspielräume zu variieren, während das Verständnis reaktiver Feedback-Schleifen die aktuell erforderlichen Lernprozesse unterstützt. Solche Verflechtungen werden mit Hilfe der αF-Analyse offenkundig.

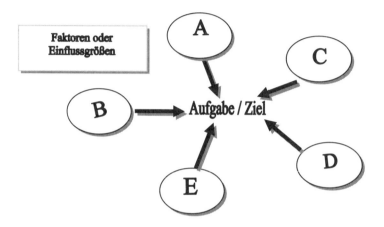

Abbildung 5: Sammeln und Gewichten relevanter Daten

Einflusspfade bewerten

Schließlich werden die Wechselwirkungen zwischen den ermittelten Einflussgrößen bestimmt. Das heißt, jeder einzelne Faktor wird (mit Hilfe einer Matrix) daraufhin untersucht:

➢ wie er die jeweils anderen Faktoren beeinflusst, und

➢ wie er von den jeweils anderen Faktoren beeinflusst wird.

Dabei geht es stets um die *Stärke* des Einflusses, das heißt, ob ein Faktor die jeweils anderen *nicht*, *gering*, *mäßig* oder *stark* beeinflusst – oder beeinflusst wird. Es geht hingegen nicht darum – das sei ausdrücklich betont –, ob dieser Einfluss im Einzelnen „positiv" oder „negativ" zu bewerten ist. Dafür sprechen zwei Gründe: Ein starker „negativer" Einfluss stellt einen ebenso relevanten Hebel dar wie ein starker „positiver" Einfluss. Es gilt zu bedenken, dass man das, was man verschlimmern kann, in aller Regel auch verbessern kann. Denn ein „negatives Gestaltungspotenzial" (etwas verschlimmern zu können) hinterlässt vielleicht einen bedauerlichen, mit dem Gefühl der Ohnmacht beladenen Eindruck. De facto verrät es jedoch, dass hier überhaupt ein Gestaltungspotenzial verfügbar ist, und dessen Vorzeichen lassen sich mit entsprechendem Einsatz ändern.

Auf der Ebene der Wechselwirkungen werden für jeden Faktor zwei „Meßgrößen" abgeleitet. Sie werden durch Summenwerte, die „Effektoren"- und „Indikatoren-Werte" ausgedrückt:

* Effektoren-Werte bezeichnen den aktiven Einfluss. Sie sagen aus, wie stark jede Einflussgröße im Gesamtsystem auf die jeweils anderen wirkt.

* Indikatoren-Werte bezeichnen den passiven Einfluss. Die Sensitivitäts-Analysen ermitteln hier, wie stark jede Einflussgröße von anderen insgesamt beeinflusst wird.

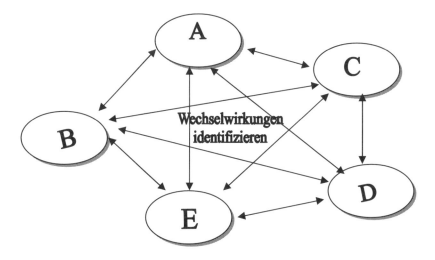

Abbildung 6: Interdependenz-Analyse der Daten

Die Interdependenz-Analyse fasst beide methodischen Schritte zusammen. Das heißt, sie ermittelt für jede Einflussgröße sowohl die Effektoren- und Indikatoren-Werte. Dies ermöglicht im nächsten Schritt, alle Einflussgrößen übersichtlich in einem Koordinatensystem zu positionieren und die Wirkungspfade im Sinne der αF-Analyse nachzuzeichnen. Dort wird jede Einflussgröße entsprechend ihrer Kombination von Effektoren- und Indikatoren-Werten eingetragen, visualisiert und verschiedenen Kategorien zugeordnet. Die Kategorien bezeichnen „Effektoren, Indikatoren, ambivalente Faktoren und neutrale

Faktoren". Sie erklären des weiteren den „Charakter" verschiedener Einflussgrößen und erlauben, sie entsprechend zu typisieren.

Was sind Effektoren, Indikatoren, ambivalente und neutrale Faktoren?

- *Effektoren* sind Faktoren (Einflussgrößen) mit hohen Effektoren-, aber niedrigen Indikatoren-Summenwerten. Das heißt, sie beeinflussen andere Faktoren stark, sind selbst jedoch nur schwer oder nur über wenige andere Faktoren zu beeinflussen. (Im folgenden Koordinatenraster stehen sie links oben, siehe auch Abbildung 7).

- Die *Indikatoren* sind leicht, das heißt durch viele andere Faktoren zu beeinflussen. Selbst haben sie jedoch nur einen geringen Einfluss auf das gesamte System.

  (Im Koordinatenraster stehen sie rechts unten).

- Die so genannten *Ambivalenz-Faktoren* haben auf beiden Skalen hohe Ausprägungen, das heißt sie agieren nach allen Richtungen stark, auf Änderungen reagieren sie zugleich heftig. (Im Koordinatenraster stehen sie rechts oben).

- *Neutrale Faktoren* sind deren Gegenteil, da sie kaum Einfluss ausüben noch wahrnehmen. (Im Koordinatenraster stehen sie links unten).

(Alpha-) Effektoren	Ambivalenz-Faktoren
Neutrale Faktoren	(Frühwarn-) Indikatoren

Einflussprofile visualisieren

Zurück zum Beispiel: Für das Projekt *Kundendatenbanken* wurden die wesentlichen Einflussgrößen bewertet. Der besseren Übersicht wegen gibt das nachfolgende Diagramm die Positionen der Effektoren- und Indikatorenwerte von zehn Einflussgrößen exemplarisch wieder:

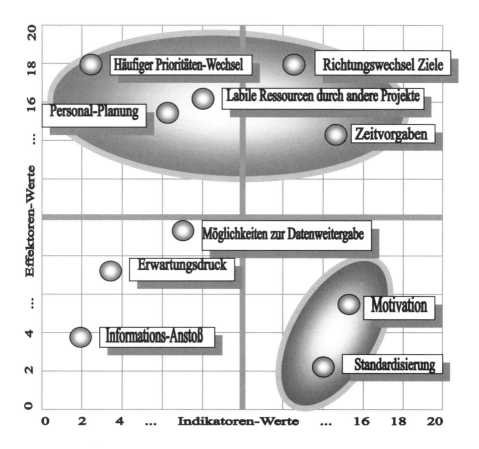

Abbildung 7: Ergebnisse in der Einfluss-Matrix dokumentieren
(am Beispiel „Kundendatenbank")

Die Ergebnisse interpretieren

Nun werden die Einflussgrößen, die oben ermittelt wurden, differenziert betrachtet. Es ist zu fragen:

♦ Wie ist die Verteilung dieser Einflussgrößen im Koordinatensystem zu lesen?

♦ Welche Konsequenzen hat das für die Gestaltung weiterer Maßnahmen?

Die Effektoren

> *Effektoren* sind nicht leicht zu beeinflussen. Sie bedürfen deshalb sorgfältig ausgewählter Strategien, um sie überhaupt zu erreichen. Wenn dies jedoch gelingt, ist mit ihrer Hilfe die Wirkung auf das Gesamtsystem am größten. Das heißt, die meisten anderen Faktoren werden sich mitverändern, ohne dafür zusätzliche Ressourcen einsetzen zu müssen.
>
> Durch diesen Effekt unterstützt das Effektoren-Management stets das Bemühen um ein verbessertes Qualitäts- und Prozess-Management. Es unterstützt Maßnahmen des Total Quality Managements, Integrativen Managements oder der „EFQM"-Prozesse (European Foundation for Quality Management), ohne dafür stets gesonderte Workshops auflegen zu müssen. (Dieser Zusammenhang wird noch ausführlich erläutert).

Betrachtet man nun – am Beispiel der „Kundendatenbank" – die oben visualisierten Ergebnisse, sind drei Einflussgrößen eindeutig als Effektoren zu betrachten: das „Prioritätenmanagement", die „Personalplanung" und das Schnittstellenmanagement, soweit es „verfügbare Ressourcen" in Konkurrenz zu anderen Projekten betrifft. Diese Faktoren (im Diagramm links oben) sind die wichtigsten Hebel, damit die weitere Projektarbeit gelingt.

Sie beeinflussen die meisten anderen Faktoren des Projekts und ermöglichen einen Quantensprung hinsichtlich der Qualität und Effektivität des Projektmanagements, verglichen mit dem, was in diesem Projekt bisher real geleistet wurde. Von besonderer Bedeutung ist das „Prioritätenmanagement". Dieser Faktor wird von den Projektmitarbeitern derzeit als Sammelbegriff für einen diskontinuierlichen Umgang mit den Projektzielen erachtet: Im Mittelpunkt der Argumentation steht der häufige Prioritätenwechsel

„von oben", also von der Führungsspitze her, in der strategischen Ausrichtung des Unternehmens.

Die Folge ist eine gewisse „Achterbahn-Dynamik", die sich auf nahezu alle anderen Faktoren der Projektarbeit auswirkt, ohne dass die Verantwortlichen auf Projektebene dem entgegensteuern können. Im Koordinatensystem kommt das durch den hohen Effektoren-Wert dieser Einflussgröße zum Ausdruck. Dem steht nur ein geringer Indikator-Wert gegenüber. Das heißt, dieser Faktor erweist sich für alle anderen Einflussgrößen als extrem dominant und wichtig, ohne dass er selbst so leicht zu steuern wäre. Von den Projektmitarbeitern jedenfalls kann er kaum verändert werden. Deshalb ist er zunächst in dieser Weise hinzunehmen. Keinesfalls darf er jedoch ignoriert werden. Denn sollte er sich – zum Beispiel auf Grund äußerer Umstände – verändern, hätte das sofort massive Konsequenzen für die Qualität der Projektarbeit. Das gilt in positiver wie negativer Richtung. Deshalb ist diesem Faktor besondere Aufmerksamkeit zu widmen, auch wenn er derzeit aus Projektsicht als kaum beeinflussbar erscheint.

Dieses Ergebnis hat weitreichende Konsequenzen für den Prozess der Auftragsklärung. Der verantwortliche Vorstand kann in diesem Fall seine Mitverantwortung für das Gelingen (oder Nicht-Gelingen) des Projektes nicht länger negieren oder „nach unten" delegieren, wie das bisher Usus war. Erst wenn das Prioritätenmanagement „top-down" geordnet wird, kann das Kundendatenprojekt erfolgreich und zügig abgeschlossen werden. Ähnliches gilt für die Personalplanung, die dem Projekt Kapazitäten zuerkennt und damit den Aspekt der verfügbaren Ressourcen berührt. Von außen betrachtet scheint dies eine Selbstverständlichkeit zu sein, in der realen Projektarbeit wurde jedoch den Indikatoren und den „neutralen" Einflussgrößen bislang weit mehr Aufmerksamkeit als den Effektoren gewidmet. Überdies signalisiert die Art und Weise, wie das Unternehmen bisher mit diesen Einflussgrößen umzugehen pflegte, kaum proaktive, sondern nur reaktive Feedback-Schleifen.

Die Ambivalenz-Faktoren

Zwei andere Einflussgrößen, „Richtungswechsel der Ziele" und die „Zeitvorgaben" wirken sich auf das Gelingen dieses Projektes ähnlich stark aus, wenngleich sie auf Grund ihres „Charakters" ein ganz anderes Vorgehen nahelegen. Sie sind einerseits als Effektoren zu werten (hohe Effektoren-Werte), doch im Gegensatz zum Prioritätenmanagement können sie auf Projektebene direkt und auch leicht beeinflusst werden (hohe Indikatoren-Werte). Deshalb scheinen sie auf den ersten Blick für Veränderungsprozesse ideal zu sein: Sie sind gut zu steuern, mit starker Ausstrahlung ins gesamte System. Doch gerade das macht sie tückisch und erfordert besondere Umsicht.

Das Koordinatensystem verdeutlicht bei diesen beiden Faktoren den ambivalenten Charakter: Ihr Einfluss auf andere Faktoren ist ähnlich hoch anzusetzen wie bei einem starken Effektor, in unserem Beispiel dem „Prioritätenmanagement". Aber weil sie nicht nur auf das System wirken, sondern auch von vielen Faktoren beeinflusst werden, dienen sie zugleich als Indikatoren. Dieser Umstand erzeugt einen gravierenden Nebeneffekt: Der besteht darin, dass ambivalente Faktoren nicht nur auf externe Einflüsse, sondern – indem sie andere Faktoren stark beeinflussen – genauso empfindlich auf diejenigen Wirkungen reagieren, die sie selbst auslösen. Die Konsequenz ist, dass sie sich durch unvorhergesehene Rückkoppelungsschleifen in oft unkalkulierbarer Weise selbst verändern. Das verleiht der Projektarbeit und insbesondere dem Prozess des Gelingens eine labile Komponente. Denn an diesen Faktoren als „Hebel" anzusetzen verlangt ein umsichtiges, kontrolliertes und nuanciertes Vorgehen. Dies wird umso wichtiger, je mehr Einflussgrößen eines Projektes sich als „ambivalent" erweisen.

Für das Projektmanagement ziehen Ambivalenz-Faktoren andere Konsequenzen nach sich, als „nur" mit Effektoren zu arbeiten:

Effektoren erlauben eine robuste Planung von Projekten. Die Schwierigkeit liegt darin, für diese Faktoren überhaupt geeignete Aktivitäten zu entwickeln, weil sie ja nicht so leicht zugänglich sind. Wenn dies jedoch gelingt, dann erlauben sie eine durchgängige Projektplanung. Da sich die Effektoren auf viele andere Faktoren auswirken, hat man diese im Rahmen der Projektarbeit mit im Griff. Das unterstützt zugleich das Project-Reengineering, weil es die Konzentration auf wesentliche Projektschritte ermöglicht und einen umfassenden, auf relevante Aspekte ausgelegten Planungsprozess nahelegt. Die Effektoren werden durch Wirkungen, die sie auslösen, selbst nicht so schnell verändert. Das macht sie und die damit verknüpften Aktivitäten mittel- und langfristig einschätzbar.

Ambivalente Faktoren erfordern hingegen eine Projektplanung, die in mehrere Etappen untergliedert und von Schritt zu Schritt bewertet wird – mit einem wachen Blick für Überraschungen. Da sich diese Faktoren durch ihre Wechselwirkungen mit anderen Einflussgrößen sehr leicht selbst verändern, muss entweder eine vorsichtige Projektplanung aufgesetzt oder das Projekt den wechselnden Gegebenheiten zeitnah angepaßt werden. Geschieht das nicht, dann galoppiert der Projektverlauf unversehens in eine andere Richtung, als diese durch die Projektziele vorgegeben wird. Das zieht aufwendige Korrekturmaßnahmen nach sich und gefährdet den Projekterfolg – ein Risiko, das abzuwehren ist.

Die Indikatoren

Als Indikatoren wurden im genannten Projekt die „Standardisierung von Datensystemen" sowie die „Motivation der Mitarbeiter" ermittelt. Im Klartext heißt das: Wenn für die genannten Effektoren (und Ambivalenz-Faktoren) die jeweils richtigen Maßnahmen gewählt werden, sollten sich die Indikatoren entsprechend deutlich und „von selbst" mitverändern.

Das bedeutet, dass im konkreten Fall die Standardisierung der Datensysteme greifen und zugleich die Motivation der Mitarbeiter spürbar besser werden sollte. Passiert das nicht, wurde entweder an den falschen Hebeln gedreht (das heißt, die relevanten Effektoren wurden von vornherein außer Acht gelassen), oder die Effektoren wurden zwar erkannt, aber durch unzureichende Maßnahmen angegangen.

Vier Schritte, um dem Missmanagement wirksam vorzubeugen

In jedem Projekt sind es andere Einflussgrößen, die als Effektoren, Ambivalenz-Faktoren oder Indikatoren identifiziert werden. Generell ist jedoch zu sagen, dass der oben skizzierte Zusammenhang zwischen Effektoren und Indikatoren häufig den Grund von Krisen und „Missmanagement" in der Projektarbeit erhellt. Meist bleibt dieser Zusammenhang unberücksichtigt, wenn die Projektarbeit stagniert, oder es zu anhaltenden Missverständnissen kommt. Wenn sich Indikatorenwerte trotz gezielter Maßnahmen nicht verändern, dann stehen entweder die relevanten Effektoren nicht im Mittelpunkt der Projektarbeit, oder sie werden auf eine falsche Art und Weise bemüht. Das Projektmanagement hat dann vier Aspekte zu prüfen:

1. Ablaufanalyse der Projektarbeit: Was sind die relevanten Effektoren eines Projektes? Wie werden sie in die Projektarbeit einbezogen? (Effektoren-Management, siehe „Phase eins")

2. Welchen Innovationsgrad bringen die Effektoren für die Verantwortlichen mit sich? Wie werden erforderliche Lernprozesse in die Projektarbeit integriert? (Effektoren-Management, siehe „Phase drei")

3. Welche Problemlösestile unterstützen die optimale Schnittstellenstruktur zwischen Projekt- und Linienarbeit? (Optimierung der Lösungskompetenz, siehe dazu Kapitel drei), und

4. Was ist die „logische" Beziehung zwischen dem Innovationsgrad und dem Projektdesign? Sollte dieses linear, rollierend, oder nach reflexiven Meilensteinen strukturiert werden? (Projektmanagement, siehe dazu Kapitel sechs)

Die neutralen Faktoren

Bemühen wir das Kundendaten-Projekt nochmals aus einem anderen Blickwinkel, um die Rolle von neutralen Faktoren unter die Lupe zu nehmen: Ich hatte bereits erwähnt, dass in diesem konkreten Fall die Verantwortlichen ihre Energien bis dato ausgerechnet in Faktoren investierten, die für eine erfolgreiche Umsetzung der Projektziele zur Zeit praktisch keinen Beitrag leisten. Vielleicht war das eine Ausflucht, weil sie auf das „Prioritätenmanagement" und die „Personalplanung" kaum Einfluss nehmen konnten. Vielleicht waren die Projektaktivitäten auch Ausdruck einer Unkenntnis, mit variablen Einflussgrößen professionell umzugehen. Wie dem auch sei, die Projektverantwortlichen hatten sich intensiv bemüht, just die „Weitergabe von Daten" an Dritte zu verbessern und die Qualität der Projektarbeit zu steigern, indem sie den „Erwartungsdruck auf das Projektteam" erhöhten. Schließlich waren sie bemüht, für Fachabteilungen „zusätzliche Informationen" aufzubereiten, um diese für eine engagiertere Mitarbeit zu gewinnen. Die Effektoren-Analyse mit den Projektverantwortlichen und Vertretern aus den Fachbereichen legte offen, dass all diese Faktoren, um die sie sich so gekümmert hatten, aus Sicht der Projektziele gegenwärtig eindeutig im „neutralen Bereich" liegen. Das heißt, sie haben für den Erfolg des Projektes derzeit keine nennenswerte Bedeutung. Das intensive Bemühen, an diesen Einflussgrößen zu „drehen", kommt einer steten Fehlinvestition gleich. Allenfalls produziert dieses Bemühen eine Ressourcenschleuder, weil die Projektarbeit damit „erfolgreich" in die Länge gezogen wird, ohne je zu einem substantiellen Erfolg zu kommen. Warum hatten dann die Projektverantwortlichen ihre Zeit und Energien in solche Maßnahmen investiert?

Nun, die Teilprojekte zur „Datenweitergabe" und „Information von Dritten" schienen ihnen plausibel zu sein, sodass Alternativen nicht in Betracht gezogen wurden. Außerdem hatten sie zuvor eine so genannte Metaplan-Moderation durchgeführt, mit Hilfe eines Brainstorming etliche Punkte aufgelistet und nach ihrem subjektiven Dafürhalten als „wichtig" gepunktet. Weiter ging ihre Analyse nicht, und die skizzierten Dilemmata sind die direkte Folge dieses Vorgehens. Das Effektoren-Management (das zusammen mit den Projektverantwortlichen durchgeführt wurde) zeigt, dass bislang an sämtlichen für den Projekterfolg relevanten Hebeln vorbei agiert wurde. Stattdessen hatten die Verantwortlichen mit diesem Vorgehen unwillkürlich das „Klumpenrisiko" (lumpy risk) in der Unternehmensentwicklung erhöht.

Im Rahmen des genannten Projektes wäre es zum gegenwärtigen Zeitpunkt absolut falsch, die Aufmerksamkeit und Managementenergien weiterhin diesen neutralen Faktoren zu widmen, so wichtig sie in anderen Kontexten auch sein mögen. Die Folge: Das gesamte Projekt muss neu aufgerollt, die Projektplanung reorganisiert, die Projektarbeit wirkungsvoll initiiert werden.

Belohnung als Risiko –
Wie Sie psychologische Fallen vermeiden

Dass wertvolle Ressourcen, wie oben skizziert, manchmal „lieber" in unergiebige statt wirksame Maßnahmen investiert werden, hat noch einen weiteren Grund: Er wurzelt vielfach in der psychologischen Befindlichkeit der verantwortlichen Akteure – vor allem, wenn sie unter erhöhtem Leistungsdruck stehen. Ein Phänomen, das bei Prozessen der Organisationsentwicklung ebenso zu beobachten ist wie bei Prozessen der Team- und Führungsentwicklung. Ein Aspekt, der die strategische Führung eines Unternehmens genauso berührt wie das individuelle Coaching einzelner Führungskräfte.

Worum geht es konkret? Unterschiedliche Einflussgrößen sind nicht nur faktisch, sondern auch psychologisch bedeutsam, weil sie bei manchen Führungs- und Projektverantwortlichen unter bestimmten Voraussetzungen kontraproduktive Verhaltensmuster provozieren.

Indikatoren verleiten zu Aktionismus

Betrachten wir nochmals den „Wert" von Indikatoren: Sie geben Aufschluss über das Entwicklungsniveau eines Projektes oder Prozesses. Das heißt, sie signalisieren, inwieweit sich etwas tut – oder stagniert. Darin liegt ihr Sinn, im Effektoren-Management als analytischem Instrumentarium ebenso wie in der realen Projektarbeit. Ihr „Wert" schlägt allerdings ins schiere Gegenteil um und zieht massive Kosten und Verluste nach sich, wenn Indikatoren fälschlicherweise wie Effektoren genutzt werden. Gerade das geschieht in der Praxis recht häufig. Wie kann es dazu kommen? Was bedeutet das für den Prozess der Wertschöpfung?

Wie schon beschrieben, reagieren ausgerechnet die starken Indikatoren sehr leicht und auf fast alle Maßnahmen, die jemand (beliebig) initiiert. Meist sind diese Folgen auch noch augenfällig und unmittelbar abzulesen. Das fördert die Neigung, seine Energien ausgerechnet in derartige Faktoren zu investieren. Diese Versuchung ist deshalb so groß, weil das unmittelbare Reagieren von den Akteuren als prompte „Belohnung" erlebt wird – jeder, der irgendetwas tut, bekommt dafür sofort eine Art „Lolly". Psychologisch gesehen ist dieser Effekt der Selbstverstärkung plausibel und – auf den ersten Blick – auch ganz nett. Denn gerade unter hohem Arbeits- und Erwartungsdruck lassen sich scheinbar schnelle Ergebnisse auf diese Weise einfahren. Das wiederum mindert unverzüglich den durch Leistungsdruck verursachten, subjektiven Stress. Ein Umstand, der den Belohnungseffekt zusätzlich verstärkt. Doch das Risiko, mit dieser Haltung aktionistische Maßnahmen zu forcieren, ist gleichermaßen groß: Weil Indikatoren sogleich reagieren, stellt sich das Gefühl ein, mit seinen Aktivitäten unmittelbar „etwas erreicht" zu haben. Doch auf Dauer absorbiert dieses Vorgehen viel Energie und Aufmerksamkeit und zieht das Return on Management (ROM) nach unten. Denn viel Energie verpufft, ohne im Gesamtsystem einen bemerkenswerten Effekt zu erzielen.

Wenn Projekte zum Stillstand kommen oder in eine Krise geraten, zeigen unvoreingenommene Analysen in zahlreichen Fällen, dass Effektoren nicht beachtet, wichtige Hebel nicht erkannt und stattdessen Indikatoren oder gar neutrale Faktoren an deren Stelle bemüht worden sind. Die Folgen sind stets die gleichen:

- hektischer Aktionismus statt konzentrierte Gelassenheit,
- Aufblähen des Arbeitsvolumens bei geringer brauchbarer Leistung,
- Streuung statt Steuerung der verfügbaren Energien und Ressourcen.

Im Kundendaten-Projekt war genau das geschehen: Weil das Prioritätenmanagement einen unkoordinierten Eindruck vermittelte (siehe Effektoren), sank die Motivation der Projektverantwortlichen bald auf Null (siehe Indikatoren). Das wiederum entging den Personalentwicklern des Unternehmens nicht. Wohl, weil zu ihrem Kerngeschäft stets das Bemühen um mehr „Motivation" gehört, reagierten sie unverzüglich. Und setzten – weil auch sie den Gesamtzusammenhang nicht durchschauten – prompt eine weitere aktionistische Schleife in Gang.

Ein häufiger Fauxpas der Personalentwickung

Auf welche Weise entwickelten sie nun diesen Fauxpas? Wie könnte es anders sein, sollten „Teamentwicklungsmaßnahmen" helfen, die Motivation und Bereitschaft zur Projektarbeit wieder zu heben: Vertrauen fassen, sich buchstäblich fallen lassen, als Team auf einem Brett balancieren, ein Snow-Raft bauen, im Jeep einen Geschicklichkeitsparcour entlang manövrieren oder gar mit sanftem Nachdruck ein Pferd überreden, sich auf den Boden zu legen – lauter Maßnahmen, die als Incentives oder Entertainment sicherlich nützlich waren. Doch für die Qualifizierung des Projektmanagements erwies sich dieser Ansatz als denkbar untaugliche Investition und als kostspielige Warteschleife für all die anderen Fachbereiche, die auf brauchbare Ergebnisse warten mussten.

Schließlich erwies sich diese Art der Teamentwicklung gar als herbe Zumutung für die am Projekt Beteiligten. Denn von ihnen wurde von nun an erwartet, mit Hilfe dieser Maßnahmen schlicht „besser" zu werden und zügig akzeptable Projektergebnisse beizubringen. Dabei wurde – wie die Effektoren-Analyse offenlegt – ausschließlich in Indikatoren und nicht in wirksame Hebel investiert. Das unausweichliche Resultat war vorhersehbar: Die Beteiligten standen jetzt noch mehr unter Druck, ohne dass ein Unterschied in der Projektleistung erzielt worden wäre. Denn die Motivation als Einflussgröße zu nutzen, erweist sich für dieses Projekt als klarer Indikator, der keinen nennenswerten Einfluss auf andere, relevante Faktoren ausübt.

Welcher Schluss liegt nahe? Noch mehr Maßnahmen zur „Motivierung der Mitarbeiter" einzusetzen, wie bislang von den Personalentwicklern gefordert, wäre in diesem Projekt riskant. Denn isoliert betrieben stabilisiert dies die skizzierten aktionistischen Schleifen: Die Motivation würde sich ohnehin verbessern und in eine spürbar bessere Mitarbeiterzufriedenheit münden, wenn künftig das Effektoren-Management stimmt und die „Personaler" ebenso wie die Projektverantwortlichen geeignete Lernprozesse für sich ableiten.

Effektoren erfordern erhöhte Lernbereitschaft

Was müssen die Verantwortlichen nun lernen, um in der Projektarbeit binnen kurzem einen substanziellen Leistungsschub zu erzielen und sich nicht bloß auf andere aktionistische Schleifen zu verlegen?

Effektoren sind – anders als Indikatoren – selbst meist nicht geeignet, um den tatsächlichen Erfolg abzulesen, den sie auslösen. Als ein vertrauter Vergleich mag das Auto dienen: Die Stellung des Gaspedals ist kein guter Indikator für das gefahrene Tempo – nicht einmal für einen geübten Fuß. Denn ob es im Falle einer Radarkontrolle „reicht", bleibt äußerst fraglich.

Wesentlich Erfolg versprechender ist es, die Aussage des „Indikators" Tachometer richtig zu interpretieren und die „Effektoren" Gaspedal oder Bremse adäquat einsetzen zu lernen. Um zu beschleunigen oder zu bremsen, wäre es hingegen wenig von Nutzen, beim Tachometer das Glas abzuschrauben und den Zeiger vor- oder zurückzudrehen. Letzteres hieße nur, den Indikator mit einem Effektor zu verwechseln – mit der Konsequenz, dass der angezeigte „Wert" sich prompt verändert, nicht aber die reale Geschwindigkeit. (Natürlich wissen wir alle um diese Zusammenhänge, weil wir an Autos und deren innere Logik gewöhnt sind. Aber wie verhält sich das bei Herausforderungen, die uns noch unbekannt erscheinen, zum Beispiel bei neuen Aufgaben, ungelösten Problemen oder innovationsintensiven Projekten?)

Effektoren beinhalten aus dieser Sicht eine Schwäche: Obgleich sie die besten Hebel darstellen, bieten sie meist keinen direkt spürbaren, selbst-belohnenden Effekt. Außerdem sind sie externen Einflüssen gegenüber sehr „wählerisch" – das umso mehr, je ausgeprägter ihr Effektoren- und je geringer ihr Indikatoren-Wert ist. Auf beliebige Maßnahmen oder aktionistische Aktivitäten regieren sie kaum, und auf Wirkungen, die sie selbst auslösen, meist auch nur langsam. Das bedeutet, dass sie nicht unmittelbar selbst anzeigen, wie wirksam sie tatsächlich sind, sondern nur auf dem Umweg und mit Hilfe der Indikatoren, auf die sie wirken.

Die Wechselwirkungen zwischen Effektoren und Indikatoren zu verstehen, erfordert deshalb einen höheren Lernaufwand, zumal er keinen stereotypen Regeln folgt und bei jedem Projekt anders ausfallen kann. Diese Lernbereitschaft zahlt sich, wenn sie von einem Team eingelöst wird, jedoch schon bald durch eine professionelle und kostensparende Projektarbeit aus.

Das Mehr an fokussiertem Engagement und Konzentration, das für den Umgang mit variablen Einflussgrößen nötig ist, wird durch den Abbau von unnötigem Aktionismus und Ressourcenverschleiß um ein Vielfaches wettgemacht. Die Folge ist eine vielfach höhere Effektivität und Effizienz bei gleichzeitig steigender, souveräner Gelassenheit und Entspannung.

Diese Zusammenhänge zu erkennen ist der erste Schritt eines Lernprozesses, den das Effektoren-Management nach sich zieht. Der nächste Lernschritt besteht darin, die verschiedenen Einflussgrößen richtig zu nutzen. Dazu dient die „Dalton-Analyse". Sie kennzeichnet nun die zweite Phase des Effektoren-Managements.

Phase zwei: Die Dalton-Analyse

In gewisser Hinsicht gleichen all die skizzierten Einflussgrößen – seien sie starke Effektoren oder sensible Indikatoren – den aus dem Comic *Lucky Luke* bekannten „Daltons". Der Vergleich zeigt, dass für die praktische Arbeit ein differenzierter Umgang mit diesen Faktoren und ihren Wechselwirkungen von Nöten ist.

Averell bewundern, von Joe, Jack und William lernen

Die vier Brüder der Dalton-Familie – Joe, William, Jack und Averell – tauchen als gesuchte Ganoven in den Legenden des Wilden Westens immer wieder auf. Weil es vier Brüder sind, die stets eng zusammenhängen und deren Aktionen meist das Geschick aller berühren, passen sie als „personifizierter" Vergleich, wie man mit Ergebnissen der Effektoren-Analyse umgeht.

Stellen Sie sich vor, Sie selbst wären Lucky Luke, der Held. Die Dalton-Brüder seien jedoch – anders als im Comic – keine Ganoven, sondern Ihre Vorgesetzten oder Kollegen, bei denen Sie nun etwas erreichen möchten.

Zuerst begegnen Sie Joe. Er tritt auf wie ein *Effektor*: Wenn er etwas zu sagen hat, reagieren (fast) alle seine Brüder und folgen seinen Vorstellungen. Allerdings ist es schwer, an ihn heranzukommen, und wenn, lässt er sich nicht leicht etwas sagen. Wie würden Sie vorgehen, um mit seiner Hilfe Ihr Ziel zu verfolgen?

Konkret: *Was müssen Sie lernen, um mit Joe erfolgreich zu arbeiten?*

Dann treffen Sie William. Er offenbart ein persönliches Profil, das einem *Indikator* gleicht: Er kriegt alles mit, was bei den Daltons intern und außerhalb der Familie passiert. Ihn interessiert alles, er hört alles, sieht alles, weiß alles. Wenn er allerdings etwas zu sagen hat, reagiert kaum jemand auf ihn. Würden Sie William genauso ansprechen und „nutzen" wie Joe, um Ihr Ziel zu verfolgen – oder würden Sie Unterschiede machen?

Konkret: *Was müssen Sie lernen, um William sinnvoll einzubeziehen?*

Schließlich kontaktieren Sie Jack. Bald merken Sie, dass er wie Joe viel zu sagen hat, aber wie William auch alles bemerkt. Ein *ambivalenter* Bursche. Ist er der ideale Ansprechpartner? Kaum dass er etwas gesagt hat, folgen ihm die anderen. Das beobachtet er seismographisch genau, und wenn ihm in der Folge etwas nicht paßt, ändert er schlagartig seine Meinung. Würden Sie ihn genauso ansprechen und „nutzen" wie Joe oder William, um Ihr Ziel zu verfolgen – oder gäbe es wiederum Unterschiede?

Konkret: *Was müssen Sie lernen, um mit Jack klarzukommen?*

Auch Averell bleibt Ihnen nicht verborgen. Er ist der Harmlose unter den Daltons. Sie sehen ihn und stellen fest, dass er kaum etwas zu sagen hat, aber auch nichts mitkriegt – nicht einmal Sie. Sie mögen ihn darum bewundern, wie dies möglich ist. Dennoch, was ihn interessiert, ist der Speiseplan in der Kantine und eine große Portion Erbsen mit Speck. Darüber hinaus kümmert ihn wenig. Würden Sie ihn tatsächlich so einbeziehen wie Joe, Jack oder William, um Ihr Ziel zu verfolgen?

Konkret: *Was müssen Sie lernen, um mit Averell auszukommen, ohne ihn zu bemühen?*

Die „Dalton-Brüder" im Assessment-Center

Die Dalton-Analyse zeigt, dass die verschiedenen Einflussgrößen einer Aufgabe keineswegs gleichartig zu behandeln sind, so wenig wie die Dalton-Brüder. Ein geschultes Auge erkennt schnell, ob jemand gelernt hat, mit unterschiedlichen Faktoren differenziert umzugehen, oder ob jemand alle Einflussgrößen unüberlegt auf ein und die selbe Weise in Bewegung setzt und sich von unreflektierten Vorlieben leiten lässt. Ein Personalverantwortlicher, der dies zu nutzen versteht, kann die Qualität und Aussagekraft seiner Assessment-Center deutlich verbessern. Freilich gehören dazu geeignete Übungen und ein gut vorbereitetes Beobachter-Training.

Auch Reengineering-Prozesse, die bei Fusionen, strategischen Allianzen oder komplexen Projekten die Geschäftsabläufe optimieren sollen, erzeugen bekanntermaßen oft unerwünschte Nebenwirkungen. Oder sie gehen, längerfristig betrachtet, zu einem großen Prozentsatz schief. Der Grund dafür ist, dass viele von ihnen ausgerechnet an schwachen Faktoren ansetzen. Oft genügt es den Verantwortlichen, wie beim Beispiel des Kundendatenprojektes, ihre Ideen nach „Metaplan-Clustern" zu ordnen und zu punkten, ohne die relevanten Einflussgrößen des Reengineerings einem qualifizierten, für die Aufgaben maßgeschneiderten und unternehmensspezifischen Effektoren-Management zu unterziehen.

Fit für ein Reengineering?

Die Risiken des Reengineerings lassen sich grundsätzlich durch eine wünschenswerte, hohe Wahrscheinlichkeit des Gelingens ersetzen, wenn aktuelle wie künftige Einflussgrößen beachtet und den Dalton-Analysen entsprechend genutzt werden. Einige Faustregeln, an denen sich auch Assessment-Center orientieren können, sind dazu hilfreich:

- *Joe-Faktoren* verändern das gesamte System. Gegenüber selbstinduzierten Rückkoppelungsschleifen bleiben sie jedoch zunächst stabil. Sie erlauben deshalb robuste Prozess- und Projektplanungen, die von Beginn an Grob- und Feinplanungen integrieren. Im Projektmanagement bedeutet das, ein „lineares" Design vertreten zu können.

- *Jack-Faktoren* sind labil. Sie weisen eine hohe Durchsetzungskraft auf, zugleich sind sie leicht zu beeinflussen. Prozesse und Projekte, die vor allem mit solchen Faktoren arbeiten, laufen Gefahr, in ihrem Umfeld eine Vielzahl unkalkulierbarer Feedback-Schleifen loszutreten. Jack-Faktoren erfordern ein behutsames, umsichtiges Vorgehen. Für die Projektplanung bedeutet das, Meilensteine dosiert einzusetzen und ein wachsames Screening über Projekterfolge „in kleinen Schritten" zu installieren.

- *William-Faktoren* geben Aufschluss, ob jemand die Zusammenhänge zwischen Effektoren und Indikatoren zu interpretieren und selektiv zu nutzen weiß. Als Indikatoren unterstützen sie das Controlling, um den Erfolg der getroffenen Maßnahmen zu prüfen.

- *Averell-Faktoren* sollten nicht übersehen werden. Sie warnen vor „schwarzen Löchern", potenziellen Fehlinvestitionen und „beschäftigungstherapeutischen" Effekten in Arbeitsabläufen. Damit zeigen sie wirksame Ansatzpunkte im Reengineering auf: Da Averell-Faktoren ohne substanziellen Verlust ignoriert werden können, lassen sich Projekte und Arbeitsabläufe, die umsolche Faktoren „kreisen", ohne negative Nebenwirkungen eingesparen. Sich dies zu Nutze zu machen und stattdessen die anderen Einflussgrößen richtig einzusetzen, macht Reengineering-Prozesse leistungsfähig.

Im Assessment-Center kann jemand schnell unter Beweis stellen, ob er derartige Averell-Faktoren erkennt, mit Geschick zu eliminieren weiß und ihnen durch ein profundes Effektoren-Managements gegensteuert. Außerdem ermöglicht dies zu beurteilen, mit welchem Grad an sozialer Kompetenz jemand gegensteuert, wenn andere Gruppen-Mitglieder beliebig eingeworfene „Ideen" nur nach schlagwortartigen Clustern zusammenfassen oder nach subjektiven Vorlieben „punkten", ohne wirksame Effektoren zu beachten und an schwachen oder gar „Averell-Faktoren" angreifen. Auf diese Weise helfen insbesondere Förder-Assessments, der Bildung so genannter Klumpenrisiken vorzubeugen.

„Lumpy Risks" – Entstehung, Diagnose, Prävention

Je höher ich die Schinderei hinauf verlege,
umso schlimmer wird sie.

Reinhold Messner

Um das Tempo erfolgreicher unternehmerischer Entwicklungen zu erhöhen und das Risiko ihres Scheiterns zu minimieren, sollte beim Effektoren-Management jedes „lumpy risk" mit aller Deutlichkeit offengelegt und ausgeklammert werden.

Lumpy risks – die so genannten „Klumpenrisiken" – treffen ein Unternehmen umso härter, je „höher" sie sich in der Hierarchie strategisch wichtiger Entscheidungen einschleichen, und je stärker sie mit langfristigen Perspektiven von Führungskräften und Projektteams verflochten sind. Besonders ungünstig wirken sie sich aus, wenn sie auf weitreichende Unternehmensprozesse wie Change Management, Reengineering, strategische Allianzen oder Fusionen Einfluss nehmen.

Was ist ein Klumpenrisiko? Der Begriff ist der Sprache der Banker entlehnt, die ihn gebrauchen, wenn ein Risiko zum anderen kommt und einen „Klumpen" von Unwägbarkeiten bildet. So entsteht zum Beispiel ein Klumpenrisiko, wenn auf einen risikoreichen, volatilen Aktienfond ein Kredit aufgenommen wird, um weitere Aktien just dieses Fonds zu erwerben und damit auf eine höhere Rendite zu spekulieren. Wenn diese Aktien sich nun weder stabilisieren noch diversifiziert werden, sondern stattdessen in ihrem Wert wegbrechen, ist nicht nur das eingesetzte Vermögen dahin, sondern auch noch der Kredit ungedeckt.

Auch in der Organisationsentwicklung gilt es, „Klumpen" von Risiken vorzubeugen, die sich gegenseitig verstärken. Sie entstehen, wenn ein Unternehmen aus Unkenntnis eines professionellen Effektorenmanagements an schwachen Einflussgrößen ansetzt. Das mag vorübergehend entlasten, aber lange mindert dies den Druck nicht, sondern führt in der Regel dazu, die Belastungs-„Schraube" bald noch weiter anzuziehen. In solchen Situationen fehlen dann für eine konzentrierte Bewertung der Effektoren häufig die Nerven. Stattdessen wird noch bereitwilliger in leicht manipulierbare Indikatoren investiert. Diese erlauben, schnelle Scheinerfolge zu präsentieren, weil sie unmittelbar reagieren. Kurzfristig mindern sie den Druck aus der Umwelt und schmeicheln der unreflektierten Einbildung der Akteure. Immerhin suggerieren sie, das vorhandene Engagement reiche zur Lösung eines Problems tatsächlich aus. De facto schaukeln sie jedoch die Klumpenrisiken hoch:

Eine Aufgabe oder Herausforderung wird als Projekt definiert. Die gesteckten Ziele, der Erwartungs- und Ergebnisdruck sind hoch. Mit Hilfe einiger Standardverfahren (etwa der Metaplan-, Mind Map- und anderen Techniken) werden Ideen gesammelt und nach aktuellen Plausibilitätskriterien geordnet.

Statt alle Einflussgrößen systematisch zu bewerten, wird nun „gepunktet", welche Faktoren berücksichtigt werden sollen. „Vorlieben" gehen indirekt vor „Analysen". Deren Ergebnisse (etwa Metaplan-Cluster) fließen unmittelbar in Zielvereinbarungen, Score Cards, strategische Planungen ein.

Die Maßnahmen klingen zielorientiert, streuen de facto jedoch beliebig um neutrale Faktoren, Indikatoren und ambivalente Faktoren. Manche Effektoren werden zufällig „getroffen", aber nicht identifiziert. Die Folge sind hohe Streuverluste.

Diese machen sich im Ressourcenmanagement bemerkbar: Viele Initiativen münden in wenig brauchbare Ergebnisse. Die Zeit wird dadurch knapper, der subjektive Ergebnisdruck noch größer. Nun müssen Indikatoren für schnelle Ergebnisse herhalten: Sie reagieren auf fast alle Maßnahmen. Kurzfristig belohnen sie die Akteure. Zugleich binden sie deren Aufmerksamkeit. Die Folge: Indikatoren dominieren Effektoren. Diese verschwinden aus dem Blickfeld.

Viel bewegt sich, doch ohne nachhaltige Wirkungen zu erzielen. Unterm Strich bleiben die Ergebnisse hinter den gesteckten Zielen erneut zurück. Für schnelle Ergebnisse werden nun die Indikatoren noch stärker bemüht, noch mehr Ressourcen eingesetzt. Andere Arbeiten bleiben liegen. Distress, Aktionismus, Hektik bestimmen das Bild.

Weil „Averell"-Faktoren nichts bringen, und damit auch nichts Negatives, werden diese jetzt sogar als entlastend erlebt. Das entspannt und fördert die Neigung zu *aktionistischen Pausen*. Dies macht diese Faktoren kurzfristig attraktiv, steigert jedoch das Risiko von Fehlinvestitionen.

Bald absorbieren „Averell"-Faktoren das Gros aller verfügbaren Ressourcen. Gleichzeitig ziehen ambivalente Faktoren unkalkulierbare Konsequenzen nach sich. Die Projektarbeit oszilliert immer mehr zwischen diesen Extremen. Die Folge: Ein Projekt muss neu gestartet oder als nicht zufriedenstellend abgeschlossen werden.

Abbildung 8: Wie „Klumpenrisiken" entstehen ...

Klumpenrisiken werden komplettiert, wenn neben den Indikatoren auch noch ambivalente Faktoren, die ja ebenfalls leicht ansprechbar sind, anstelle von Effektoren eingesetzt werden. Denn Ambivalenz-Faktoren bewirken tatsächlich allerhand – vor allem unliebsame Überraschungen. Diese Risiken schaukeln sich auf, wenn durch die Hast nach schnellen Resultaten die Sensibilität für Feedback und umsichtiges Steuern ambivalenter Faktoren verloren geht.

Zu Beginn eines Prozesses sind sich zügig erzielte, substanzielle Erfolge und schnelle Scheinerfolge oftmals ähnlich. Im weiteren Verlauf weisen sie jedoch in diametral entgegengesetzte Richtungen. Sie entscheiden darüber, ob bei ein und demselben Projektziel eine Unternehmung aus der Projektarbeit Wert schöpft – oder ihn damit geradezu vernichtet. Das wird an zahlreichen Prozessen offenkundig, die in der Sache zunächst wohlbegründet erscheinen, in den Ergebnissen den gesteckten Zielen aber bald hinterher hinken. Häufig überdecken Projekte, die um „Averell"-Faktoren kreisen, auch eine gewisse Hilflosigkeit, mit einer Aufgabe adäquat umzugehen. Von einem High Value Agent ist deshalb zu fordern, jeweils an wesentlichen Einflussgrößen anzusetzen, dazu die richtigen Maßnahmen einzuleiten, zu führen und wenn nötig auch als Coach zu begleiten. Klumpenrisiken folgen in den meisten Fällen einem bestimmten Muster, das immer wieder zu beobachten ist und in einigen markanten Phänomenen seinen Ausdruck findet.

Iatrogener Stress und aktionistische Pausen

Gewisse Verhaltensmuster sind typisch, um dem Druck, den Klumpenrisiken erzeugen, vorübergehend zu entkommen. Ganze Organisationen, manchmal auch Projektteams und sogar einzelne Personen lassen diese Muster erkennen. Sie:

- entwickeln Rituale, um sich auf stereotype Weise über zunehmende Belastungen zu beklagen. Die jeweiligen Adressaten geraten dann unvermittelt in die Rolle einer „mobilen Klagemauer": Wo immer sie auftauchen, kriegen sie dieselben schlimmen Inhalte auf dieselbe schlimme Weise zu hören,

- provozieren ineffiziente Besprechungen,

- missbrauchen – meist unwillentlich, aber ausdauernd – die Möglichkeiten der virtuellen Kommunikation, deren Quantität „explodiert" und nicht selten zu Lasten der kommunikativen Qualität und des verfügbaren Informationswertes geht.

Wenn eines oder mehrere dieser Symptome auftauchen, sollte die Diagnose verstärkt nach aktuellen Klumpenrisiken und deren Risikokonstellation suchen. Als wichtiges Indiz dient dazu die Art und Weise des „sekundären Krankheitsgewinns". Ein aus der medizinischen Psychologie bekannter Begriff, der die Vorzüge beschreibt, die jemand einer Krankheit abgewinnen mag und deshalb nicht im Gesundwerden, sondern im Verharren eines pathologischen Zustandes seinen „Erfolg" sieht. Diese Symptomatik macht auch vor Organisationen und deren Führungskräften nicht Halt. Dort kommt sie meist in aktionistischen Pausen, aber auch im iatrogenen Stress zum Ausdruck. Folgende Fälle illustrieren dies:

Project-Hopping als Stress-Ventil

Wenn Klumpenrisiken einen „sekundären Nutzen" stiften, liegt er meist in den aktionistischen Pausen, die sich die Akteure selbst erschaffen. Ein erstes Beispiel mag das erhellen. In einem Unternehmen war die Ausgangslage angespannt-hektisch: Um im Markt mitzuhalten, wurden binnen weniger Jahre alle denkbaren Reorganisationsprozesse eingeläutet: Change Management, Power Teams, Reengineering, Total Quality Management, EFQM, Balanced Score Cards und andere. All diese Prozesse wurden jedoch weder systematisch miteinander verknüpft, noch auf relevante Hebel hin untersucht. Vielmehr glichen sie einem Atoll mit unzusammenhängenden Inseln, deren gemeinsame Grundstruktur längst „abgetaucht" und nicht mehr erkennbar war. Etliche Führungskräfte hinterließen auch den Eindruck von „Insel-Hoppern", die von einem Projekt zum anderen hüpften, statt unternehmensübergreifend und systematisch einen kritischen Zusammenhang zwischen wesentlichen und weniger wichtigen Maßnahmen herzustellen. Ihr Project-Hopping zwischen unterschiedlichsten Reorganisationsprozessen und die damit verbundene, großflächige Streuung von Maßnahmen führte zu einem immensen Ressourcenverbrauch und zusätzlichen Arbeitsdruck für eine Vielzahl von Managern und Mitarbeitern. Doch die hektische Betriebsamkeit in Frage zu stellen war nicht opportun. In der gleichen Zeit „sinnvoller zu arbeiten", war als Thema nicht erwünscht. Das Verständnis dessen, was tatsächlich effizient sei, stand nicht zur Debatte.

Was blieb den Betroffenen, um in dieser Situation ihr Übermaß an selbstverursachtem, iatrogenem Stress abrollen zu lassen? Ihre Methode war, sich nach einem wiederkehrenden Muster zu beklagen und auf diese Weise Luft zu verschaffen. Das brachte ein international validierter Test an den Tag. Darin bestätigte die Mehrzahl aller befragten Mitarbeiter, „bereitwillig im Team mitzuarbeiten", verwahrte sich aber schon einige Fragen später vehement und grundsätzlich dagegen, sich einer „Meinung im Team" anzuschließen. Dieses Bild wird durch die Beobachtung vieler Besprechungen bestätigt: Manche der Projektteams treffen sich, um wieder und wieder um ihre Lieblings-Averell-Themen zu kreisen, damit (vorhersehbar) nicht zu guten Ergebnissen zu kommen, und um sich anschließend in diversen Konflikten den Frust aus der Seele zu reden.

Von iatrogenem Stress ist hier die Rede, weil mit solchen Klumpenrisiken diese Führungskräfte sich selbst und ihren Mitarbeitern just diejenigen Belastungen einhandeln, über die sie sich anschließend stets aufs Neue beklagen. (Der Begriff „Iatrogen" stammt aus der Medizinersprache und heißt „durch den Arzt verursacht". Eine „iatrogene Erkrankung" des Patienten wird durch den Arzt ausgelöst, zum Beispiel

krankung" des Patienten wird durch den Arzt ausgelöst, zum Beispiel durch eine Infektion während einer Operation). Um in Organisationen die Belastungen wieder abzubauen, werden gerne aktionistische Pausen initiiert. Die haben die Bedeutung eines sekundären Krankheitsgewinns. Denn sie entlasten, indem sich die Führungskräfte und Mitarbeiter über den Zweck oder die Umstände ihrer Aufgabe so lange beklagen, bis sie die Aufgaben (hätten sie sich nicht auf falsche Faktoren gesetzt und dann beklagt) in der gleichen Zeit erledigt hätten. Psychologen bezeichnen dieses Zurückweichen vor Aufgaben gern als „Vermeidungsverhalten" – zu Unrecht. Das Gegenteil ist der Fall: Denn mit Hilfe von aktionistischen Pausen vermeidet jemand die Arbeit nicht, sondern beschäftigt sich unentwegt mit ihr (indem er darüber klagt oder parliert und damit „offiziell" an nichts anderes denkt). Doch zugleich verschafft er sich mit diesem Vorgehen einen „erholsamen Abstand" dazu – indem er diese Arbeit vorübergehend nicht erledigt und in dieser Zeit auch nichts anderes tut.

Meetings – ein Forum des Müßiggangs?

Die andere Methode, diesem selbstinduzierten, iatrogenen Stress zu entkommen, liegt in der ineffizienten Gestaltung von Meetings und Besprechungsrunden. Was war im konkreten Fall geschehen? Eine (angeblich) wichtige Besprechung wurde zu einem (angeblich) bedeutsamen Projekt anberaumt, hochrangige Führungskräfte von überall her einbezogen. Jedem war klar, dass an jenem Nachmittag verbindliche Vereinbarungen über die nächsten Projektschritte zu treffen waren. Einige Externe waren geladen. Sie sollten später die Projektarbeit moderieren. Dann, am Nachmittag, passierte es: Ein kurzer Text sollte auflisten, wie die anwesende Führungscrew das Projektteam unterstützen könne. Da hieß es: „Wir erklären uns bereit,

- den Mitgliedern des Leitungskreises ...,
- den Projektleitern ...,
- den Mitarbeitern im Projekt ...

(diese und jene Unterstützung zukommen zu lassen)."

Doch halt. Sollte es nicht besser heißen: „Wir erklären uns bereit, den

- Mitgliedern des Leitungskreises ...,
- Projektleitern ...,
- Mitarbeitern im Projekt ...

(diese und jene Unterstützung zukommen zu lassen)."

Sehen Sie als Leser den Unterschied? Wo sollte nach Ihrer Meinung das Wörtchen „den" denn stehen? Vor jedem einzelnen Gliederungspunkt, oder im Leitsatz davor?

Just dieser Frage gingen jetzt die anwesenden Führungskräfte mit Verve nach, bis – variiert mit einigen anderen Exkursen – nach fast zwei Stunden darüber eine Entscheidung getroffen wurde. (Der zweite Vorschlag erhielt nach zähem Ringen den Zuschlag). Nun war der Nachmittag schon bald vorbei, und zur Vereinbarung der nächsten Projektschritte musste ein neuer Termin her. Den zu finden kostete den Rest des Nachmittags, denn Termine anzuberaumen, das Arrangement von Flugbuchungen abzusprechen und eventuelle „Synergie-Effekte" mit anderen Besprechungen auszuloten („das Ganze müsse sich ja lohnen") sollte nach allgemeinem Bekunden wohl koordiniert sein.

Außenstehende mögen – wiederum zu Unrecht – den Kopf schütteln, wenn Besprechungen solcher Art sich in Intervallen wiederholen (auch wenn sie nicht immer so extrem ablaufen, wie das im skizzierten, aber realen Beispiel der Fall war). Wer sich darüber wundert, verkennt ein perfide-perfektes System zur Gestaltung von aktionistischen Pausen. Denn mit hohem Aufwand, langen Arbeitszeiten und teils internationalen Anreisen sich die Auszeit eines ganzen Nachmittags zu nehmen, um über die Positionierung des Wörtchens *den* zu meditieren, verbietet einerseits jeglichen Vorwurf des Müßiggangs oder gar des mangelnden Engagements. Auf der anderen Seite holen sich Projektverantwortliche die Zeit, die sie „brauchen", um den hohen Ergebnisdruck anerkennend zu bestätigen und ihm zugleich zu widerstehen.

Unergiebige Besprechungen sind häufig ein Indiz für unbewältigte Klumpenrisiken. Meist verbessert sich die Besprechungskultur und -leistung denn auch sofort, wenn es gelingt, den Klumpenrisiken vorzubeugen und damit den Tendenzen zu aktionistischen Pausen und iatrogenem Stress den Nährboden zu entziehen. Das oben skizzierte Ablaufschema zur Diagnose von Klumpenrisiken ist dazu hilfreich. Investitionen in Projekte, die um Averell-Faktoren kreisen, sowie die Häufung aktionistischer Pausen sind oft ein Hinweis auf Überforderung, sei es auf Seiten der Führungskräfte oder verantwortlichen Teams. Solche Überforderungen, die nicht aufgelöst oder nur kaschiert werden, finden über den Umweg arbeitsintensiver Ineffizienz und demonstrativen Scheinnutzens ein probates Ventil. Der Führungsauftrag des High Value Management lautet hier, den echten Nutzen wieder in den Mittelpunkt zu rücken.

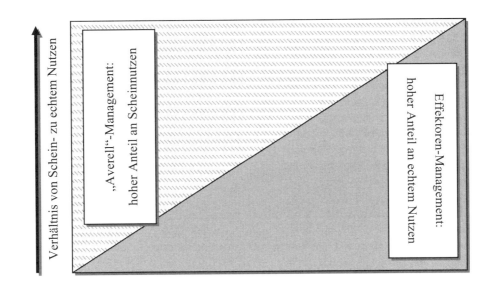

Abbildung 9: Vom Schein- zum echten Nutzen: ein Führungsauftrag

Klumpenrisiken – „Viren" in der virtuellen Kommunikation

Computerviren sind das geringere Übel, wenn es gilt, die Funktionalität und den Wert einer substanziellen Kommunikation zu erhalten. Schlimmer ist das Viren-Risiko, das im Kommunikationsverhalten selbst begründet liegt: Es bedient sich der virtuellen Kommunikation, um Klumpenrisiken zu „pflegen", aktionistische Pausen zu instrumentalisieren und den Informationswert des Gesagten gegen Null zu setzen. Denn mit der Verschiebung der Kommunikationsströme auf neue Medien verschwinden Klumpenrisiken keineswegs, sondern verändern ihr symptomatisches Auftreten. Eine Bewertung des Kommunikationsverhaltens gibt deshalb verlässlichen Aufschluss über das Verhältnis von Schein- zu echtem Nutzen. Überdies lässt sie eindeutige Rückschlüsse auf die Befähigung zum High Value Management zu.

Eine Reihe von Betrieben steht dem Problem gegenüber, dass die Quantität der Kommunikation „explodiert", während deren Qualität absinkt. Dort, wo dieses Kommunikationsverhalten um sich greift, entfaltet es oft eine unkontrollierte, „beschäftigungstherapeutische Spirale".

Mit anderen Worten kann ein Unternehmen durch beständige „Information aller durch alle" sich selbst hervorragend unterhalten und beschäftigen, ohne zu mehr produktiver Arbeit zu kommen. Das produziert einen Mangel an Leistung, weil im Verhältnis zur inszenierten Kommunikation deren Informationswert stetig abnimmt. Zu viel Kommunikation zeitigt fast dieselben Symptome wie zu wenig Kommunikation. Was also ist die optimale Dosis?

Die Symptomatik einer unzulänglichen, virtuellen Kommunikation gibt darüber Aufschluss. Denn das Missverhältnis, durch überbordene Kommunikationsvolumina einem Mangel an Leistung Vorschub zu leisten, wird in aller Regel durch einen noch größeren kommunikativen Aufwand – zusätzliche Mails „an alle", weitere redundante Infos und Besprechungsmarathons – kompensiert. Dies dünnt jedoch das aktive Leistungspotenzial noch weiter aus. Von außen betrachtet scheint dies auf den ersten Blick wiederum paradox und schwer nachvollziehbar zu sein. Doch von innen gesehen folgen diese Kommunikationsmuster einer verblüffenden Logik. Sie ähneln den aktionistischen Pausen, die an Averell-Projekte geknüpft sind. Denn sie dokumentieren ebenfalls den Anschein eines permanenten Leistungswillens – und offenbaren zugleich, dass den daran geknüpften Aufträgen niemand nachkommen muss. Vielfach wird eine intensive, doch beliebige Kommunikation als „entlastend" erlebt und wirkt dem Stress vorübergehend entgegen.

Die „unterhaltsame Ineffizienz" überwinden

Um die skizzierten beschäftigungstherapeutischen Fallen zu überwinden, ist wiederum der *Sinn*, den sie im Betrieb innehaben, zu verstehen: Durch ihre schiere Quantität suggeriert die virtuelle Form der Kommunikation ein Gegengewicht zur Auflösung gewachsener Strukturen. Denn während betriebliche Realitäten durch Umstrukturierungen und andere Prozesse des Wandels immer weniger soziale Sicherheit und Verlässlichkeit zu bieten vermögen, wirkt die virtuelle Kommunikation dieser Unbeständigkeit durch „beständige" Kontakte entgegen.

Sie unterstreicht, stets erreichbar, anwesend und ansprechbar zu sein. Und wer freut sich nicht über Post, auch wenn sie online kommt? Selbst wenn es in Organisationen eher um nüchterne Informationen geht, so wird doch die Menge der einlaufenden Infos bisweilen als Gradmesser für Beliebtheit und Bedeutung interpretiert. Ganze „Waschkörbe" von E-Post zu erhalten, beweist – neben der sachlichen Dimension – ja auch, Fans und Förderer innerhalb und außerhalb des Unternehmens zu haben. Indem intensive virtuelle Kommunikation Entlastung, Geborgenheit und „virtuelle Zusammengehörigkeit" suggeriert, will sie gepflegt sein. Das verlangt nach immer neuen Bestätigungen und Beweisen. Dazu genügt es, einfach „da zu sein" und sich per Mausklick auch bei seinem Gegenüber davon überzeugen zu können.

Diese psychohygienische Attitüde bietet eine Reihe nützlicher Facetten, indem sie Flexibilität fördert und zugleich ein Gegengewicht dazu bildet. Das macht es schwierig und sicherlich fragwürdig, solches Kommunikationsverhalten beschneiden zu wollen. Dennoch, im Betrieb zeitigt es oft eine Schattenseite: Es stabilisiert einen *Kreislauf unterhaltsamer Ineffizienz:* Denn um etwas zu sagen zu haben und gehört zu werden, werden mit jedem Mausklick häufig Dutzende von Leuten per elektronischer Kopie darüber informiert, was an Dutzende anderer Leute ohnehin gemailt wurde. Das provoziert einen Wust an Antworten, die wiederum im Dutzend verbreitet werden, und auch einen Berg von nicht gelesenen und unbeantworteten Informationen. In diesem Nebeneinander von Infos, Anworten und ignorierter Information gedeiht ein spezielles Risiko: die virtuell inszenierte, *kommunikative Beliebigkeit.*

Primär- und Sekundär-Adressaten unterscheiden

Durch dieses Kommunikationsverhalten verschwimmen die Grenzen, *wen* eine bestimmte Aussage nun tatsächlich etwas angeht, wer also *Primär-Adressat* ist, und wer nur „nebenbei" informiert, sprich als *Sekundär-Adressat* davon in Kenntnis gesetzt wird. Das wird in vielen Fällen nicht hinreichend geklärt, und diese Beliebigkeit des Kommunikations- und Informationsgebarens verzerrt das Bewusstsein der persönlichen Verantwortung. Eine Organisation, die auf solche Kommunikationsmuster baut, lässt allzu oft im Unklaren:

- wer konkret welchen Auftrag hat,
- welcher Wirkungsradius einem Auftrag zu Eigen ist,
- in welche Kontextbeziehungen jemand damit de facto eingreift, und
- welche Situation er für die erfolgreiche Umsetzung seiner Aufgaben vorfindet.

Die Beliebigkeit einer explodierenden Informationsflut hat noch eine weitere Schattenseite: Sie behindert die Bereitschaft zur Eigeninitiative. Denn wenn die Unternehmenskultur bejaht, dass unreflektiert „jeder alle über alles" informiert, fördert sie auf Dauer nur die ängstliche Zurückhaltung und nicht das couragierte Handeln. Ohne die persönliche Verantwortung für das Gesagte und Gehörte einzufordern, bestärken solch unreflektierte Kommunikationsmuster die Ängstlichen, eigene Initiativen zurückzunehmen und die Verantwortung für ihr Handeln auf die Schultern möglichst vieler zu verteilen (statt die Verantwortung bewusst auf die eigenen Schultern zu satteln). Denn es ist leichter, einer Person eine Nachricht zu senden und per Mausklick an ein Dutzend andere Leute rundum zu verteilen – um dann zu sagen, „man habe ja alle informiert" – als sich in engagierten Auseinandersetzungen Klarheit zu verschaffen, wer wen worüber zu informieren hat, wer für den Informationstransfer persönliche Verantwortung trägt und wer als Sekundär-Adressat davon unbedingt Kenntnis haben sollte.

Dieser virtuell gestützte Rückzug aus der Eigeninitiative begünstigt die Furcht vor Fehlern. Denn die werden umso weniger persönlich zurechenbar, je beliebiger die virtuelle Kommunikation abläuft. Treten Fehler auf, werden sie nun kollektiv, gemeinsam mit allen anderen begangen – schließlich waren die jeweils anderen „ja über alles informiert". So verliert der Kommunikationsprozess an Schärfe, Aussagekraft und Informationswert. Dies bremst die Bereitschaft, *eigeninitiative* Lösungen anzustreben. Kurioserweise erleichtert eine solche Furcht vor Fehlern die gedankenlose, rhetorisch vorgetragene Absichtserklärung, aus „Fehlern lernen zu wollen" – die Verantwortung dafür ist ja gut verteilt und nimmt niemanden persönlich in die Pflicht.

Auch der nachhaltigen Innovationsfähigkeit eines Unternehmens stehen solche Tendenzen im Weg. Denn ausgerechnet wer die Initiative lieber verteilt statt sich selbst auflädt, hat es nach außen betrachtet meist gern, als guter „Teamplayer" tituliert (und nicht der Maße der „Mitverantwortlichen" zugerechnet) zu werden. Dieser Zwiespalt, Initiativen abzuwälzen und dies als „Teamorientierung" zu verkaufen, führt zu Kommunikationsmustern, die jene verräterische Symptomatik einer *Lolly-Kultur* charakterisieren (siehe nachfolgende Abbildung). Nun sollten Lolly-Kulturen sicherlich nicht überbewertet werden, solange sie nur sporadisch auftauchen und wieder verschwinden. Wenn sie sich jedoch in Führungsetagen ausbreiten und verfestigen, sind energische Schritte von Nöten, um ihnen zu begegnen und die konstruktive Leistungsfähigkeit einer Organisation wieder an deren Stelle zu setzen.

Die Symptomatik von Lolly-Kulturen:

1. Das beliebige Verteilen von Informationen fördert das *Halbwissen*, denn der Wert von vielen Informationen wird ignoriert, bleibt unreflektiert. Stattdessen öffnet dies den Weg in eine *Lolly-Kultur*. Die Unschärfe der beliebigen Kommunikation begünstigt ein gewisses Gutdünken, was als „richtig" und „falsch" einzuschätzen sei. Umso wichtiger wird es zu erkennen, *wer* darüber befindet, was nun richtig oder falsch sei.

2. Das Verteilen von Lollies – in Form von kleinen Belohnungen, Incentives – gibt darüber Aufschluss. Wer sie an „Würdige" verteilen oder ihnen bei „Ungnade" wieder entziehen kann, hat bei diffuser Kommunikationslage das Wort. In Beratungen und Trainings sind es die „Gurus", bei denen die „Macht der Lollies" liegt. In der betrieblichen Hierarchie – und sei sie noch so flach – gewinnt derjenige die Oberhand, dessen vage Dominanz ängstliche Zauderer einschüchtert. So entsteht ein *Führungsverhalten, das zugleich unbestimmt und autoritär* ist.

3. Die Zauderer fühlen sich jetzt geradezu entlastet, erstens weil sie für ihr Verhalten per Incentive (Anerkennung, Lolly) belohnt werden, und zweitens, weil es einen Fokus (oder „Leader") gibt, der die Beliebigkeit der Kommunikation scheinbar durchbricht, indem er definiert, was nun richtig und falsch sei. Dem schließen sich die Zauderer als erste an und gewinnen Beachtung, indem sie autoritär vorgetragene „Guru"-Meinungen verteidigen. Initiatoren und Innovatoren, die nicht zu den Zauderern zählen, kommen sich bald gemaßregelt vor, ihre Bereitschaft zur *Eigeninitiative schwindet*.

4. Die Gesamtkommunikation wird immer seltener systematisch optimiert. Stattdessen wird einseitig und stetig mehr Wert auf einzelne *Informationssegmente* (Themen) oder *isolierte Kommunikationsströme* (Medien) gelegt. Über immer weniger Themen wird immer mehr gesprochen. Die von den Beteiligten wahrgenommene „Themenvielfalt" verarmt.

Beispiel: Wie verschiedene Unternehmen kommunikative Verantwortung schaffen

Wie reagieren nun Unternehmen, die über solche Erfahrungen berichten, auf solche Dilemmata?

Nicht alle Lösungen, damit umzugehen, sind clever. Als Beispiel für eine kaum durchdachte Strategie, mit überbordenen Kommunikationsvolumina klarzukommen, mag das Verhalten eines Elektronikunternehmens dienen. Dort setzen die Mitarbeiter vielfach eigene „Filter" ein, um elektronische Post von bestimmten Kollegen, Teams oder Abteilungen gar nicht erst zu erhalten. Diese wissen davon nichts, machen es umgekehrt aber genauso. Der bürokratische Anspruch, „alle" informiert zu haben, bliebe im Zweifelsfall erhalten. Das beruhigt so manche Nerven, doch mit dem Absenden der Mails ist leider auch die Verantwortung „draußen", und das persönliche Engagement ebenso wie das Betriebsklima bald im Keller. Denn wie es mit dem „versandten Wissen" weitergeht, interessiert kaum jemand. So mutet die Gewohnheit, eine Unzahl von Informationen zu produzieren und gleichzeitig abzuwehren, zweispältig an. Dieses Kommunikationsverhalten wird zum Ritual, dem ein gewisser Fatalismus anhängt. Denn es schränkt keineswegs die Menge der erzeugten Kommunikation ein. Sie bleibt vielmehr ein One-way-Prozess vom „Erzeuger" direkt in den elektronischen Papierkorb. Als Fazit ist für dieses Unternehmen festzustellen, dass es im Hinblick auf die interne Kommunikation noch weit von der Fähigkeit zum dialogischen Lernen entfernt ist.

Klüger verhält sich da ein anderes Unternehmen der gleichen Branche. Dort hat eine interne Studie ergeben, dass im statistischen Durchschnitt über alle funktionalen und hierarchischen Ebenen hinweg jeder Mitarbeiter täglich circa einhundertzwanzig elektronische Mails erhält, die er lesen und beantworten sollte. Allein um diese Informationsflut zu bewältigen, könnten sich die Mitarbeiter dieses Konzerns so gut beschäftigen, dass ihre reguläre Arbeitszeit dafür nicht ausreichen würde.

Als Konsequenz müssen sich dessen Mitarbeiter wiederholten Trainings unterziehen, um ihr Kommunikationsverhalten kritisch zu hinterfragen und den Fokus auf wesentliche Kommunikationsströme zu legen:

- Wer muss wirklich worüber informiert werden?
- Wie kann sichergestellt werden, dass die Informationen relevant sind und nicht unnötigen Ballast aufwerfen?
- Wer trägt Verantwortung für das Gesagte, Gehörte und die zugehörigen Aufträge?

Hier ist zu beobachten, dass diese Interventionen in bestimmten Intervallen nötig sind. Bleiben sie aus, so erhöht sich nach einer Weile das Ausmaß an beliebigem, unreflektiertem Kommunikationsverhalten wieder unkontrolliert, während die Qualität der Kommunikation erneut rapide absinkt. Effektive Kommunikation braucht folglich eine Wartung, eine Art regelmäßigen „Kunden-Dienst". Der ist umso stärker einzukalkulieren, je mehr virtuelle Kommunikation ins Spiel kommt. Sonst steigt das virtuelle Klumpenrisiko.

Ein taugliches Modell, um leistungsfähige Kommunikation zu entwickeln, weiss ein Automobilhersteller zu berichten. Dort müssen sich verantwortliche Mitarbeiter zunächst persönlich einfinden, um face-to-face geeignete Entscheidungspfade zur Lösung von Problemen oder für anstehende Projekte zu entwerfen. Diese Enscheidungspfade berücksichtigen die Verantwortungs- und Wirkungsradien der Beteiligten. Sie stellen klar, wie Strategien entwickelt und operative Aufgaben umgesetzt, beziehungsweise Störungen korrigiert werden sollen. Wenn dies geklärt ist, werden an diesen Entscheidungspfaden entlang relevante Kommunikations- und Informationsströme optimiert. Diese Form des dialogischen Lernens zwischen verschiedenen Teams und Funktionsbereichen erhöht schließlich den Nutzen aller Informations- und Kommunikationstechnologien, die in der Folge maßgeschneidert eingesetzt werden können.

Angesichts dieser Erfahrungen sehen sich manche Unternehmen mit der Frage konfrontiert, wie sie:

1. den Beitrag der Informations- und Kommunikationstechnologien (IuK) beziehungsweise der Information-Technology (IT) zur Gesamtkommunikation bewerten und verbessern können, und

2. was zu beachten ist, um persönliche wie technische Kommunikationsströme optimal zu integrieren.

Kapitel II:

Integrative Führung,
Self-Controlling und Krisenprävention

Münchhausen und die Trojanischen Pferde:
Wie erfolgreiche Kommunikationsmodelle
das Lern- und Innovationsverhalten beeinflussen

Was zeichnet erfolgreiche Kommunikationssysteme aus?

Um den Erfahrungsberichten und Lösungsansätzen verschiedener Unternehmen genauer nachzugehen, haben wir im Auftrag und unter Mitwirkung der *Siemens AG* eine Studie durchgeführt, um zu klären:

1. was *erfolgreiche Kommunikationsmodelle* auszeichnet, und
2. wie IuK-Systeme in die Unternehmenskommunikation zu integrieren sind, um deren *Wertbeitrag* zu optimieren.

An der Studie haben (hier grob nach Branchen geclustert) teilgenommen:

a) Finanzdienstleister (Banken- und Versicherungsgewerbe):

        Allianz-Versicherung

        Commerzbank

        HypoVereinsbank

        Münchener Rückversicherung

        Versicherungskammer Bayern

b) „Allgemeine Dienstleister": Lufthansa

        RWE

        SAP

        Veba Com

c) Unternehmen aus Bereichen des „produzierenden Gewerbes":

    Automobil: BMW

                     Porsche

    Versorgung: BP

                     Shell

    Kommunikation: 3M

                     Hewlett-Packard

    Anlagen/Beschichtung: Balzers&Leybold

    Nahrungsmittel: Nestle

Einige der Ergebnisse werden im Folgenden erläutert. Außerdem zeigt die Studie beispielhaft auf, wie durch Innovatoren-Analysen der Bedarf an Lernprozessen identifiziert wird. Ferner illustriert die Studie, dass das Effektoren-Management nicht nur für einzelne Projekte, sondern auch für die Bewertung von Unternehmen nützlich ist.

Doch vorab einige Bemerkungen zum Ablauf der Untersuchung: Von den genannten Unternehmen wurden insgesamt fünfzig Manager interviewt. Das ist kein repräsentativer Querschnitt, doch die Interviews spiegeln eine Reihe eindeutiger Tendenzen wieder. Diese wurden mit Hilfe von (a) Inhalts-, (b) Effektoren- und (c) Innovatoren-Analysen ermittelt.

Die Manager sollten sich im Rahmen einer optimierten Gesamt-Kommunikation:
- mit der Nutzung von IuK-Systemen auseinandersetzen, sowie
- auf die Nahtstellen von IuK-Systemen mit anderen Kommunikationsströmen eingehen.

Als Grundlage dienten uns halbstandardisierte Interviews mit je 34 Standard- und einer Reihe weiterer, offener Fragen.

Dabei standen folgende Aspekte im Vordergrund:

1. *Der gegenwärtige und künftige Kommunikationsbedarf, die Rolle von IuK-Systemen*

2. *Zentrale (primäre) und nachgeordnete (sekundäre) Nutzenkonzepte*

3. *Strategien zur Integration von IuK-Systemen*

4. *Vor- und Nachteile (Schwierigkeiten) auf Grund der bisherigen Erfahrungen*

5. *Die eingesetzte Technik und Sicherheitsfragen*

6. *Die Beziehung zu technologischen und organisationalen Innovationen*

7. *IuK-Systeme im Kontext von Veränderungsprozessen*

Einige Faktoren zur Potenzial- und Risikoabschätzung von IuK-Systemen werden praktisch immer wieder angesprochen. Diese Faktoren sind in der folgenden Übersicht aufgelistet:

Potenzial- und Risikoabschätzung von IuK-Systemen

Potenziale, die IuK-Systeme fördern	*Risiken im Kontext mit IuK-Systemen*
♦ Integrative Führung, Integration unterschiedlicher Teams	♦ Mangelhafte Verbund-Kommunikation verschiedener Kommunikations-Kanäle
♦ Unterstützen hierarchieübergreifender Information / Kommunikation	♦ Unzureichende Integration von IuK-Systemen und Face-to-Face-Kommunikation
♦ Koordinieren und Kommunizieren von virtuellen Teams	♦ Überlastung von Mitarbeitern durch Info-Flut
♦ Zielabstimmung, Standardisierung im interkulturellen Management	♦ Verlust des „Stallgeruchs", Identitätsverlust, unpersönliches Führungsverhalten durch „technologische Weisung"
♦ Unterstützen der Personalentwicklung	
♦ Schnelle Breiteninformation	♦ „Vereinsamung", unpersönliche Kundenkontakte
♦ Flexible Umsetzung von Kundeninformationen	♦ Bisweilen unklare oder prestigeträchtige Zugriffsregelungen
♦ Zusätzliche Marktpräsenz	♦ Fehlender kritischer Dialog durch rigide IuK-Standardisierung
♦ Steigerung der qualitativen / quantitativen Rationalisierungspotenziale	♦ Gefahr einer „Legitimationskultur" und Schuldabwälzung bei Fehlern
♦ Projekt-/ Prozess-Rationalisierung	
♦ Projekt-/ Prozess-Koordination	♦ Unflexible IuK-Systeme bei schnellem technologischem oder organisationalem Wandel
♦ Verkürzung von Durchlaufzeiten	

Integrative Führung steigert den Wert von IuK-Systemen

Die Effektoren-Analyse dieser Einflussgrößen zeigt, dass die „Integrative Führung" und die „Verbundkommunikation" die wichtigsten Faktoren darstellen, um die Qualität und den Wertbeitrag von IuK-Systemen nachdrücklich zu steigern. Was heißt das konkret? *Integrative Führung* bedeutet vor allem, ein umfassendes Perspektivenmanagement zu initiieren. Das heißt:

- das Entscheidungs- sowie Führungsverhalten auf verschiedene Sichtweisen und Brennpunkte einzustellen (das heißt, wenn der Fokus des Handelns je nach Blickwinkel und Aufgabenstellung variiert). Es gilt, dabei unterschiedliche Funktionen, Bereiche und Teams adäquat zu vernetzen und erforderliche IuK-Systeme professionell einzubeziehen,
- die nötigen Lern- und Entwicklungsprozesse aufeinander abzustimmen und
- deren Wechselwirkungen im Gesamtprozess zu beachten.

Wenn beispielsweise ein Dienstleistungsunternehmen seine Geschäftstätigkeit international standardisieren möchte, ist zu überlegen, was dies für die Produktentwicklung, das Marketing, die Personalentwicklung sowie für das optimale Zusammenspiel dieser Bereiche bedeutet.

Oder nehmen wir das strategische Ziel eines Finanzdienstleisters, der sein Kreditgeschäft verdoppeln möchte: Was bedeutet dies jeweils für die Kundenberater, Competence Center, Kreditabteilungen und Produktentwickler und für das Zusammenspiel dieser Funktionen?

Dialogisches Lernen spielt dabei eine zentrale Rolle, weil das Zusammenspiel unterschiedlicher Perspektiven und Brennpunkte stets ein hohes Maß an gegenseitiger Unterstützung erfordert. Dazu sind eine Reihe von Fragen zu klären. Die wichtigsten lauten:

- Wer sollte welche Unterstützung wem gegenüber erbringen?
- Wer muss welche Befähigung entwickeln, um die erforderliche Unterstützung leisten – oder die angebotene Unterstützung einbeziehen – zu können?

Die *Verbundkommunikation* ergänzt diesen Ansatz, weil wichtige Botschaften nicht nur einkanalig – etwa über das Intranet –, sondern über mehrere Kommunikationsströme laufen müssen, um die erwünschte Resonanz zu erhalten. So wie wichtige Nachrichten im persönlichen Leben über Zeitungen, Fernsehen, Internet und Gespräche verarbeitet werden, sollte die Unternehmenskommunikation solchen (kulturell erworbenen) Wahrnehmungsmustern Rechnung tragen und in der Lage sein, „mehrkanalig" mit unterschiedlichen Verarbeitungsstufen der Kommunikation zu operieren. IuK-unterstützte Informationen nehmen häufig den Charakter einer „Anreißer"-Funktion ein, ähnlich einer Schlagzeile. Die Qualität von IuK-Systemen ist deshalb nicht nur eine technologische, sondern mehr noch eine Führungsaufgabe, die „multiple" Informationskanäle bahnt und verbindet. Aus der Studie möchte ich an dieser Stelle eine Zusammenfassung wiedergeben, die grob nach Branchen gegliedert ist. Deren Cluster spiegeln einige grundsätzliche Tendenzen der zugeordneten Unternehmen wider, wenngleich die Daten in dieser Form nicht immer auf die jeweils einzelnen Unternehmen übertragbar sind. So unterscheiden sich die Nutzenkonzepte von IuK-Systemen manchmal von Fall zu Fall, darüber hinaus auch nach branchenspezifischen Kriterien.

Im Überblick lassen sich jedoch einige Unterschiede feststellen. Beispielsweise zeigt sich, dass Finanzdienstleister die IuK-Systeme vorwiegend zur Abwicklung des operativen Geschäfts einsetzen. Dabei dienen diese Systeme teils als technisches Optimierungsinstrument, teils als Soft-Medium zur besseren kunden- und mitarbeiterorientierten Kommunikation. Bei den anderen Dienstleistern und dem produzierenden Gewerbe fällt hingegen auf, dass IuK-Systeme stärker organisationale back-bone-Funktionen haben. Sie bilden die Infrastruktur der Unternehmen und damit auch deren virtuelle Realitäten in vielfältiger Weise ab.

Obgleich sich solche Nutzenkonzepte nivellieren und angleichen, ist die Fähigkeit, IuK-Systeme zur Steuerung der strategischen Unternehmensentwicklung einzusetzen, im Unternehmensvergleich doch unterschiedlich ausgeprägt. Das Spannungsfeld zwischen Standardisierung und Flexibilisierung beeinflusst die Nutzenkonzepte von IuK-Systemen bei einem Automobilhersteller anders, als dies bei einem Bankhaus zu beobachten ist. Das tangiert die Balance der verschiedenen Kanäle der Verbundkommunikation. Sie sind aus Sicht einer integrativen Führung branchen- und aufgabenspezifisch aufzubereiten.

Ein weiterer, interessanter Unterschied ist im Verhaltenskodex gegenüber solchen Systemen zu beobachten: So setzen etwa manche Finanzdienstleister stärker als andere Unternehmen auf explizite Regeln, um ihre Kommunikationsabläufe zu optimieren. Das mag teilweise auf die Besonderheiten der Branche zurückzuführen sein, zum anderen ist es Ausdruck der Soft-Medium-Funktion ihrer IuK-Systeme. So wie das Miteinander im Arbeitsleben geregelt wird, erstreckt es sich auch auf den IuK-Einsatz. Der höhere Regelaufwand ist im Versuch begründet, die Auswirkungen einer „schlechter" werdenden (unpersönlichen) Kommunikationskultur aufzufangen, die den verstärkten Einsatz von IuK-Systemen in einigen Fällen begleiten. Entsprechend hoch wird auch der Bedarf an zusätzlichen Maßnahmen der Kommunikations-Entwicklung angesetzt, um das Ziel einer optimalen Integration bei Mitarbeitern und Kunden zu erreichen.

Branchen (grob gegliedert)	Finanzdienstleister	Allg. Dienstleister	Prod. Gewerbe
Kommunikationsbedarf			
Einsatzschwerpunkt	Operativ	Strategisch	„Back-bone"
Kommunikations als	Soft-Medium	Technisch. Optimierung	Virtuelles Management
Nutzen			
Allgemeine Akzeptanz	Vollständig	Teilweise	Schwierig
Wertschöpfungsfokus der vernetzten Kommunikation	Persönlich	Technisch	Organisat.
Integration			
Nutzungsregeln	Explizit	Implizit	Selbstverantwortlich
Gesamtkommunikation			
Beitrag von IuK-Systemen	Unterstützend	Ergänzend	Ersetzend
Kommunikationskultur			
Veränderung durch IuK	Besser	Schlechter	Indifferent
Kommunikationsentwicklung			
Zusätzlicher Bedarf	Hoch	Gering	Kein
Innovationen			
Beziehung zu IuK-Systemen	Prozess- und Produkt-Innov.	Organisat. Innovation	Beides

Abbildung 10: Primäre Nutzenkonzepte von IuK-Systemen, nach Branchen geclustert

Betrachtet man die Aussagen einzelner Unternehmen, dann zeigt sich, dass grundsätzlich mit der Entwicklung der vernetzten Kommunikation von der „operativen" über die „strategische" hin zur infrastrukturellen „back bone"-Funktion ein Regelabbau einhergeht, der zugleich den selbstverantwortlichen Umgang mit diesen Medien stärker in den Mittelpunkt rückt. Diesen eigenverantwortlichen und eigeninitiativen Umgang der Mitarbeiter mit Information zu fördern ist Aufgabe der Führungskräfte, aber auch der Personalentwickler. Denn ohne die qualifizierte Nutzung von IuK-Systemen wächst das Risiko der geschilderten, kommunikativen Beliebigkeit. Folgende Checkliste ist dazu dienlich:

Checkliste II: IuK-Systeme für die Führungs- und Personalentwicklung

- Was ist der *Primärnutzen* von IuK-Systemen, was ist deren Sekundärnutzen?
- Für wen?
- Wie stellen sich im Kontext der *Gesamtkommunikation* diese Nutzenkonzepte dar?
- Welche *Schnittstellen* sind zu aktivieren, um IuK-Systeme mit der Gesamtkommunikation zu verzahnen?
- Welche *Potenzialfaktoren* sind dazu verfügbar?
- Welche legen Lernprozesse nahe?
- Welche Faktoren sollten in die *Risikoabschätzung* einbezogen werden?
- Welche *Ratio- und Innovationspotenziale* sollen mit Hilfe von IuK-Systemen vordringlich unterstützt werden?

- Welche *Zukunftsvisionen* und *Szenarien* verbinden sich mit diesen Entwicklungen?
- Wie können *Effektivitäts- und Effizenzpotenziale* mit Hilfe von IuK-Systemen künftig noch besser integriert werden?
- Welches *Wahrnehmungslernen* (siehe „Innovatoren-Analyse") ist dazu nötig?
- Welches *Handlungslernen* ist dafür erforderlich?
- Wer muss wen worin unterstützen, um eine leistungsfähige, *integrative Führung* zu gewährleisten?
- Welche „*Entwicklung der Personalentwicklung*" ist dafür Voraussetzung?

Phase drei: Die Innovatoren-Analyse

Nachdem im Rahmen dieser Studie die Effektoren-Analysen offenlegen, welche der Einflussgrößen den Nutzen von IuK-Systemen am meisten unterstützen und die Dalton-Analysen über den richtigen Umgang mit diesen Einflussgrößen Aufschluss geben, erlauben nun die Innovatoren-Analysen, gezielt diejenigen Lernprozesse anzustoßen, die eine erfolgreiche Implementierung gewährleisten. Darum geht es im Folgenden.

Fassen wir noch einmal zusammen: Das Ziel von Value-Competence-Trainings ist es, mit Hilfe des Effektoren-Managements:

- verfügbare *Ressourcen* sparsam, jedoch hoch wirksam einzusetzen
- auf Team- und Führungsebene geeignete *Verhaltensprofile* zu entwickeln, und
- die *Lösungsprozesse* mit Hilfe der richtigen Lernprozesse zu beschleunigen

---

Dass kontinuierliches „Lernen" auf jeder Stufe der Führungs- und Teamentwicklung längst zu einem Muss geworden ist, braucht nicht eigens betont zu werden. Doch was sind im Hinblick auf anstehende Herausforderungen, aktuelle Aufgaben oder drängende Probleme die jeweils richtigen Lernschritte? Auch hier gilt, wirksam vorzugehen und wesentliche Lernprozesse von unwesentlichen zu unterscheiden, um den Lernaufwand nicht beliebig aufzublähen oder diffus um irrelevante Inhalte zu streuen.

Um diesen Zusammenhang an einem Beispiel zu verdeutlichen, will ich nochmals auf die Studie *Erfolgreiche Kommuniaktionsmodelle* zurückgreifen. Deren Potenzial- und Risikofaktoren wurden sowohl einer Effektoren- sowie einer Innovatoren-Analyse unterzogen.

Aus den etwa zwei Dutzend Faktoren, die in diesen Untersuchungen berücksichtigt wurden, beschränke ich mich der Übersichtlichkeit wegen auf diejenigen Einflussgrößen, die auf Grund ihrer Effektoren- und Indikatorenladungen den größten Aussagewert generieren. Die nachfolgende Abbildung gibt diese Einflussgrößen optisch wieder, ohne die nummerischen Koordinatenwerte nachzuvollziehen. Sie liegen der Visualisierung zu

Grunde, und das methodische Vorgehen wurde am Beispiel der Kundendatenbank demonstriert. Im Einflussprofil nehmen die skizzierten Potenzial- und Risikofaktoren zur Unternehmenskommunikation folgende Positionen ein:

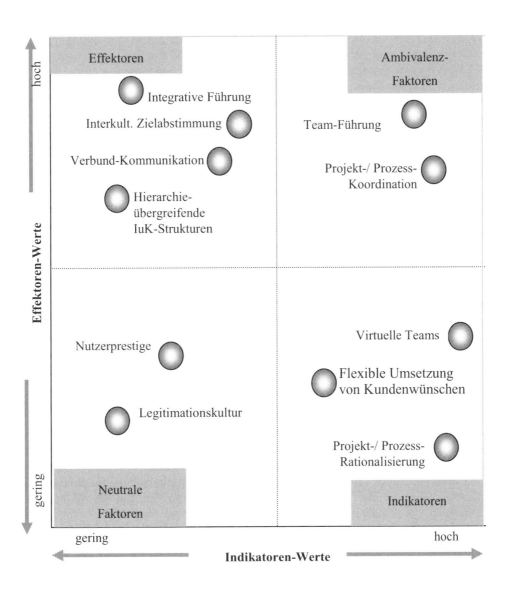

Abbildung 11: Die Werte der Effektoren-Analyse
(Studie „Erfolgreiche Kommunikationsmodelle")

Wendet man, von dieser Visualisierung ausgehend, nun die Dalton-Analyse an, ergibt sich daraus eine Reihe von Kommunikationsstrategien, um den Wert von IuK-Systemen optimal zu entwickeln: Die Bcfähigung zur *Integrativen Führung*, eine mehrkanalige *Verbundkommunikation* mit variablen Ebenen der organisationalen Vernetzung, die *interkulturelle Zielabstimmung* sowie eine *hierarchieübergreifende Implementierung von IuK-Systemen* sind die wesentlichen Hebel, an denen anzusetzen ist. Auf diese Einflussgrößen bezogen, sind geeignete Maßnahmen (Projekte und Prozesse) zu initiieren, um den Wert der IuK-Systeme bestmöglich auszuloten. Daran sind zwei wesentliche Fragen geknüpft: Sind die nötigen Kompetenzen vorhanden, um diesen Einflussgrößen gerecht zu werden – oder stellen sie für ein Unternehmen und dessen verantwortliche Führungskräfte und Mitarbeiter neuartige Herausforderungen dar?

Handlungslernen

Je weniger die jeweils Verantwortlichen es gewöhnt sind, mit diesen Einflussgrößen umzugehen und entsprechende Prozesse professionell zu bedienen, umso wichtiger ist deren Bedarf – und Training – an *Handlungslernen*.

Gleichzeitig genügt das „Handlungslernen" alleine nicht, um zur Bewertung von Maßnahmen ein intelligentes Controlling zu etablieren. Das ist jedoch wichtig, denn beliebige Maßnahmen sind sorgsam zu vermeiden – sie würden nur zu Klumpenrisiken führen. Das Controlling hat also dafür zu sorgen, dass im Sinne des Effektoren-Managementss die richtigen Maßnahmen präventiv evaluiert und implementiert werden. Die *Integrative Führung* erweist sich zum Beispiel als ein ausgesprochen „harter" Alpha-Faktor, der sich dominant auf das gesamte System der Unternehmenskommunikation auswirkt. Sie erfolgreich zu gestalten setzt voraus, sich mit dieser Thematik engagiert zu befassen. Ihr Wert auf der Indikatoren-Achse ist aber gering. Das heißt, sie verlangt in ihrer Eigenschaft als hochgradiger Effektor, die nötigen Maßnahmen exakt zu modellieren. Denn eine integrative Führung ist keineswegs leicht aufzubauen oder zu fördern. Und es ist nicht unmittelbar zu erkennen, ob die getroffenen Maßnahmen die erwartete Wertschöpfung auch tatsächlich erbringen. Um den Wert solcher Aktivitäten zu messen, ist ein kritischer Blick auf die Indikatoren nötig. Im vorliegenden Fall sind das die *Flexible Umsetzung von Kundenwünschen*, die *Rationalisierung von Projekten und Prozessen* sowie die erfolgreiche *Implementierung virtueller Teams*. Wenn also zur integrativen Führung und den weiteren Effektoren der Unternehmenskommunikation geeignete Maßnahmen entwickelt werden, wird sich das bald an diesen Indikatoren feststellen lassen.

Wahrnehmungslernen

Das wirft eine weitere Frage auf: Können die verantwortlichen Führungskräfte und Mitarbeiter – oder die Controller, die damit befasst sind – die Auswirkungen der Effektoren auf die Indikatoren und deren Veränderungsprozesse tatsächlich „lesen"? Haben sie dafür bereits ein geschultes Verständnis entwickelt? Oder bedarf es dazu noch eines *Wahrnehmungslernens*?

Gerade Innovationen leiden oft darunter, dass weder die verantwortlichen Führungskräfte noch die Controller gelernt haben, Zusammenhänge zwischen Effektoren und Indikatoren zu bewerten. Noch sind sie es gewohnt, mit Hilfe von Indikatoren die Veränderungsprozesse zu beurteilen, die konkrete Maßnahmen nach sich ziehen.

Den Lernbedarf kalkulieren, illustrieren, integrieren

Methodisch gesehen, erweitert die Innovatoren-Analyse die Einfluss-Matrix um eine dritte Achse. Das heißt, das Innovationspotenzial, das verschiedene Einflussgrößen mit sich bringen, wird nun *räumlich* abgebildet. Damit entsteht ein dreidimensionales Profil, das den Lernbedarf mit Hilfe einer plastischen Figur im Raum abbildet. Das ist besonders interessant, wenn mehrere Teams – oder Unternehmen – zusammenarbeiten. In dem Fall können unterschiedliche „Lern- und Innovationsfiguren" von Teams räumlich abgebildet, nebeneinander projiziert und miteinander verglichen werden. Das erlaubt, deren jeweiligen Lernbedarf zum selben Thema – zur gemeinsamen Arbeit – zu ermitteln, aufeinander abzustimmen und die optimierte Beschleunigung für den Gesamtprozess zu finden.

Der Lernbedarf (L) kann mit Hilfe eines Innovationsgradienten als Formel dargestellt werden. Die Kalkulation der Formel geht dann von insgesamt fünf Werten aus, die zueinander in Beziehung gesetzt werden. (Für die praktische Arbeit wird jedoch die Visualisierung der ermittelten Werte genügen, siehe dazu folgende Abbildungen). Diese Werte bestimmen:

1. Welche *innovative Bedeutung* ein Ziel für ein Unternehmen (oder Team) hat. In der Studie wurde etwa geprüft, welchen Innovationsanspruch die Manager mit der *erfolgreichen Unternehmenskommunikation* generell verknüpfen. Bei verwaltungstechnischen Back-bone-Funktionen fällt dieser Innovationsanspruch eher gering aus. Die Integration mehrerer virtueller Teams stellt hingegen manch ein Unternehmen vor innovationsintensive Herausforderungen. Für die Kalkulation des Innovationsgradienten wird dieser Wert mit λ wiedergegeben.

2. Wie viele Einflussgrößen $\left(\sum_{i}^{n}\right)$ für diese Bewertung zu beachten sind.

3. Welche *Stärke* (y) diesen im Sinne der Effektoren-Analysen jeweils zukommt. (Dazu bilden die Daten aus der Einfluss-Matrix die Grundlage).

4. Welchen Grad an *Handlungslernen* die Effektoren (oder Ambivalenz-Faktoren) jeweils nahelegen. Das wird anhand der Effektoren (ΣE_{max}) festgestellt, deren Effektorenladung vom Basiswert (E_{min}) deutlich abweicht und einen hohen (maximalen) Lernbedarf impliziert. Diese Effektoren heben sich dadurch aus der Gesamtheit der Effektoren und Ambivalenz-Faktoren (N_e) ab,

5. Welchen Grad an *Wahrnehmungslernen* die Indikatoren (oder Ambivalenz-Faktoren) jeweils nahelegen. Das wird anhand der Indikatoren (ΣI_{max}) festgestellt, deren Indikatorenladung vom Basiswert (I_{min}) deutlich abweicht und einen hohen (maximalen) Lernbedarf impliziert. Diese Indikatoren heben sich aus der Gesamtheit der Indikatoren (N_i) ab.

Ausgehend von diesen Werten wird der Lernbedarf (L) insgesamt kalkuliert:

➢ Der Lernbedarf steigt analog zum Wert im Zähler, je stärker diejenigen Faktoren sind, die einen hohen Innovationsgrad aufweisen, und je mehr von diesen zu beachten sind.

➢ Der Lernbedarf sinkt, wenn lediglich schwache Faktoren einen hohen Innovationsgrad oder aber die Mehrzahl der starken Faktoren einen geringen Innovationsgrad implizieren.

$$\text{Lernbedarf (L)} = \lambda \frac{\Sigma y (E_{max} - E_{min}) + \Sigma y (I_{max} - I_{min})}{N_{e+i}}$$

Der Aufwand für notwendige Lernprozesse lässt sich damit kalkulieren, im Teamvergleich auch gut differenzieren. Dies ist etwa nützlich, um den Lernbedarf bei unterschiedlichen Maßnahmen zu bewerten und zielgerichtetes Lernen in der Projektarbeit zu unterstützen. Allerdings ist nochmals anzumerken, dass die optische Darstellung der Innovationswerte in den meisten Fällen hinreichend und praktikabel ist. Dazu wird das Diagramm der Effektoren-Analyse um eine dritte Achse erweitert. Auf dieser Achse werden die Innovationswerte der Einflussgrößen abgetragen.

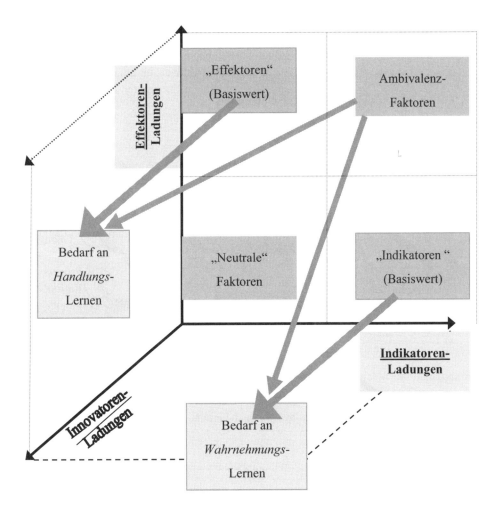

Abbildung 12: Analyse des Lernbedarfs – Das Handlungs- und Wahrnehmungslernen

Das Handlungs- und Wahrnehmungslernen steht in enger Beziehung zu den Projekt- und Teilprojektzielen, Planungsprozessen und Problemlösestrategien. Das heißt, je stärker ein Faktor „in den Raum hinein" wandert, umso größer ist dessen (optisch dargestellter) Innovationswert und damit der Lernbedarf, der sich daran knüpft:

- Weist ein starker *Effektor* einen hohen Innovationswert auf, resultiert daraus ein hoher Bedarf an *Handlungs*lernen.

- Ein starker *Indikator* mit hohem Innovationswert weist auf einen entsprechend hohen Bedarf an *Wahrnehmungs*lernen hin.

Eine Innovatorenanalyse über *Erfolgreiche Kommunikationsmodelle* zeigt Folgendes Bild:

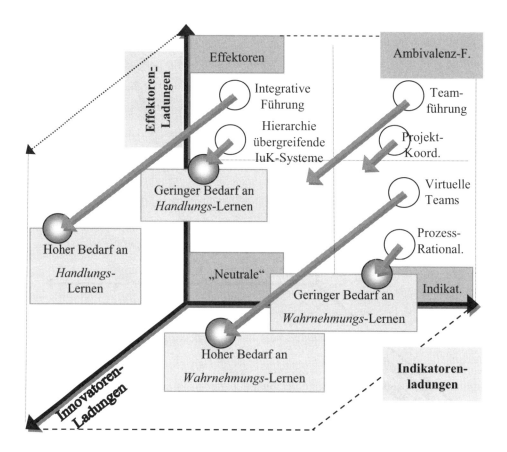

Abbildung 13: Den Lernbedarf konkretisieren
(am Beispiel Unternehmenskommunikation)

Im Beispiel „Unternehmenskommunikation" erweist sich die *integrative Führung* nicht nur als wichtiger Effektor – sie erfordert darüber hinaus auch den größten Lernbedarf (langer Pfeil). Wird dieser Lernaufwand geleistet, können hier die wirksamsten Maßnahmen für eine erfolgreiche Unternehmenskommunikation entwickelt werden. Die integrative Führung stellt für die Mehrzahl der befragten Unternehmen einen Innovationsauftrag dar, der umfassende handlungsorientierte Lernprozesse einschließt. Solche Überlegungen lauten zum Beispiel:

- Wie beeinflusst das Perspektivenmanagement die künftige Unternehmensentwicklung?
- Wie müssen sich kommunikative Verhaltensprofile verändern, um mit den Entwicklungen Schritt zu halten?
- Welche Lernprozesse unterstützen dies auf verschiedenen Projekt-, Prozess- und Führungsebenen?

Auf der Seite der Indikatoren bringen die Faktoren Virtuelle Teams und Teamführung einen ähnlich hohen Innovationsauftrag mit sich. Die *virtuellen Teams* erfordern jedoch weniger handlungs-, sondern vielmehr wahrnehmungsorientiertes Lernen. Hier wäre etwa zu fragen:

- Woran lässt sich die Qualität von virtuellen Teams festmachen?
- An welchen Kriterien ist deren Effektivität zu bewerten?
- Was bedeutet es für das Personalcontrolling, die Effizienz der virtuellen Kooperation zu messen?

Ähnlich verhält es sich mit der *Teamführung*, die als Ambivalenz-Faktor den Blick in beide Richtungen lenkt. Sie fordert sowohl Handlungs- sowie Wahrnehmungslernen ein, das noch nicht routiniert erbracht wird, sondern innovationsorientierte Lernprozesse verlangt (langer Pfeil). Zugleich sind in diesem Diagramm diverse Faktoren zu erkennen, die einen hohen Grad an routiniertem Verhalten vermuten lassen. Sie ziehen praktisch kaum noch Lernbedarf nach sich. Ihr Innovationsanspruch ist gering. Die Verantwortlichen haben im Umgang mit diesen Faktoren meist schon intensive Erfahrungen gesammelt und wissen, worauf zu achten ist. Im Beispiel gehört dazu die *hierarchieübergreifende Implementierung von IuK-Systemen*. Sie repräsentiert einen wichtigen Effektor zur Unternehmenskommunikation, der allerdings kaum noch Handlungslernen erfordert (kurzer Pfeil). Die meisten Verantwortlichen wissen damit umzugehen. Im Indikatorenfeld zeigt die *Prozessrationalisierung* an, wie gut die Unternehmenskommunikation funktioniert. Auch diesen Faktor können die Verantwortlichen eindeutig „lesen" und interpretieren, ohne erst in zusätzliches Wahrnehmungslernen investieren zu müssen. Und unter den Ambivalenz-Faktoren ist es die *Projekt-Koordination*, die routinemäßig zur Verfügung steht.

Das Münchhausen-Prinzip:
Wie zieht man sich in Krisen selbst aus dem Sumpf?

Dieses Vorgehen hilft nun, Maßnahmen für unterschiedliche Situationen zu bewerten – eine Voraussetzung zur gelungenen integrativen Führung: Denn die Lernenergie auf „falsche" – etwa Averell-Faktoren – zu lenken, würde wiederum die skizzierten Klumpenrisiken vergrößern. Auch akute Krisen erlauben weder langwieriges „trial and error"-Experimentieren, noch eine andauernde Auseinandersetzung mit den falschen Faktoren. Das würde nur deren Lösung vereiteln und die Krise verschlimmern. Hier hilft nur, das Münchhausen-Prinzip anzuwenden: Sich am eigenen Schopf zu packen und aus dem Sumpf zu ziehen. Dafür bietet just die Innovatoren-Analyse wichtige Anhaltspunkte: Sie unterstützt das Konflikt- und Krisenmanagement, indem sie zu unterscheiden hilft:

1. Welche Effektoren hilfreich sind, um im akuten Fall schnell und ohne Umschweife zur Eindämmung der Krise beizutragen, und

2. Welche Strategien darüber hinaus längerfristig entwickelt werden sollten, um das Repertoire des Krisenmanagements systematisch auszudehnen.

Zum ersten Punkt: Ein akuter Konfliktfall erfordert rasches, zielgerichtetes, routiniertes Handeln. Das bedeutet, dass die Verantwortlichen auf diejenigen Effektoren zurückgreifen müssen, die schnelles, routiniertes Handeln ohne Umschweife erlauben. In solchen Situationen wäre es riskant, erst jene Faktoren zu bemühen, die aufwendige Lernprozesse erfordern, oder sich an ihnen nach dem Motto „Versuch und Irrtum" zu erproben.

Statt also in Krisensituationen auf Faktoren mit hohem Lernbedarf zurückzugreifen, sind rasch diejenigen Effektoren zu identifizieren, die sowohl:

- hochwirksam und
- für die Verantwortlichen *ohne großen Lernaufwand* umzusetzen sind.

Um drängende Probleme zügig zu lösen, sollten also „Low-Innovator"-Effektoren bemüht werden. Sie erlauben, einer Krise unmittelbar mit wenigen, aber wirksamen Maßnahmen entgegensteuern zu können. Eine kombinierte αF- und Innovatoren-Analyse zeigt schnell auf, welche Effektoren am wirksamsten sind und zugleich den geringsten Lernaufwand verursachen. Dies kommt einem Feuerwehr-Einsatz im Krisenmanagement gleich, bei dem der Krisen-„Herd" unmittelbar und punktgenau bekämpft wird.

Zweitens bedeutet dies jedoch nicht, dass „Feuerwehr"-Maßnahmen grundsätzlich immer die besten sind und deshalb keine Weiterentwicklung mehr nötig sei. Die Betrachtung lernintensiver Effektoren legt offen, ob langfristig andere Krisenstrategien noch wirksamer sind. Wenn beispielsweise die Qualität der Unternehmenskommunikation „einbricht", so wäre es ein leichtes, zuerst die hierarchieübergreifenden Strukturen von IuK-Systemen zu verbessern und die Verbundkommunikation zu fördern. Beide Einflussgrößen sollten in einer derartigen Situation sofort bedient werden, denn sie weisen jeweils eine Kombination von sowohl hohen Effektoren- als auch niedrigen Innovatoren-Werten auf. Offensichtlich wissen – folgt man dem Tenor unserer Studie – die meisten Manager mit diesen Einflussgrößen ohne besonderes Aufhebens gut umzugehen. Längerfristig betrachtet wird jedoch die integrative Führung ein höheres Niveau an Krisenkompetenz bereitstellen. Sie setzt aber, ähnlich wie die interkulturelle Zielabstimmung, eine Reihe von Lern- und Innovationsprozessen voraus, die geleistet sein wollen, bevor sie im Krisenmanagement erfolgreich zum Tragen kommen. Folgende Abbildung zeigt ein Prüfschema, das hilft, bei Krisen den Wert von kurzfristig-reaktiven und längerfristig-präventiven Maßnahmen zu unterscheiden.

Abbildung 14: Bewertungsraster für kurzfristig-reaktive und präventive Maßnahmen

Effektoren- und Nutzwert-Analysen verzahnen –
Wie offensive Wertschöpfung entsteht

Das oben skizzierte Bewertungsraster bringt die Nutzwert-Analyse ins Spiel, ein aus der Betriebswirtschaft wohl bekanntes Instrumentarium. Was vermag sie in diesem Kontext zu leisten? Nun, während Effektoren-Analysen das „Was" optimieren, helfen Nutzwert-Analysen dem „Wie" auf die Sprünge. Effektoren-Analysen ermitteln wesentliche Hebel und fördern so die Effektivität. Nutzwert-Analysen steigern in Kombination dazu die Effizienz. Es kann ja passieren, dass ein Team relevante Effektoren identifiziert, dazu aber unnötig viele Maßnahmen in Gang setzt. Nutzwert-Analyse erlauben, hier Abhilfe zu schaffen und für die wesentlichen Hebel auch die relevanten Maßnahmen zu ermitteln. Dieses Vorgehen lotet die verfügbaren Wertschöpfungs-, Innovations- und Rationalisierungspotenziale offensiv und umfassend aus. Dies ist vor allem wichtig, wenn der wirtschaftliche Ernst der Lage oder die Komplexität eines Projektes keinesfalls mehr ein „Herumprobieren" erlauben, sondern von Beginn an auf den „Punkt kommen" müssen. Zusammengefasst, ist das Prinzip sehr einfach:

- *Effektoren-Analysen* zeigen, was die besten Hebel zur Lösung eines Problems sind,
- *Nutzwert-Analysen* zeigen, welche Maßnahmen am besten geeignet sind, um diese Hebel erfolgreich zu nutzen.

„Notbremse" Nutzwertanalyse

Die Kombination dieser Instrumentarien fördert die Organisationsentwicklung in doppelter Weise: Sie ermöglicht zum einen die ressourcenoptimale Maßnahmenplanung, zum anderen dient sie als „Notbremse", wenn bereits zu viele, unkoordinierte Maßnahmen laufen. Das ist oftmals nötig, wenn bei zahlreichen Projekten die Effizienz sinkt, Mitarbeiter überlastet sind und die Qualität der Ergebnisse darunter leidet. In dem Fall sind Projektaktivitäten strikt auf ein überschau- und handhabbares Maß zu beschränken. Dann gilt es, sich nicht als Reaktion auf schlecht geführte Projekte im Krisenmanagement zu verzetteln, sondern die verfügbaren Ressourcen auf die wirksamsten Maßnahmen zu konzentrieren. Dieses Prinzip gilt für kurzfristige ebenso wie für langfristig-präventive Strategien, wenngleich letztere das experimentelle Erkunden von Lösungsalternativen in den Vordergrund stellen. Dennoch, die Integration von Effektoren- und Nutzwertanalysen ist hilfreich, um stichhaltige Ideen zu entwickeln und die Aufmerksamkeit auf substantielle Aktivitäten zu lenken.

Reminder: Der technische Ablauf der Nutzwert-Analyse

Ein knapper Exkurs zur Methodik der Nutzwertanalyse: Da sie ein bekanntes Instrumentarium darstellt, sind dazu nur einige Anmerkungen nötig. Jedoch ist die Nutzwertanalyse in Kombination mit dem Effektoren-Management zu modifizieren, und dieser Ansatz bedarf der genaueren Erläuterung. Denn als „multifokale Nutzwert-Analyse", die gleichzeitig an verschiedenen thematischen Brennpunkten ansetzt, erweist sie sich leistungsfähiger, als dies vom standardisierten Vorgehen zu erwarten ist. Sie erlaubt, den Nutzwert von mehreren Maßnahmen zu prüfen, den diese für das längerfristige Handlungs- und Wahrnehmungslernen sowie für das kurzfristige Krisenmanagement bereitstellen. Das dient:

- der zügigen Krisenintervention,
- dem Team-Coaching, wenn die Belastbarkeit von Mitarbeitern „am Anschlag" ist,
- der effizienten Steuerung multipler Projekte und Prozesse, und
- dem Design von alternativen, optimierten Lern- und Lösungsstrategien.

Zunächst will ich kurz den Ablauf des Standard-Instrumentariums beschreiben, das sich in vier methodische Schritte gliedert:

Im *ersten Schritt* der Nutzwertanalyse ist zu fragen,

(a) welche Kriterien ein Auftrag (oder Ziel) zu erfüllen hat, und
(b) welche Maßnahmen zu bedenken oder planen sind, um den Kriterien gerecht zu werden.

Die Kriterien und Maßnahmen werden dann mit Hilfe einer Matrix in Beziehung gesetzt.

Im *zweiten* Schritt werden die Kriterien in eine echte Rangreihe gebracht. Es ist zu entscheiden, welches Kriterium die höchste Priorität hat, welches die zweithöchste Priorität, und so fort. Dem wichtigsten Kriterium wird der höchste Punktwert zugeordnet, der stets der Anzahl der Kriterien entspricht. Bei fünf Kriterien hätte der höchste Punktwert also die „Fünf", das zweit wichtigste Kriterium erhielte dann die „Vier". Dem am wenigsten wichtigen Kriterium wird die „Eins" zugeordnet, nicht die Null, weil sonst bei einer anschließenden Multiplikation der Wert insgesamt wegfallen und die Vergleichbarkeit der Maßnahmen verzerren würde.

Im *dritten* Schritt ist zu entscheiden, welchem Kriterium eine Maßnahme am besten dient, welchem am zweit besten, und so weiter. Zugehörige Punktwerte werden in die jeweiligen Zellen der Matrix eingetragen. Auf diese Weise werden alle Maßnahmen durchgearbeitet. Dabei ist eine psychologische Hürde zu bedenken: Bisweilen kann es passieren, dass Teilnehmer eine Vorliebe für einzelne Maßnahmen entwickeln. Das äußert sich darin, dass sie um jeden Preis versuchen, „ihre" Maßnahme durchzudrücken, indem sie diese möglichst analog zur Rangreihe der Kriterien bewerten. Das sichert der Maßnahme den höchsten Summenwert, und sie wird berücksichtigt. Gelegentlich kommt es auch vor, dass eine Maßnahme nach der anderen zahlreiche Punktwerte in der gleichen Reihenfolge erhalten. Dem ist seitens der Moderation entgegenzusteuern. Vielmehr geht es darum, bei der Zuordnung der Maßnahmen die Kriterien als gleichrangig zu behandeln (auch wenn zuvor deren Rangfolge bestimmt wurde) und unvoreingenommen zu fragen, welches Kriterium eine Maßnahme jeweils am besten bedient, am zweitbesten, usw. Als Tabelle visualisiert ergibt sich Folgendes Bild:

Übergeordnetes Ziel: ....

Kriterien: / *Maßnahmen:*	Krit. A Priorität 1 (5)*	Krit. B Priorität 3 (3)*	Krit. C Priorität 2 (4)*	Krit. D Priorität 5 (1)*	Krit. E Priorität 4 (2)*	Σ
Maßnahme 1	(5) *25*	(3) *9*	(4) *16*	(1) *1*	(2) *4*	**55**
Maßnahme 2	(2) *10*	(4) *12*	(5) *20*	(3) *3*	(1) *2*	**47**
Maßnahme 3	(1) *5*	(3) *9*	(2) *8*	(5) *5*	(4) *8*	**35**

Abbildung 15: Raster für den Aufbau einer Nutzwert-Analyse

Diese Tabelle veranschaulicht, dass die Kriterien (oberste Zeile) aus didaktischen Gründen *nicht* nach der Rangfolge ihrer Prioritäten geordnet, sondern beispielsweise einfach in der Reihenfolge ihrer Nennung (A, B, ...) aufgelistet werden. Diese zufällige Anordnung beugt einer augenscheinlichen, einseitigen Bevorzugung einzelner Maßnahmen vor. Die tauglichste, also „beste" Maßnahme ist stets diejenige, die exakt entsprechend der Rangreihe der Ziele bewertet wird. Im oben dargestellten Beispiel wäre das die

Maßnahme 1. Sie bedient das wichtigste Kriterium am stärksten, das zweitwichtigste am zweit stärksten, usw. Die Maßnahme 3 hingegen ist in diesem Beispiel die untauglichste. Sie bedient das unwichtigste Kriterium am stärksten, das wichtigste Ziel hingegen am wenigsten. Die Summenwerte der einzelnen Maßnahmen geben darüber Aufschluss.

Im *vierten* Schritt werden die Summenwerte gebildet. Dazu multipliziert man alle Werte einer Maßnahme mit den jeweils zugehörigen Werten aus der Rangreihe der Kriterien, zum Beispiel bei der Maßnahme 1 die „5" mit der „5" in der Rangreihe der Kriterien. Die „25" bildet eine Teilsumme, die mit allen weiteren Teilsummen dieser Maßnahme zu einer Zeilensumme addiert wird (in der Beispiel-Tabelle ergibt das für die Maßnahme 1 die „55", für die Maßnahmen 3 die „35"). Ein Vergleich der Summenwerte zeigt an, welchen Nutzwert eine Maßnahme im Hinblick auf die Gesamtheit der Ziele hat: Je höher die Zeilensumme einer Maßnahme, umso besser eignet sich diese, das Ziel beziehungsweise die übergeordnete Aufgabe zu realisieren.

Dabei gilt für Effektoren- wie für Nutzwert-Analysen, dass deren Aussagekraft umso größer wird, je komplexer ein Projekt ist, das heißt, je mehr (Teil-) Ziele, Einflussgrößen und Kriterien zu beachten und je mehr (denkbare) Maßnahmen ins Kalkül zu ziehen sind. Nachdem für eine Aufgabe oder Strategie die wesentlichen Effektoren identifiziert wurden, können dazu nun die leistungsfähigsten Aktivitäten initiiert werden. Je komplexer oder schwieriger sich eine Herausforderung gestaltet, umso nützlicher ist die Kombination dieser Instrumentarien für den Prozess der Entscheidungsbildung. Denn die Abstände zwischen den Summenwerten werden umso deutlicher, der besondere Wert von einzelnen Maßnahmen immer offenkundiger. Aus dieser Sicht bietet die Verknüpfung von Effektoren- und Nutzwert-Analysen ein hervorragendes Instrumentarium, um *komplexe* Projekte und Prozesse zu beherrschen und deren Wertschöpfung für die Unternehmensentwicklung zu maximieren – dies gilt für den Ressourceneinsatz ebenso wie für die Relevanz der Aktivitäten und Ergebnisse.

Multiple Nutzwert-Analysen

Um dieses Vorgehen zu veranschaulichen, sei ein Beispiel angeführt: Der Auftrag lautet, die Leistung der Führungsverantwortlichen zu steigern, die Effizienz des gesamten Unternehmens zu fördern – und zugleich die Führungskräfte wie die Belegschaft zu entlasten, um der Arbeitszufriedenheit entgegenzukommen. Ein unerfüllbarer Spagat? Mitnichten, denn nichts ist einfacher als das. Bislang sah sich besagte Organisation allerdings der umgekehrten Problematik ausgesetzt – hohe Arbeitsbelastungen bei eher geringer Effizienz. Der Grund lag darin, dass sich dieses Unternehmen im Zuge der Dezentralisierung eine Beratungsfirma eingekauft hatte, die prompt eine negative Leistungsspirale auslöste. Die Berater überzogen alle Teams und Abteilungen im Rahmen des „Change Managements" mit Dutzenden von Projekten, die eine Art Domino-Effekt verursachten und zu Dutzenden weiterer Aktivitäten führten. Der Arbeitsdruck für die Belegschaft stieg im Nu um ein Vielfaches an, die Markt-Performance wurde im Verhältnis zur Konkurrenz jedoch nicht besser, sondern schlechter, und viele Projekte wurden nur noch halbherzig vorangetrieben.

Das erinnert an die Situation, wie ich sie schon beim Projekt „Kundendaten" beschrieben hatte – mit einem Unterschied: Hier wird nicht ein einzelnes Projekt, sondern das gesamte Unternehmen in Mitleidenschaft gezogen. Binnen kurzer Zeit war der Energieproduzent in eine Krise geschlittert, weil sich dessen Mitarbeiter auf Grund der vielen zusätzlichen Projekte am Rande ihrer Leistungsfähigkeit wähnten, während die strategische Entwicklung des Unternehmens am Markt zurückblieb. Diese Beobachtung machte eine energische Krisenintervention erforderlich. Bei der Evaluation des Prozesses war schnell klar, dass nicht die Erfolgspotenziale, sondern die Klumpenrisiken gestiegen waren. Jene Consultants hatten zahlreiche Themen aufgegriffen, um die ganze Breite des Veränderungsbedarfs mit diversen Teams zu demonstrieren. Dazu hatten sie in mehreren Workshops ungezählte Pinboards bestückt, auf denen bald ein Metaplan-Cluster das nächste ablöste. Daraus wurde eine kaum zu bearbeitende, unreflektierte Flut von Projektaufträgen abgeleitet.

Statt jedoch die zahlreichen Einflussgrößen der Energie-Branche und des Unternehmens aufzugreifen und wenige, aber wirksame Maßnahmen herauszufiltern, gingen die Consultants genau entgegengesetzt vor: Ein paar wenige, plakative Annahmen machten sie zum Ausgangspunkt für eine Vielzahl breit gestreuter Aktivitäten. Das Fazit: Kein klarer Fokus in der Sache, kein konzentrierter Einsatz der Ressourcen.

Was tun? Der erste Schritt ist nun, ein erfolgsstabiles, zügiges Effektoren-Management zu installieren, das binnen kürzester Zeit die Situation am Markt verbessern kann. Zugleich sind die richtigen Lernprozesse für die weitere Unternehmensentwicklung einzuleiten. Dazu sind die Einflussgrößen und deren Innovationsgrad auf verschiedenen strategischen wie operativen Ebenen zu ermitteln. Dann werden die wichtigsten Einflussgrößen in vier Gruppen unterteilt (methodisch gesehen, beginnen hier erste Arbeitsschritte einer *multiplen Nutzwert-Analyse*):

(1) Hochwirksame Effektoren mit hohem Innovationsgrad,

(2) Hochwirksame Effektoren mit geringem (oder keinem) Innovationsgrad,

(3) Hochsensitive Indikatoren mit hohem Innovationsgrad,

(4) Hochsensitive Indikatoren mit geringem (oder keinem) Innovationsgrad.

Jeder dieser Gruppen sind die jeweils stärksten Effektoren beziehungsweise Indikatoren zuzuordnen. Sie können aus dem Einfluss-Diagramm abgelesen werden. Auf diese Weise erhält man eine *Vier-Felder-Matrix*. Aus praktischen Gründen empfiehlt es sich, diese vier Felder nebeneinander (in vier Spalten) anzuordnen und – auch bei vielen Einflussgrößen – in jedem Feld die Anzahl auf drei, maximal fünf Effektoren (beziehungsweise Indikatoren) zu begrenzen. Dies erlaubt, den Fokus auf die wichtigsten Einflussgrößen zu lenken.

Einflussgrößen ⇨ / **Maßnahmen** ⇩	**(1) Effektoren Hohe Innov.**	Σ	**(2) Effektoren Geringe Innov.**	Σ	**(3) Indikatoren Hohe Innov.**	Σ	**(4) Indikatoren Geringe Innov.**	Σ	**Gesamt-Summe**
Maßnahme 1									
Maßnahme 2									
Maßnahme 3									

Abbildung 16: Matrix der multifokalen Nutzwert-Analyse

In jedes der vier Felder (1. Effektoren mit hohem Innovationsanspruch, 2. Effektoren mit geringem Innovationsanspruch, 3. Indikatoren mit hohem Innovationsanspruch, 4. Indikatoren mit geringem Innovationsanspruch) werden nun die jeweils stärksten Einflussgrößen eingetragen und dann *innerhalb ihres Feldes* in eine Rangfolge gebracht. Dabei ist – im Unterschied zur üblichen Nutzwert-Analyse – zu beachten, dass den höchsten Punktwert derjenige Faktor erhält, der im Einfluss-Diagramm die höchste Effektoren- bzw. Indikatoren-Ladung aufweist. Bei drei Faktoren (in einem Feld) entspricht der Punktwert der wichtigsten Einflussgröße einer „Drei", der Faktor mit der geringsten Ladung dem Punktwert „Eins".

Lässt man pro Feld drei Einflussgrößen zu, entsteht eine Bandbreite von insgesamt zwölf Faktoren. Die vorgesehenen Maßnahmen werden anschließend zu all diesen Einflussgrößen in Beziehung gesetzt. Das heißt, die Maßnahmen werden nicht pro Feld, sondern im Hinblick auf die *gesamte* Bandbreite der Einflussgrößen, also über alle vier Felder auf ihren Nutzen hin bewertet. Nun ist zu prüfen, welchen dieser Faktoren eine Maßnahme am besten, am zweitbesten bedient. Die am „besten" bediente Zelle in der Matrix erhält dann den Punktwert „Zwölf", die zweitbeste den Punktwert „Elf", die geringste wiederum den Punktwert „Eins". Der weitere technische Ablauf gleicht der oben skizzierten, standardmäßigen Nutzwert-Analyse. Das heißt, die Werte der einzelnen Zellen werden mit den jeweiligen Rangwerten der Faktoren multipliziert. Dann addiert man diese Produkte pro Feld zu einer Zwischensumme. Die wiederum ergeben eine Gesamtsumme, die jedoch nur als grobe Richtschnur dient, um bei einer Vielzahl von abzuschätzenden Maßnahmen eine erste Orientierung zu erfahren. Um den Wert einer Maßnahme abzuschätzen, sind die Zwischensummen der vier einzelnen Felder von Belang:

- Maßnahmen mit hohen Zwischensummen im ersten Feld (das sind Effektoren mit hohem Innovationsanspruch) unterstützen vor allem das zukunftsorientierte Handlungslernen,

- Maßnahmen mit hohen Zwischensummen im dritten Feld (Indikatoren mit hohem Innovationsanspruch) fördern eine intelligente, zukunftsfähige Entwicklung des Controllings,

- Maßnahmen mit hohen Zwischensummen in den Feldern zwei und vier (Effektoren und Indikatoren mit jeweils niedrigem Innovationsanspruch) erlauben hingegen ein zügiges und erfolgsstabiles Krisenmanagement, dessen Verlauf mit Hilfe der am besten geeigneten Indikatoren zeitnah gemessen und unverzüglich optimiert werden kann.

Das „Controlling" des Controllings

Im Beispiel des energieproduzierenden Unternehmens waren es gleich mehrere Dutzend Maßnahmen, die von den Beratern zum Zweck des „Change Managements" initiiert wurden, ohne den Geschäftswert messbar voranzubringen. All diese Maßnahmen wurden nun im Rahmen einer multiplen Nutzwert-Analyse zur Disposition gestellt, ebenso die Aktivitäten, die bereits geplant, aber noch nicht begonnen wurden. Am Ende standen fast fünfzig „Maßnahmen" auf der Liste, die bislang mit fragwürdigem Erfolg über das Unternehmen verteilt den Mitarbeitern zugemutet wurden. Frage: Wie konnte das „Controlling" des Unternehmen dies durchgehen – oder auf sich beruhen lassen?

Die Lösung der Problematik liegt auf Grund der oben skizzierten Vorgehensweisen auf der Hand: In der akuten Krisensituation gilt das Augenmerk den Effektoren mit geringem Innovationsgrad. Hier können die schnellsten Erfolge erzielt werden, ohne unnötige Neben- und Langzeitrisiken aufzuschaukeln. Nun steht allerdings das Controlling des Unternehmens selbst auf dem Prüfstand. Wurden bisher die richtigen Kriterien herangezogen, um Maßnahmen für ein relevantes Krisenmanagement zutreffend zu bewerten? Was wurde an Handlungs- und Wahrnehmungslernen geleistet, was versäumt, sodass es zum Krisenmanagement erst kommen musste? Wurden Klumpenrisiken ignoriert oder nicht verstanden? Stochert das Controlling ebenso im Nebel wie das verantwortliche Projektmanagement?

Jetzt sind es die Indikatoren mit geringem Innovationsanspruch, die es erlauben, den Erfolg von krisenorientierten Maßnahmen abzulesen. Diese Indikatoren erfordern kein vorbereitendes Wahrnehmungslernen, sondern können unverzüglich in qualitative wie quantitative Kennzahlen transformiert und in der praktischen Arbeit umgesetzt werden.

Doch in welchem Maße wurden sie bislang beachtet? Galt das Interesse des Controlling womöglich solchen Einflussgrößen, die sich als Indikatoren gar nicht eignen? Nicht selten unterliegt das Controlling den gleichen Fehlern wie das Projektmanagement, indem es Ursachen für Klumpenrisiken nicht hinterfragt und relevante Einflussgrößen verkennt – obgleich letztere sich als ideale Frühwarnindikatoren eignen würden. Diese Indikatoren zu analysieren und das erforderliche Wahrnehmungslernen abzuklären ist deshalb kein Selbstzweck, sondern dient zugleich dem „Controlling des Controllings". Neben standardisierten Prozessen und Kennzahlen ist dies hilfreich, weil es das situative Prozess-Controlling verbessert.

Gleiches gilt für die Bewertung von Lernprozessen. In das nötige Handlungslernen an der richtigen Stelle zu investieren, ist die eine Seite. Darüber hinaus sollte das Controlling in der Lage sein, das *Tempo* solcher Lernprozesse wohldosiert zu steuern. Die Relation von Handlungs- und Wahrnehmungslernen zu reflektieren, erlaubt, den Wert von Lernprozessen abzuwägen und in brauchbare Steuerungsinstrumente zu übertragen.

Zusammenfassend ist zu sagen, dass Nutzwert-Analysen ihren größten Wert entfalten, wenn sie in den Prozess des Effektorenmanagements einbezogen werden. Dann ist von multiplen Nutzwert-Analysen die Rede, die sowohl für das Krisen-Management als auch für langfristige Innovations- und Lernprozesse geeignete Maßnahmen ermitteln.

Sie bilden die Brücke vom Aufspüren der „wirksamen Hebel" (Effektorenmanagement) hin zu einer effizienten, ressourcenoptimalen Umsetzung.

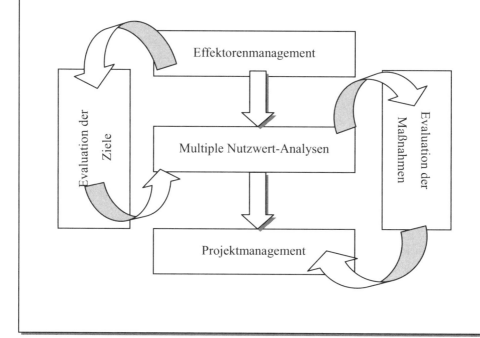

Phase vier: Meta-Analysen fördern EFQM, Balanced Score Cards und ROM

Als Qualitätsstandard hat sich in vielen Unternehmen das Modell der European Foundation of Quality Management (EFQM) für Spitzenleistungen durchgesetzt. Es dient als Instrumentarium der strategischen Unternehmensplanung und umfasst führungs- wie mitarbeiterorientierte Entwicklungen, um die *policy* (strategische Ausrichtung) und *politics* (Durchsetzung von Zielen) eines Unternehmens zu verwirklichen. Besonderes Augenmerk gilt den Schlüsselleistungen des Betriebs, die sowohl ressourcen- als auch kundenorientiert umzusetzen sind. Sie sollen dabei auch gesellschaftlichen Erfordernissen gerecht werden. Die Instrumentarien des Effektoren- und Nutzwert-Managements unterstützen insbesondere die *Prozessoptimierung*, die im EFQM-Modell die Schnittstelle zwischen den Befähigern und Ergebnissen bildet. Die erzielte Wertschöpfung kommt unmittelbar in den Mitarbeiter- und Kundenergebnissen, indirekt auch in den gesellschaftlichen Ergebnissen zum Ausdruck. Die Meta-Analyse erlaubt, das Schnittstellen- und Netzwerkmanagement zu qualifizieren.

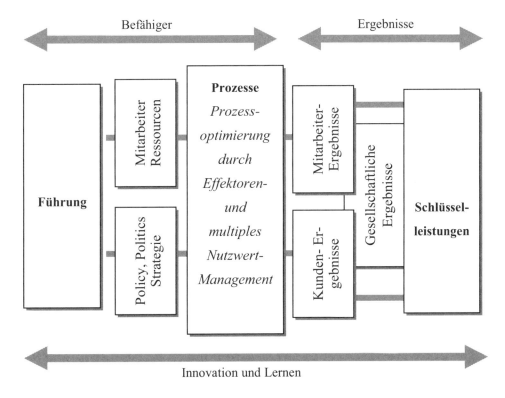

Abbildung 17: Prozessoptimierung im Rahmen des EFQM-Modells

Im EFQM-Rahmenmodell (nach Bühner und Akitürk) wird die Vielfalt der Themen angesprochen, die ein ganzheitliches Qualitätsmanagement auszeichnet. Balanced Score Cards unterstützen dieses Vorgehen, indem sie für jede Führungs- und Funktionsebene die Ziele definieren, die je nach Aufgabe vereinbart und zueinander in Beziehung gesetzt werden. Technische Dienstleister etwa sollten zum einen die technische Qualität der Produkte sicherstellen, zum anderen pünklich liefern. Das sind Beispiele für kundenorientierte Ergebnisse. Deren Leistungsniveaus können mit Hilfe von Score Cards dargestellt werden. Dahinter stehen weitere Überlegungen: Welches Qualifizierungsniveau haben die Mitarbeiter, zum Beispiel um durch präventive Wartung die „Down-Time" von Produktionsanlagen zu minimieren? Wie funktionieren die Zusammenarbeit, der Informationsflow, das Auftrags-, Störfall- und Konkfliktmanagement zwischen verschiedenen Funktionsbereichen? Solche mitarbeiterorientierte Kriterien führen zu Zielvereinbarungen, die ebenfalls mit Hilfe von Score Cards vorgestellt werden. Welche Aufgabenstellungen daraus für:

- die Führung (und Entwicklung von Führungskompetenzen),
- die Prozessoptimierung (und Definition von Schlüsselleistungen), sowie
- das „Herunterbrechen" strategischer Vorgaben (über mehrere Projekte hinweg)

erfolgen, kann in das System der Balanced Score Cards einbezogen werden. Visualisiert man diese Werte wie auf der Instrumententafel eines Cockpits, dann lässt sich mit einem Blick der Entwicklungsstand hinsichtlich der Ziele und Vorgaben ablesen. Auch die Schwachstellen im System werden schnell identifiziert. So können Einsparungen in der Mitarbeiterqualifikation zu höheren „Down-Time"-Zeiten führen, sodass ein kurzfristiges, einseitiges Kostendenken die Balance der Score Cards tangiert und sich negativ auf der Seite der Kundenergebnisse bemerkbar macht. Ein umfassendes Qualitätsmanagement (im Sinne des EFQM-Modells für Spitzenleistungen), das engmaschig mit Zielvorgaben und -vereinbarungen (im Sinne der Balanced Score Cards und des „Deployment of Goals") verknüpft wird, bildet deshalb eine breite Plattform für substantielle Verbesserungen.

> Dennoch sind weder das EFQM-Modell noch die Balanced Score Cards Garanten dafür, dass die jeweiligen Ziele zügig und ressourcenbewusst erreicht werden. Das EFQM-Modell bietet einen Rahmen, innerhalb dessen sich smarte Prozesse ebenso durchsetzen wie umständliche Vorgehensweisen breitmachen können. Gleiches gilt für die Score Cards. Sie reflektieren strategische wie operative Zielsysteme, aber nicht, mit welchem Aufwand diese jeweils erreicht werden. Sowohl das EFQM-Modell sowie die Balanced Score Cards bedürfen deshalb einer kritischen Einschätzung, um deren jeweiliges „Return on Management" (ROM) zu evaluieren.

ROM ist (nach Simons und Dávila) eine qualitative Kennzahl. Sie bewertet die produktive Leistung im Verhältnis zum energetischen Aufwand und zur Aufmerksamkeit, die Management-Aktivitäten erfordern. Wird für eine Aufgabe relativ wenig Energie und Aufmerksamkeit gebunden und dennoch eine hohe Leistung erzielt, steigt das ROM. Hingegen sinkt es, wenn für eine geringe Leistung viel Aufmerksamkeit und Energie absorbiert wird.

Value-Competence-Trainings suchen das ROM für EFQM-Prozesse und Balanced Score Cards zu erhöhen, indem sie den Einsatz dieser Instrumentarien mit Hilfe des Effektoren- und Nutzwert-Managments systematisch optimieren. Das bedeutet, für jeden Auftrag die nötigen Schritte so zu gestalten und zu integrieren, dass mit weniger Aufwand, gebundener Aufmerksamkeit und Energie bessere Leistungen erzielt werden. In der Summe der Leistungen sollte sich das ROM, also die Effektivität von Führungskräften, Teams und Organisationen erhöhen und, weil der Mehraufwand dafür relativ gering ausfällt, im gleichen Zug das Niveau an engagierter Gelassenheit spürbar steigen.

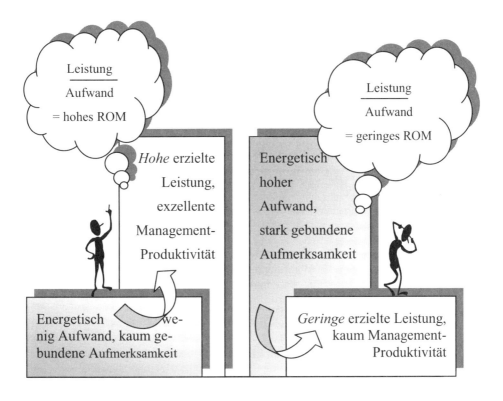

Abbildung 18: Return on Management (ROM): Wie gut erledigen Sie Ihren Auftrag?

Ein hohes ROM beugt den Risiken einer labilen Wertschöpfung vor. Solche Risiken entstehen, wenn „mehr Effizienz" durch „mehr Stress" und Aktionismus erkauft wird. Denn das führt zu instabilen, stressanfälligen Kreisläufen, die schon bald in Klumpenrisiken kumulieren und Effizienzgewinne bald wieder schwinden lassen. Dann sind bestenfalls kurzfristige Effekte ausweisbar. Die mittel- und langfristige Wertschöpfung bleibt auf der Strecke.

Stabile Effizienzgewinne entstehen, wenn Leistungssteigerung und Produktivitätsgewinne mit weniger Stress und Aktionismus einhergehen. Frei werdende Ressourcen können für neue Herausforderungen eingesetzt werden, ohne zusätzliche Belastungen zu verursachen. Dies zu erreichen, gilt grundsätzlich – unabhängig von einzelnen Aufgaben. Dem sollten sich EFQM-Prozesse und Scorecard-Systeme unterordnen, um das Return on Management im Team- und Führungsverhalten zügig zu verbessern.

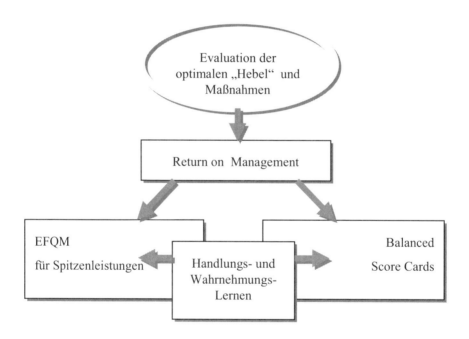

Abbildung 19: Wie das ROM den Wert von EFQM und Balanced Score Cards erhöht

Die Arbeit mit „Trojanischen Pferden"

Bisher war stets davon die Rede, eindeutige Ziele zu verfolgen, etwa die Kundendaten zu standardisieren oder die Unternehmenskommunikation zu verbessern. Zahlreiche Entwicklungen sind jedoch komplexer, ihre Zielstruktur ist vielschichtiger. Etwa bei der Fusion von Unternehmen, bei strategischen oder gar systemischen Allianzen (siehe dazu Kapitel sieben) sind unterschiedliche Kulturen zu integrieren, abweichende Standards zu harmonisieren, verschiedene Rationalisierungspotenziale zu koordinieren. Ähnlich verhält es sich bei urbanen oder regionalen Entwicklungen. Sie sind ein gutes Beispiel dafür, wie vielfältige wirtschaftliche, soziale und ökologische Bedürfnisse in zukunftsfähige Modelle einzubinden sind. Solche Anstrengungen können kaum mit einzelnen Projekten bewältigt werden, sondern bedürfen einer Vielzahl von verzahnten Entwicklungen.

Die Risiken der Frustrations-Aggressions-Spirale durchbrechen

In vielen Fällen klaffen die Ziele solcher Entwicklungen auseinander. Es mag sein, dass alle Beteiligten über dieselben Ziele reden oder ihre Vorstellungen mit ähnlichen Begriffen ausdrücken, was dann meist auf einem hohen Abstraktionsniveau geschieht. Dies offenbart bei näherem Hinsehen nicht selten eine babylonische Spachverwirrung und misst denselben Zielen höchst unterschiedliche Bedeutungen bei. Im Klartext: Die Beteiligten artikulieren vergleichbare Erwartungen, verbinden damit aber verschiedenartige Hoffnungen.

Werden diese Hoffnungen nicht erfüllt, setzt die Enttäuschung darüber eine „Frustrations-Aggressions-Spirale" in Gang. Deren Symptomatik ist leicht auszumachen: Zunächst kommt Frustration auf, wenn Projekte aus gegenseitigem Unverständnis, Hilflosigkeit oder Überheblichkeit eines Partners misslingen. Gelingt es nicht, diesem Unverständnis vorzubeugen oder entgegenzuwirken, dann kippt der Prozess alsbald in ein absichtsvolles, ja mutwillig betriebenes Misslingen um – dies ist Ausdruck einer aufkeimenden Aggression. In Unternehmen ist dabei weniger die aktive, zerstörerische Aggression als vielmehr die passive Aggression zu beobachten. Diese äußert sich in der gezielten Unterlassung des nötigen Engagements, das durch aktionistisches Bemühen um Nebensächlichkeiten elegant übertüncht wird. Wenn sich derartige Frustrations-Aggressions-Spiralen erst ausbreiten, ist der Schaden für ein Unternehmen gewaltig. Er mag sich nicht immer in Euro und Cent darstellen lassen, gehört aber trotzdem zu den größten Kostenverursachern – mit ein wesentlicher Grund, warum Fusionen, Allianzen und andere Formen von Kooperationen häufig störanfällig bleiben und nur in relativ wenigen Fällen den Geschäftswert der beteiligten Partner signifikant erhöhen.

Um diesen Dilemmata zu begegnen, greifen Value-Competence-Trainings an mehreren Dimensionen an: Kontextanalysen und die Befähigung zum Perspektivenwechsel helfen, die Blickwinkel der jeweils anderen zu verstehen. Ferner sollte das Unvermögen, mit unterschiedlichen kreativen Stilen umgehen zu können, durch die Befähigung abgelöst werden, verschiedene Kreativitäts- und Problemlösestile zu integrieren. Schließlich bietet die Analyse von Meta-Effektoren eine gute Möglichkeit, die Risiken des Scheiterns zu entschärfen.

„Streitkulturen" überwinden

Nehmen wir dazu ein Beispiel – die Standortentwicklung einer bestimmten Region. Deren Ausgangslage ist schwierig, geprägt vom Dissens verschiedener Interessengruppen. Die hatten sich jahrelang blockiert und mit ihren „Streitkulturen" (wie sie dies selber gern bezeichnen) gegenseitig beschäftigt, ohne in der Sache voranzukommen. Um diesem Dilemma zu entkommen, hilft eine Kontextanalyse – also die Fragen:

- wer an den erwarteten Prozessen beteiligt und wer davon betroffen sein sollte,
- für wen welches Ergebnis einen guten Erfolg darstellen würde und
- wer deshalb bereit sein könnte, ein Projekt zu unterstützen oder auch zu blockieren.

Dieses Vorgehen öffnet den Einstieg, um den Dissens der Interessengruppen in eine konstruktive, „multi-perspektivische" Betrachtung umzuwandeln. Damit wird der Grundstein gelegt, aus der ehedem geliebten Streitkultur eine leistungsfähige Kultur des konstruktiven, dialogischen Lernens zu formen. Sie erlaubt, die stagnierende Rivalität verschiedener Bezugssysteme, an denen sich die Beteiligten orientieren, aufzubrechen.

Aus einseitigen, simplifizierenden Paradigmen von ökonomisch, ökologisch oder sozial orientierten Interessengruppen, die bislang gern versucht hatten, sich gegenseitig auszuspielen, erwächst ein Gesamtprojekt, das eine breite Unterstützung durch die Bevölkerung erfährt. Naherholungsgebiet für Großstädter, Naturschutzgebiet, Tourismus, Klein- und mittelständische Unternehmen, eine Reihe von mächtigen Industrieansiedlungen und die erwünschte Lebensqualität der Anwohner bilden die Gemengelage, um die genannte Region als Zukunftsstandort zu entwickeln. Statt nun Interessenkonflikte zu hegen und als Rohstoff für mäandernde Machtspiele zu erhalten, werden aktuelle Ziele (Abbau von Arbeitslosigkeit, Aufbau der örtlichen Geschäfts- und Infrastruktur) und erwünschte Zukunftsziele (Ausbau der Lebensqualität für Einheimische und Touristen, Integration von mobilitäts- und naturschutzorientierter Infrastruktur, Bildung und Bindung von attraktiven Forschungsinstitutionen) definiert.

Wie gelingt es, dass sich die Vertreter verschiedener Interessengruppen auf ihnen „fremde" Kontexte einlassen – statt diesen nur „von außen" mit einer herabwürdigenden, bisweilen ablehnenden Haltung zu begegnen? Was ist nötig, damit sie einen Perspektivenwechsel vollziehen, der es erlaubt, aus der Integration aller Perspektiven zu einem lösungsorientierten Engagement beizutragen? Dazu bedarf es einiger Tipps und Tricks.

Tipps und Tricks für komplexe Kooperationen

Der Tipp: Um die Bereitschaft zu einem kontextübergreifenden Engagement herauszulocken, bietet die gemeinsame Suche nach Meta-Effektoren einen brauchbaren Ansatz. Es geht in solchen Fällen ja nicht nur um die Förderung des gegenseitigen Wohlwollens – so wichtig dies für eine gedeihliche Zusammenarbeit ist – sondern auch darum, der gesamten Entwicklung von Beginn an eine möglichst große Erfolgswahrscheinlichkeit zu verleihen.

Was, wenn sich die erste Euphorie über eine neue Entwicklung gelegt hat? Haben die Beteiligten dann das Gefühl, an substanziellen Prozessen zu arbeiten und sich sinnvoll einzubringen, oder fallen sie in frühere, isolierte Blickwinkel und Verhaltensmuster zurück? Kommen sie zu klugen, gemeinsam getragenen Entscheidungen oder lassen sie bloß alte Machtspiele in neuem Licht erscheinen, ohne je zur intelligenten Lösung der Probleme beizutragen?

Der Trick: Wenn sich eine Kooperation schwierig anlässt, hilft die Arbeit nach dem Prinzip des Trojanischen Pferds, um mentale Mauern aufzubrechen. Das gilt sogar, wenn diese Arbeit anfangs wie ein Angriff auf die eigene Festung empfunden wird. So wie das Trojanische Pferd der Legende nach für die Gastgeber eine willkommene, scheinbar harmlose Bereicherung ihrer Stadt war, aber in seinem Bauch das „Potenzial" enthielt, die verriegelten Tore von innen zu öffnen, so können *vernetzte Effektoren-Analysen* helfen, gedankliche Barrieren „von innen her" (das heißt, mit Hilfe eines besseren Verständnisses) aufzubrechen und die nötige Problemsicht von einer breiteren Perspektive her zu entwickeln. Der Unterschied zum antiken Vorbild liegt darin, dass es hier nicht um den Auftakt für „kriegerische" Auseinandersetzungen, sondern vielmehr um deren konstruktive Überwindung geht.

Was bedeutet die Integration ökonomischer und ökologischer Verträglichkeit?

Auf diese Weise können nicht nur zwei, sondern mehrere (multiple) Betrachtungsebenen verknüpft und in kooperative Lösungsprozesse eingebunden werden. Die zentrale Überlegung dieses Vorgehens lautet:

- Wie wirken sich Themen jeweils „im Inneren" eines anderen Bezugssystems aus, auch wenn sie bisher als „fachfremd" galten? Was heißt es – um ein Beispiel zu nennen – wenn in die Thematik der „ökologischen Verträglichkeit" die Aspekte der „ökonomischen Verträglichkeit" einer Entwicklung integriert werden?

- Was ist neu zu denken, wenn Einflussfaktoren, die bisher abgewiesen, ignoriert oder heruntergespielt wurden, sich innerhalb der eigenen (kulturellen oder gedanklichen) Paradigmen, die just vor ihnen schützen sollten, plötzlich als relevant erweisen?

Dort, wo zum Beispiel ökonomische und ökologische Interessen scheinbar schwer zu vereinen sind, empfiehlt es sich:

1. zunächst die Einflussfaktoren für jeden einzelnen Interessenschwerpunkt zu eruieren, sodass deren Interessenvertreter jeweils als Experten ihres „Faches" anerkannt und herangezogen werden,

2. dann aus allen Bezugssystemen die wichtigsten Faktoren in einer übergeordneten Matrix zusammenzufassen und einem umfassenden Effektoren-Management zu unterziehen. Dieser Schritt sollte Dalton-, Innovatoren- und multiple Nutzwertanalysen einschließen und mit den Vertretern der beteiligten Gruppen durchgeführt werden,

3. schließlich aus dieser Gesamtschau diejenigen Einflussgrößen herauszuarbeiten, die als mächtige Meta-Effektoren alle Kontexte betreffen,

4. geeignete Indikatoren für ein am Gesamtprozess orientiertes Controlling zu ermitteln,

5. und schließlich für die einzelnen, jeweils beteiligten und betroffenen Teams das nötige Handlungs- und Wahrnehmungslernen abzuleiten.

Falls diese Schritte nicht unmittelbar akzeptiert werden, weil manche der Beteiligten sich nicht so rasch von „ihrem" Blickwinkel auf eine Gesamtschau des Geschehens umstellen können (was in der Praxis bisweilen zu beobachten ist), hilft eine Zwischenlösung:

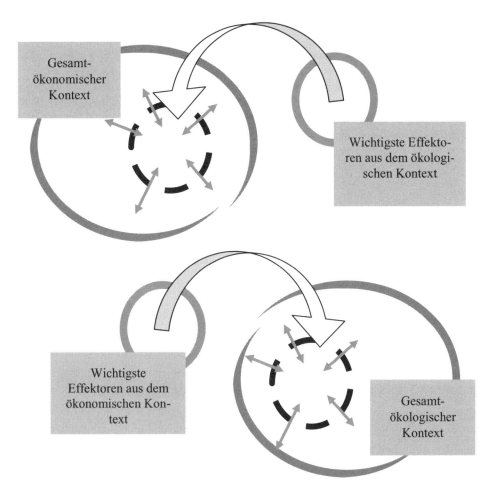

Abbildung 20: Kontextübergreifende Effektoren sukzessive einschleusen

Diese so genannte „Zwischenlösung" arbeitet in mehreren Etappen nach dem Prinzip des Trojanischen Pferdes. Die Bezugssysteme werden dabei für jede Interessengruppe vollständig respektiert, alle Einflussgrößen bleiben erhalten. Sie werden jedoch um die wesentlichen Einflussfaktoren aus den jeweils anderen Gruppen erweitert, das System der Einflussfaktoren also wechselseitig ergänzt. Dies bietet den teamhygienischen Vorteil, dass keine Gruppe auf einzelne Aspekte ihres Bezugssystems verzichten muss.

Paradigmenübergreifende Analysen

Die zusätzlichen, gleichsam eingeschleusten Faktoren gleichen den Potenzialen, die bisher „heimlich" im Bauch des Trojanischen Pferdes schlummerten. Dieses Prozedere wiederholt sich spiegelverkehrt: In die Gesamtmatrix jeder Gruppe werden wesentlichen Einflussfaktoren aus den anderen Gruppe integriert und wiederum aus der Gesamtsicht bewertet. Das fördert die wechselseitige Betrachtung, die für zwei (wie in der vorausgehenden Abbildung dargestellt) und mehr Bezugssysteme denkbar ist. Der Erfahrung nach ist dieses Vorgehen praktikabel, um bis zu fünf unterschiedliche Bezugssysteme zu verknüpfen. Der Prozess bleibt überschaubar. Zugleich kann das erforderliche Schnittstellenmanagement zwischen diesen Gruppen (oder Projektteams) transparent gemacht werden. In aller Regel führt dieses Vorgehen zu einem Aha-Erlebnis, selbst wenn sich nur einer der „anderen", bisher nicht beachteten Faktoren „im eigenen" Kontext als wichtige Einflussgrösse erweist. Denn beim systematischen Durcharbeiten der „eigenen" Matrix werden zahlreiche Wechselwirkungen sichtbar, die bislang kaum wahrgenommen wurden.

Faktoren →	A	B	C	D	...	X_{extern}	Y_{extern}	$\Sigma_{Effektoren}$
A	-	(x)				(w)		
B	(y)	-						
C			-					
D				-				
...					-			
X_{extern}	(z)					-		
Y_{extern}							-	
$\Sigma_{Indikatoren}$								

Abbildung 21: Die erweiterte Matrix – Schnittstellen von Schlüsselfaktoren

Konkurrierende Interessen einbeziehen

In der Praxis zeigt sich häufig, dass Wechselwirkungen nur in einer Richtung beachtet werden. Zum Beispiel wird erwogen, wie sich innerhalb eines Bezugssystems (etwa des ökonomischen) der Faktor A auf den Faktor B auswirkt. In der Matrix kommt das im Feld (x) zum Ausdruck. Wie sich hingegen der Faktor B auf den Faktor A auswirkt, stellt das Feld (y) dar. Das zu beurteilen verlangt einen „internen" Perspektivenwechsel, falls diese Blickrichtung bislang ungewohnt gewesen sein sollte.

Mehr noch sind bei dieser Matrix die Wechselwirkungen zwischen „internen" und „externen" Faktoren zu bewerten: Wie beeinflusst zum Beispiel der ökonomische Faktor „A" den ökologischen Faktor „X"? Dieser Zusammenhang wird im Feld (w) dargestellt. Wie hingegen der Ökologie-Faktor „X" den Ökonomie-Faktor „A" tangiert, kommt im Feld (z) zum Ausdruck. Auf diese Weise lassen sich selbst konträre Interessen in themenübergreifende, gemeinsame Prozesse einbeziehen. Das gilt auch für die Integration unterschiedlicher Projekte in einen Gesamtprozess und reicht bis zur Evaluation verschiedener Unternehmenskulturen.

Die Analyse von Meta-Faktoren baut auf den Wechselwirkungen von Einflussgrößen auf, die verschiedene Bezugssysteme verbinden. Paradigmenübergreifende αF-, Dalton- und Innovatoren-Analysen zeigen, welche Faktoren bei der Vernetzung von Bezugssystemen besonders zu beachten sind und wo demzufolge das Schnittstellen-Management seine Schwerpunkte setzen sollte. Der „Trick" liegt nicht darin, die andere Seite zu manipulieren, sondern ihr eine dialogische Hilfestellung zu geben, um Widerstände überwinden und sich auf einen erweiterten Horizont einlassen zu können.

Das ist die Vorbedingung für weitreichende, intelligente Lösungen, die in der Lage sind, unterschiedlichen Ansprüchen gleichermaßen gerecht zu werden. Konkurrierende Interessenvertreter bringt solches Vorgehen nicht nur an einen Tisch, sondern ermutigt sie zu konzertierten Lösungsstrategien. Dieses Vorgehen erfüllt jedoch noch eine andere Voraussetzung: Indem es diejenigen Effektoren aufzeigt, die in verschiedenen Kontexten (das heißt, in der Gesamtschau aller und nicht nur einzelner Interessen) starke Hebel darstellen, ermöglicht es ein außerordentlich konzentriertes, effektives Handeln. Ein übergeordnetes Ziel lässt sich damit realistisch und in verhältnismäßig kurzer Zeit erreichen und die übliche Verbalkompetenz in eine nachhaltige Handlungskompetenz transformieren. Meta-Effektoren erlauben deshalb, eine Vielzahl von Aktivitäten effektiv zu bündeln. Denn sie bieten selbst für hoch komplexe Herausforderungen einen „roten Faden". Sobald sie identifiziert werden, lassen sich bei vielschichtigen, komplexen Aufgaben die Ressourcen wirkungsvoll einsetzen und exzellente Ergebnisse in gleichermaßen kurzer Zeit erzielen.

Lösungenstrategien: Inbound, outbound oder zirkulär?

Je komplexer das Geflecht verschiedener Bezugssysteme ist, umso wichtiger wird es, maßgebliche Projekte und Prozesse richtig zu vernetzen. Das reduziert die Komplexität und beugt der Gefahr vor, sich zu verzetteln. Auf der anderen Seite wäre es riskant, die gegebene Komplexität zu ignorieren. Dies würde den Wert von Lösungsalternativen unnötig schwächen. Mit anderen Worten ist eine Lösungsstrategie umso wertvoller, je mehr sie der Realität (und damit der Komplexität dieser Realität) gerecht wird.

Wie ist es nun möglich, Strukturen zu entwickeln, die eine optimale Verknüpfung von komplexen Bezugssystemen erlauben? Wie ist es möglich, diese Strukturen so anzulegen, um Entwicklungen ebenso flott wie erfolgsstabil voranzutreiben? Dies zu leisten stellt einen wichtigen Aspekt des Multi-Prozess-Managements dar. Um diesem Anspruch gerecht zu werden, sind drei Strategien zu unterscheiden. Es gilt zu prüfen, ob:

a) mit Hilfe unterschiedlicher Prozesse ein bestimmtes Ziel zu implementieren ist. Das ist der Fall, wenn dieses Ziel (etwa die Innovationsfähigkeit eines Unternehmens) im Vordergrund steht und durch verschiedene technische, soziale, organisationale, personale und umweltorientierte Bezugssysteme weiter entwickelt werden soll. Diese Bezugssysteme sind dann „von außen nach innen" zu betrachten, das heißt, die Strategie ist **inbound** orientiert. Sie geht vom Wert aus, den diese Bezugssysteme für das Ziel erbringen.

b) ein Ziel dazu dient, mehrere parallele Entwicklungen voranzutreiben. Diese Strategie ist **outbound**, das heißt „von innen nach außen" orientiert. Davon ist zum Beispiel die Rede, wenn die innovative Kompetenz in einer Region sowohl die ökonomische sowie die ökologische und soziale „Sustainability" fördern und in einen integrierten Prozess einbinden soll. Hier ist vom Wert auszugehen, den diese innovative Kompetenz für alternative Prozesse gleichzeitig bereitstellt.

c) mehrere Prozesse, Entwicklungen und Ziele wechselseitig zu verknüpfen sind. Dann sind deren Interaktionen abzuschätzen, sowie die Wertbeiträge, die sich gegenseitig fördern. Diese Strategie ist als **zirkulär** zu bezeichnen. Sie bemisst den interaktiven Wert etwa der Innovationsfähigkeit auf die unterschiedlichen Bezugssysteme, sowie im Umkehrschluss deren Wert für die Innovationsfähigkeit.

Methodisch betrachtet, stellen Inbound-Strategien die Effektoren aus verschiedenen Bezugssystemen in den Dienst eines fokussierten Projektes. Für eine wirkungsvolle

Implementierung werden Meta-Effektoren untersucht, die dem Fokus-Projekt konzentriert zuarbeiten. Dieses Vorgehen ist hilfreich, um Krisensituationen zügig zu überwinden, aber auch um vorrangige Prozesse der strategischen Führung zügig und zielsicher umzusetzen. Dabei werden die Risiken späterer „Kinderkrankheiten", die solche Prozesse oft begleiten, durch die strukturierte Integration wichtiger Kontexteinflüsse minimiert. Unliebsamen Überraschungen, die sich aus unbedachten Umfeldbedingungen ergeben, beugen solche Instrumentarien des Multi-Prozess-Managements vor, ohne den Fokus aufzuweichen oder an konstruktiver Rasanz zu verlieren.

Die Leitfrage lautet:

Wie beeinflussen die Faktoren der anderen (Teil-)Projekte das fokussierte Projekt?

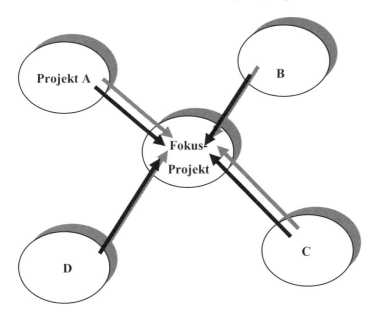

Abbildung 22: Inbound Strategy: Hilfestellung für Multi-Power-Teams

Dieses Vorgehen unterstützt so genannte *Multi-Power-Teams* (siehe Kapitel fünf), die in einer Reihe von Unternehmen als eine Art „fire brigade" zur schnellen Lösung von Problem-Situationen eingerichtet werden. Das Ziel solcher Multi-Power-Teams besteht darin, in kurzer Zeit wirksame Problemlöse-Strategien zu entwickeln, aus der Umwelt die nötige Unterstützung einzufordern und entsprechende Maßnahmen unverzüglich zu initiieren. Damit ein Power-Team bei komplexen Anforderungen an den richtigen Hebeln ansetzen und seine maximale Effektivität entfalten kann, ist seine Arbeit im Zuge des Multi-Prozess-Managements „inbound" auszulegen.

Auf der anderen Seite ist einzuwenden, dass sich manche Strategien im Unternehmen auf zahlreiche weitere Prozesse auswirken, die zum fokussierten Projekt nicht in einem direkten Zusammenhang stehen. Dabei sind die Veränderungen innerhalb einer Organisation und auch die gegenüber Lieferanten, Kunden und kooperierenden Partnerorganisationen zu beachten. Wenn sich etwa im Zuge des Reengineering die Arbeitsabläufe innerhalb eines Unternehmens ändern, kann das bei Partnern oder Kunden zu Irritationen führen, wenn dessen Auswirkungen ins Umfeld nicht hinreichend reflektiert werden. Kostengünstige Call-Center zeugen davon, wenn Probleme nicht unverzüglich gelöst werden und der Kunde bei jedem Anruf immer wieder von vorne beginnen muss. Derartige Irritationen machen den Effizienzgewinn solcher Einrichtungen schnell zunichte. Um hier präventiv wirksame Maßnahmen zu entwickeln, sind kontextsensible Lösungsstrategien zu konstruieren. Dafür sind outbound-orientierte Strategien geeignet.

Die Leitfrage lautet:

Wie beeinflussen die Faktoren des fokussierten Projekts die anderen (Teil-)Projekte?

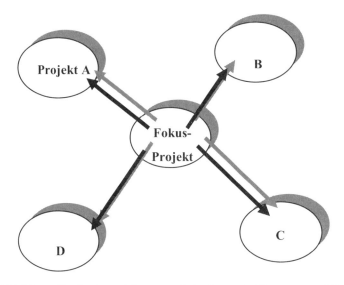

Abbildung 23: Outbound Strategy: Irritationen bei Partnern und Kunden vermeiden

Dieses Vorgehen erlaubt es, zukunftsorientierte Strategien auf langfristige (Fern-) und Nebenwirkungen hin zu untersuchen. Gerade bei der aktiven Gestaltung künftiger Unternehmensbedingungen ist es wichtig, dass Organisationen nicht von unliebsamen Spätfolgen eingeholt werden, die ein unzureichendes Kontextverständnis provoziert.

Den dritten Ansatz des Multi-Prozess-Managements bildet die zirkulär organisierte Struktur. Sie betrachtet Wechselwirkungen verschiedener Projekte und Prozesse. Der Zweck dieses Vorgehens ist zu prüfen, welche Formen an gegenseitiger Unterstützung nötig sind, um den Gesamtprozess, dem die Projekte und Prozesse zugeordnet sind, zu optimieren. Dieses Vorgehen zeichnet so genannte *Multi-Center-Teams* aus. Deren Aufgabe ist es, die Zusammenarbeit innerhalb einzelner sowie zwischen mehreren Teams systematisch zu optimieren. Mit Hilfe zirkulärer Lösungsstrategien unterstützen sie auf diese Weise die Teamführung, die in der Lage ist, an mehreren Brennpunkten gleichzeitig (multifokal) anzusetzen.

Die Leitfrage lautet:

Wie beeinflussen sich die Faktoren der fokussierten (Teil-)Projekte gegenseitig?

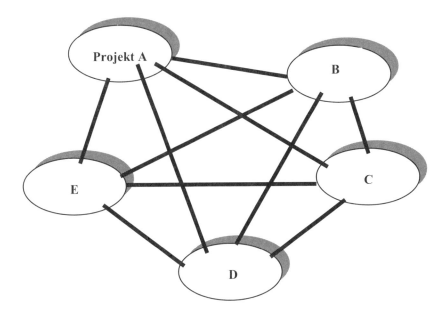

Abbildung 24: Circular Strategy: Die Teamführung unterstützen

Zusammenfassend ist zu sagen, dass:
- Inbound-Strategien die Implementierungskompetenz stärken,
- Outbound-Strategien unerwünschten Spät- und Nebenwirkungen vorbeugen und
- Zirkuläre Strategien die Kooperation im Sinne eines übergeordneten Zieles optimieren.

Effektoren-Management als Element der strategischen Führung

Die Identifikation von Meta-Effektoren erlaubt, mehrere Projekte in einem umfassenden Entwicklungsprozess zusammenzufassen, komplexe Aktivitäten zu integrieren und die Resultate in einem erfolgsstabilen Gesamtergebnis zusammenzuführen.

Greifen wir, um dies zu verdeutlichen, das Beispiel eines Versicherungsunternehmens auf. Es betreut im Kerngeschäft die Mitglieder verschiedener Berufsstände sowie zahlreiche Kommunen. Nun hat sich die Situation just dieser Klientel erheblich gewandelt. Für die Mitglieder vieler Berufe, die der Versicherer speziell betreut, haben sich die Marktkonstellationen, ja sogar die Berufsbilder verändert. Auch die Kommunen mussten sich im Zuge der „output-orientierten Steuerung" auf neue Herausforderungen einstellen. Doch um solch kundenbezogene Entwicklungen hat sich der fragliche Versicherer bis jetzt nicht recht gekümmert. Nach traditionellem Habitus hat er die eingezahlten Gelder technisch verwaltet und im Bedarfsfall wieder ausgezahlt. Deshalb versäumte der Versicherer, als „Coach" für die Probleme seiner Klientel zukunftsfähige Lösungen mitzuentwickeln.

Beispiel Versicherungsmathematik

Dieses Versäumnis hat zur Folge, dass die Zukunft des Unternehmens selbst auf dem Spiel steht. Zum einen verliert es an Attraktivität, wenn andere Unternehmen als Mitbewerber auftreten und mehr Eigeninitiative und Cleverness entwickeln, um für die Kunden interessante Ansprechpartner zu werden. Hinzu kommt, dass „intern" einige Fachbereiche viel zu verwaltungstechnisch orientiert sind, um von sich aus Veränderungen zu initiieren. Sie hatten es versäumt, frühzeitig eine hausinterne Diskussion dazu anzuregen und aus eigenem Antrieb nach tauglichen Alternativen zu suchen.

Der Vorstand sieht sich derzeit genötigt, den Bereich Versicherungsmathematik anzumahnen, um die Auseinandersetzung mit aktuellen Themen nicht länger auf die lange Bank zu schieben. Ein wesentlicher Kritikpunkt der Vorstandsrüge ist, dass dieser Bereich sich allzu oft von impliziten Annahmen leiten lässt, die als Standard betrachtet und unreflektiert akzeptiert werden. Zum Beispiel wurden gesetzliche Grundlagen nicht hinterfragt, sondern als „Axiome" akzeptiert, obgleich gesellschaftspolitische Diskussionen schon länger auf den Bedarf einer Neuorientierung hinweisen: Welche Auswirkungen hätten gesetzliche Änderungen im Versicherungs-, Steuer- oder Umweltrecht? Wie würde das die Kunden, zum Beispiel die Kommunen, tangieren? Welche Risiken würden daraus den Versicherten und in der Folge der Entwicklung des Unternehmens erwachsen? Was, wenn ungewöhnliche konjunkturelle Schwankungen auftreten und das Zinsniveau unter die kalkulierte Marge fällt, oder wenn Zinssprünge nach oben andere Produkte als die vom Unternehmen angebotenen lukrativer erscheinen lassen?

Fragen, auf die es in dem Unternehmen kaum zufriedenstellende Antworten gibt. Da ist das Argument, dass die „anderen Versicherer auch nicht weiter" seien, ein schwacher Trost. Angesichts dieser Haltung müssen sich die Führungskräfte wohl eher die Frage gefallen lassen, ob sie „Benchmarker" statt „Benchleader" sind, die nur darauf warten, ein nachahmenswürdiges Modell zu entdecken. Was ist, wenn das ausgerechnet ein Konkurrent sein sollte?

Lokomotive oder Tender?

Nun glauben die Verantwortlichen der Versicherungsmathematik, den „schwarzen Peter" gezogen zu haben. Sie reagieren pikiert, denn nach Jahren gleichmütigen Engagements müssen sie sich plötzlich einem erheblichen Entwicklungsdruck stellen. Über ihre übliche Arbeit hinaus – etwa die Kalkulation von Sterbetafeln, soziodemografischen Entwicklungen und dem Pricing von Produkten – sollen sie nun für Innovationsmarketing, Zielgruppenanalysen, Coaching von anderen Teams und die Gestaltung der strategischen Unternehmensplanung mitverantwortlich sein. Unter diesen Blickwinkel zeigt sich plötzlich, dass die Kompetenzen dieser Experten bislang zwar hoch, aber doch einseitig entwickelt waren. In ihrem Selbstbild sind sie Profis, die für ihre Aufgaben alle relevanten Instrumentarien kennen und mit den Fachbereichen kommunizieren. Doch für die Durchsetzung betrieblicher wie gesellschaftlicher Innovationen sind sie noch zu sehr Tender und zu wenig Lokomotive.

Für die Mathematiker dieses Versicherungskonzerns sind die Fragen, die der Vorstandschef aufwirft, deshalb eine herbe Herausforderung. Doch ist die objektive Kritik nicht abzuweisen, die hinterfragt, warum sie:

♦ meist nur auf Anfragen aus den Fachabteilungen *reagieren,* statt diesen von sich aus neue Perspektiven aufzuzeigen.

♦ sich nicht *eigeninitiativ* mit der Zukunft des Unternehmens und deren Chancen und Risiken auseinandergesetzt haben.

♦ sich nicht selbständig um *präventive Lösungen* für die Entwicklung des Unternehmens bemüht haben – noch bevor die Konkurrenz auf den Plan tritt oder sich, wie bisher, die Fachabteilungen den Zukunftsthemen widmen und ihre Aufträge an „die Mathematik" delegieren.

- lieber auf Aufträge „warten", statt sich selbst zum *Innovationsmotor* der Unternehmens-führung zu machen und ihre Vorstellungen „eigenmächtig" – im besten Sinn des Wortes – durchzusetzen.

Nun steht „M", wie der Bereich hausintern heißt, nicht allein im Regen. Vom Vorstand geht auch ein deutlicher Seitenhieb in Richtung Personalentwicklung und -controlling. Wie ist es möglich, dass just diese:

- keine fachübergreifende Kommunikation mit anderen Abteilungen *initiiert* haben?
- weder von „M" noch von anderen Fach- und Querschnittsabteilungen Diskussionen über *alternative Szenarien* eingefordert haben, um für das Unternehmen langfristig einen klaren Marktvorsprung mitzuentwickeln?
- nicht selbst die denkbaren Szenarien durchgearbeitet oder Führungskräfte gezielt mit dieser Aufgabe betraut – und sie dafür qualifiziert – haben?

Um die anstehenden Aufgaben zu bewältigen, bedarf es nun mehrerer Projekte. Sie reichen vom neuen Führungs- und Aufgabenprofil der „Mathematiker" über die Neuorientierung der Fach- und Querschnittsbereiche bis hin zur „Entwicklung der Personalentwicklung". All diese Projekte sind in einen koordinierten Gesamtprozess einzubinden, um fokussiert vorzugehen und eine umfassende Wertschöpfung zu generieren. Das Losungswort lautet „Innovationsfähigkeit und Kundenkompetenz". Damit es nicht in eine Vielzahl isolierter Maßnahmen zerfällt, gilt es, diejenigen Hebel zu identifizieren, die als Meta-Effektoren sowohl eine starke Hebelwirkung für alle (Teil-)Projekte auslösen, sowie deren gemeinsame Orientierung und Verständigung gewährleisten.

Statt Dutzende von aktionistischen Aktivitäten zu starten und in altbekannte Risiken hineinzuschlittern – von der Ressourcenvergeudung bis zum Krisenmanagement im Nachtarock – sollte das Augenmerk von Beginn an auf die effektive und effiziente Führung des gesamten Vorgehens gelegt werden. Eine Binsenweisheit, deren praktische Umsetzung nicht immer einfach ist. Meta-Effektoren eröffnen dazu eine brauchbare Chance, weil sie von allen Projekten als handlungsleitende Effektoren genutzt werden können. Dies erlaubt eine konzentrierte Bündelung aller Ressourcen auf wesentliche Aktivitäten. Darüber hinaus erleichtert es das Schnittstellenmanagement sowie die Koordination verschiedener Teilprojekte.

Top-Down: Transformationsprozesse für Nachzügler

Meta-Effektoren dienen im Multi-Projekt-Management als gemeinsame Klammer. Dabei ist zu prüfen, ob deren Implementierung einer Top-Down-, Bottom-Up-, Multiple-Nucleus- oder Keil-Strategie folgen sollte. Im skizzierten Fall ist es empfehlenswert, die Gesamtsituation des Unternehmens Top-Down unter die Lupe zu nehmen. Das heißt, der Einsatz von Effektoren-, Dalton- und Innovatoren-Analysen ist zusammen mit der Geschäftsleitung und Vertretern der verschiedenen Querschnitts- und Fachbereiche von „oben" nach „unten" zu organisieren. Da der Vorstand den Innovationsauftrag formuliert hat, die angesprochenen Bereiche in ihrer Entwicklung aber hinterherhinken, ist es ratsam, die Effektoren „von der Spitze her" sichtbar zu machen. Dabei ist zu klären, welcher Bereich sich bevorzugt um welche Effektoren zu kümmern und auf welche Indikatoren er dabei zu achten hat.

Bottom-Up-Strategien setzen voraus, dass Diskussionen über bestimmte Themen bereits auf operativer Ebene geführt und von „unten nach oben" verdichtet werden, bevor es zu konkreten Entscheidungen und Projekten kommt. Keil-Strategien übertragen die Initialverantwortung dem Mittel-Management, um Innovationsprozesse gleichzeitig nach „unten" und „oben" hin vorzubereiten. Der Multiple-Nucleus-Ansatz setzt schließlich „Testballons" in mehreren Funktionsbereichen, um Meta-Effektoren im Rahmen von Pilot-Projekten durchzuarbeiten. Im genannten Beispiel handelt es sich um drei Faktoren, die auf Grund ihrer hohen Effektorenladungen das gesamte System beeinflussen:

- das Innovationsmarketing,
- die Entwicklung „systemischer Produkte" und
- das Coaching, um den Bedarf an wechselseitiger Unterstützung festzustellen.

Was müssen die Experten von „M" nun leisten, um zum Innovationsmarketing beizutragen? Was müssen diese Mathematiker unternehmensintern beachten, was unternehmensextern? Was müssen die Personalentwickler künftig leisten? Und welchen Beitrag haben all diese Funktionseinheiten zu erbringen, um für die Kunden des Unternehmens so genannte „systemische Produkte" zu konzipieren, die das ganze Spektrum neuartiger Herausforderungen erfassen und aus Kundensicht umfassende Lösungen darstellen? Dies umzusetzen bedeutet, auf allen strategischen wie operativen Ebenen adäquate Handlungskorridore zu entwickeln. Dazu gehören die Meta-Effektoren, die den roten Faden bilden, und ebenso eine Reihe von spezifischen Einflussgrößen, für die einzelne Bereiche verantwortlich sind. Dazu werden auf jeder Bereichsebene die aufgabenspezifischen Effektoren ermittelt und mit den Meta-Effektoren (zum Beispiel dem „Innovationsmarketing") verknüpft.

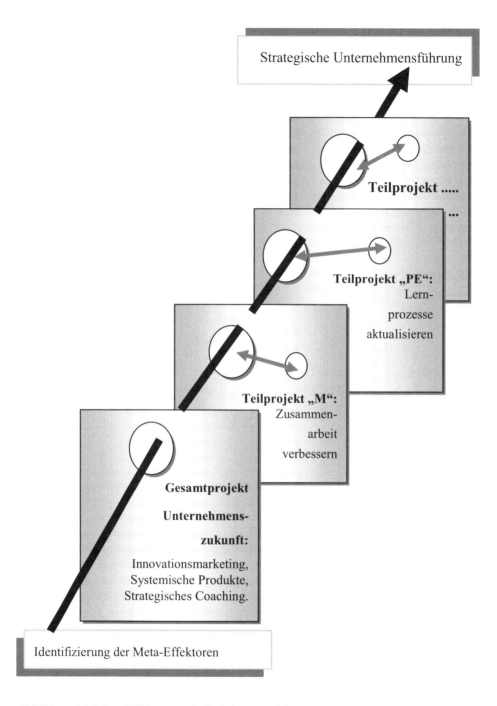

Abbildung 25: Meta-Effektoren mit funktionsspezifischen Einflussgrößen verknüpfen

Personalentwicklung – Nachtwache oder Innovationsagent?

Bei „M" zeigt sich, dass das Niveau der Zusammenarbeit eine Schwachstelle war, um den skizzierten Innovationsauftrag überhaupt erfüllen zu können. Die Referenten waren den Themen „ihrer" Fachbereiche zu sehr verhaftet, um versicherungsmathematische Aufgaben aus der Gesamtschau der Unternehmensentwicklung zu begreifen.

Die Effektoren-Analyse, die mit „M" durchgeführt wurde, zeigt, dass die Qualität der abteilungsinternen Zusammenarbeit ein dominanter Faktor ist, um künftig zu guten Ergebnissen zu kommen. Die Leitfrage heißt konkret: Wie wirkt sich eine bessere Zusammenarbeit bei „M" auf die Befähigung (und Gestaltung) des Innovationsmarketings aus?

Diesen Bezug zwischen aufgabenspezifischen und Meta-Effektoren herzustellen ist der Schlüssel, um Teilprojekte zu verzahnen und die Verantwortung für das Schnittstellen-Management zu definieren. Für die Personalentwicklung stehen andere spezifische Einflussgrößen im Vordergrund. Hier erweist sich das „strategische (corporate) Coaching", also die Befähigung zur präventiven, gegenseitigen Unterstützung der Funktionsbereiche, als stärkster Effektor der Personalarbeit. Dazu geeignete Lernprozesse zu konzipieren und mit dem Innovationsmarketing und der Bildung systemischer Produkte zu verknüpfen, ist hier das Gebot der Stunde. Und warum geschah das bisher nicht? Nun, für diese Personalabteilung ist es bislang charakteristisch, stets zu reagieren, wenn sich das Klima im Betrieb irgendwo verschlechtert. Dann schicken die Personalentwickler einzelne Mitarbeiter auf Seminare – etwa zur „emotionalen Intelligenz" – in der Hoffnung, die Teilnehmer kämen geläutert zurück und würden alte Konflikte nicht wieder anheizen. Das passierte so auch bei einigen Mathematikern, deren interne Kooperation zu wünschen übrig lies. Sie wurden, wie sie es selber ausdrückten, „auf emotionale Intelligenz verschickt". Doch so aufschlussreich und angenehm die Veranstaltung für die Betroffenen persönlich war – für das Unternehmen ging die Rechnung nicht auf:

Die strategischen, durch den Vorstand eingeforderten Aufgaben wurden durch diesen Schritt nicht besser als zuvor bewältigt. Aber es vergingen Monate, bis nach langem Abwarten der nächste Schritt erfolgen sollte. Doch welcher? Neues Suchen, neues Zaudern. Auf die Weise gerät die Personalentwicklung in die respektable, aber einseitige Position einer Nachtwache, die auf einer Festung über allen throhnt, stets auf der Hut ist und den anderen zu leuchten weiß. In dieser Funktion kann sie allen sogleich melden, wenn es irgendwo brennt oder bedrohliche Gestalten anrücken, ohne jedoch selbst an der Gestaltung bedeutsamer Gegenmaßnahmen mitzuwirken. Die nächsten Schritte zeigen deren Entwicklung zum Innovationsagenten auf.

Checkliste III: Wert- und Strategieentwicklung

Zusammenfassend kann das Effektoren-Management übersichtlich strukturiert und auf zahlreiche Aufgaben angewendet werden. Unabhängig von den einzelnen Herausforderung sind stets vier Phasen zu beachten: die αF-, Dalton-, Innovatoren- und Meta-Analysen, die bei Bedarf um multiple Nutzwert-Analysen zu ergänzen sind. Das Repertoire an Handlungsalternativen, das mit diesen Instrumentarien zur Verfügung steht, kommt nur selten in seiner ganzen Breite gleichzeitig zum Einsatz. Dennoch sollte es den verantwortlichen Führungskräften geläufig sein, um damit flexibel und wirksam umgehen zu können.

Die nachfolgende Übersicht listet in Tabellenform die wichtigsten Ansätze auf, die durch das Effektoren-Management unterstützt werden:

- In der oberen Zeile der nachfolgenden Tabelle sind wesentliche Wertschöpfungsdimensionen angegebenen (auf die das Value-Competence-Training besonderen Wert legt).

- Unterstützende Prozesse, die mit Hilfe des Effektoren-Managements angestoßen werden, stehen in der linken Spalte der Tabelle.

- Deren Kombination führt zu einer Prioritätenliste. Diese erlaubt, im konkreten Fall den Auftrag zu präzisieren, der mit Hilfe des Effektoren-Managements gelöst werden soll. Auch Mehrfachnennungen (in der Spalte beziehungsweise Zeile), die auf ein Geflecht von unterschiedlichen Prioritäten (etwa aus verschiedenen Bezugssystemen) hindeuten, können damit übersichtlich strukturiert werden.

- Dies erlaubt zu prüfen, welche Aufträge zu einem bestimmten Zeitpunkt als essentiell einzustufen sind. Entscheidungen können auf dieser Grundlage leichter gefällt, Ressourcen den erforderlichen Planungs- und Vorbereitungsphasen besser zugeordnet werden.

Diese Übersicht ermöglicht, das Effektoren-Management selbst den Kriterien unterzuordnen, für die es steht: Konzentration auf das Wesentliche, Fokussierung auf Maßnahmen mit größter Effektivität und Effizienz, hohe Wertschöpfung durch exzellente Leistung und gleichermaßen durch souveräne, entspannte Gelassenheit.

Wert-Schöpfung durch: → ↓ Prozess, Strategie:	„Pole-Position" / Benchleader	Klumpenrisiken minimieren	Zügiges Krisenmanagement	Ratio-Potenziale steigern	Qualitätssteigerung / ROM	Nutzwerte integrieren	Lernprozesse neu gestalten
Integrative Führung							
Integration von IuK-Systemen							
Kontextmanagement „Trojanische Pferde"							
Optimierung von EFQM, Score Cards							
Optimierung von Lösungsstrategien							
Ressourcenbündelung Meta-Effektoren							
Multi-Prozess-/ Projekt-Management							

Abbildung 26: Prioritäten bilden – Checkliste zum Effektoren-Management

Kapitel III:

Problemlöse-Stile erkennen
Komplementäre Kompetenzen nutzen

Die Führung

der adaptiven und innovativen Kreativität

Die Integration widersprüchlicher Team-Kulturen

Freiheit oder Marmelade? – Das Doppelgesicht der Kreativität

I wished to say to men, „If you desire to continue freely in your creative work,
it will be necessary for you to enter the struggle and conquer the forces of darkness
that are about to invade the world".

Jaques Lipchitz

Vor etlichen Jahren hat Herbert H., Chef einer renommierten Unternehmensberatung, ein interessantes Experiment zur Diskussion gestellt, um Verhaltensunterschiede bei der Lösung von Problemen zu beleuchten. Es ging dabei um das Lernen von der Natur und die simple Frage, wer besser – vielleicht auch intelligenter – sei, eine Biene oder eine Fliege?

Dass wir mit diesem Experiment einem Modell verschiedener Stile der Kreativität auf der Spur waren, ahnten damals so konkret weder der Chefberater noch die Gesprächsteilnehmer. Die Symbolik des besagten Experiments ist umso bestechender, je deutlicher dessen Analogie zu unterschiedlichen Kreativitäts- und Problemlösestilen in den Mittelpunkt des Interesses rückt: Setzen Sie eine Biene in eine leere Limonadeflasche (aus klarem Glas), ohne sie zu verschließen, und halten Sie den Boden der Flasche gegen das Sonnenlicht. Die Biene wird, in menschliche Begriffe gefasst, zielgerichtet dem Sonnenlicht zustreben und ausdauernd versuchen, auf diese Weise der Flasche zu entkommen.

Das wird ihr nicht gelingen, denn der im Licht stehende Flaschenboden hält sie gefangen, bis sie erschöpft ist. Nach einer Alternative zu der für sie „richtigen" Idee sucht sie erst gar nicht. Die Flasche bildet den Bezugsrahmen, der die Biene gegenwärtig umgibt. Mit ihrer zielstrebigen, eindeutigen Orientierung vermag sie ihm nicht zu entfliehen. Wenn das Insekt allerdings seinem normalen Tagesgeschäft nachgeht und keiner Flasche entkommen muss, macht dieses Verhalten freilich Sinn: Mit größter Konsequenz, Systematik und Sorgfalt konzentriert die Biene sich auf *ein* Bezugsystem und bestäubt eine bestimmte Pflanzenart Blüte für Blüte, bis alle Exemplare im Detail erfasst sind und so zahlreiche Früchte tragen. Auf diese Weise schafft die Biene einen enormen Mehrwert in der Natur, indem sie solange wie möglich auf das jeweilige Bezugsystem (Blüten einer bestimmten Pflanzenart) fokussiert. Erst, wenn dieser Vorrat zur Gänze erschöpft ist, wechselt sie ihren „Bezugsrahmen" und geht auf die Blüten einer anderen Pflanzenart über.

Anders eine Fliege, oder auch eine Hummel (die der Biene ähnlich sieht, sich jedoch eher wie eine Fliege verhält). Die Sonne lockt sie genauso an, aber sie scheint weniger zielstrebig als eine Biene zu sein. Selbst in der Flasche bewegt sie sich mal hier hin, mal da hin – und schafft meist schon nach kurzer Zeit, was der Biene selbst bei größter Anstrengung versagt bleibt: ihrem einengenden Bezugsrahmen durch die Öffnung auf der sonnenabgewandten Seite zu entkommen. Manchmal lässt sich das sogar in einer Wohnung beobachten: Hat sich dorthin eine Biene verflogen, wählt sie ein bestimmtes Fenster, um wieder ins Freie zu gelangen. Wenn das für sie unsichtbare Fensterglas im Wege steht, krabbelt sie jeden Quadratzentimeter des Fensters immer wieder systematisch ab. Vielleicht, so mag die Biene hoffen, findet sich *innerhalb* dieses (Fenster)-Rahmens irgendwo noch eine Öffnung? Eine Fliege oder Hummel wird sich auf eine solche Systematik nicht einlassen. Wenn sie gegen die Scheibe eines Fensters brummt, wird sie gerade noch eine andere Ecke des Fensterrahmens anfliegen, um dort ihr Glück zu versuchen. Wenn auch das nichts nützt, sucht sie dem Raum *außerhalb* dieses (Fenster)-Rahmens zu entkommen und fliegt durch die ganze Wohnung, um woanders einen Ausgang ins Freie zu finden. Bisweilen verändert die Fliege vorübergehend sogar ihr Ziel, wenn ihr ein Marmeladerest in der Küche plötzlich verlockender erscheint als die Freiheit ohne Marmelade.

Menschlich gesprochen scheint die Fliege flexibler, aber nicht so systematisch wie die Biene zu agieren. Auf die „chaotischen" Ideen einer Fliege würde sich die Biene jedenfalls nicht einlassen. Erst wenn ein Fenster offensichtlich nichts bringt, wählt sie – wieder systematisch – das nächste, so wie sie von einer Blumenart zur nächsten übergeht. Die Fliege wiederum mag dieses ausdauernde, zielstrebige Verhalten bewundern (vorausgesetzt sie könnte es beobachten), doch es schiene ihr wohl zu „rigide", „fantasielos" und eingeschränkt zu sein. Ein brauchbares Modell zur Lösung des Problems bietet es aus ihrer Sicht offenkundig nicht.

Für den Betrachter lohnt es sich, auch einen Blick auf den Nutzen von Fliege und Hummel in der Natur zu werfen. Mit ihrem Stil, der aus Bienensicht wohl sprunghaft und unorganisiert erscheint, verstreuen diese Insekten den Nektar beliebig und tragen nicht gerade zur Bildung von Früchten bei. Ihr Nutzen ist ein anderer: Mit ihrem Verhalten verteilen die Hummel Bakterien und andere Mikroorganismen, die sich nur in wenigen Blüten (etwa im Rotklee) entwickeln, auf alle möglichen Gräser und Sträucher. Es sind just diese Mikroorganismen, die große Säugetiere – Rehe wie Kühe – brauchen, um all das Gras gut verdauen zu können und auf diese Weise ein gesundes Wild oder eine leistungsfähige Milchkuh zu bleiben. Ohne die Arbeit der Hummel würden ihnen so manche Blätter im Magen liegen bleiben. Der Mehrwert, der im Alltagsgeschäft dieser Insekten liegt, ist ein anderer als bei der Biene. Er kommt nicht *innerhalb* einzelner Bezugssysteme (ausgewählte Pflanzen mit vielen Früchten) zustande, sondern *zwischen* verschiedenen Bezugssystemen (Vegetation, Verdauung, Milchwirtschaft).

Welchen Stil bevorzugen Sie?

Unterschiedliche Problemlösestile dieser Tierchen ermöglichen verschiedene Formen der Wertschöpfung. Die Biene versinnbildlicht, in die Sprache der Kreativitätsforschung übersetzt, einen *adaptiv*-kreativen Stil, während Fliege und Hummel einen *innovativ*-kreativen Stil an den Tag legen. Dennoch ist zu bedenken, dass selbst Bienen oder Fliegen nicht ausschließlich auf einen einzigen Stil fixiert sind. Denn eine Fliege könnte das Fenster systematisch nach einer Öffnung absuchen, und gelegentlich tut sie das auch. Aber das ist nicht ihr *bevorzugter Stil*. Ebenso mag eine Biene manchmal durch den Raum schwirren, um hier und da die Umgebung nach Alternativen zu erkunden – doch in der Regel bevorzugt sie es, sich auf *ein* Ziel (Fenster oder Blütenart) zu konzentrieren und dieses so systematisch wie möglich zu bearbeiten.

Das Beispiel zeigt, dass es bei der Bewertung von Kreativität und Problemlösungen nicht darum geht, wer welchen Stil „hat", sondern wer welchen Stil „bevorzugt". Übertragen auf Aspekte der Unternehmensentwicklung, beeinflusst dieser feine Unterschied (wie noch ausführlich zu erörtern ist) vor allem die Qualität der Führung. Er erlaubt, das Potenzial und die Professionalität von Führungskräften anhand weniger Merkmale schnell und zuverlässig einzuschätzen. Der wesentliche Unterschied zwischen dem jeweils bevorzugten Stil und dem so genannten „Coping-Stil" (der zum bevorzugten Stil am weitesten entfernt ist) liegt im subjektiv empfundenen Aufwand an Energie und Kraft, um dieselbe Aufgabe zu erledigen.

Wenn Sie eine Aufgabe so lösen kann, wie es Ihrem persönlichen Stil am ehesten entspricht, fällt Ihnen dies leicht. Sie verbrauchen relativ wenig Energie, um zu optimalen Ergebnissen zu kommen. Und Sie fühlen sich weitgehend unbelastet, selbst wenn die Herausforderungen groß sind. Das heißt nicht, dass Sie nicht andere Problemlösestile beherrschen oder erlernen können – im Gegenteil, das sollte einen wichtigen Aspekt Ihrer fachlichen und sozialen Kompetenz darstellen. Nur, wenn Sie sich über längere Zeit und intensiv *entgegen Ihrem bevorzugten Stil* mit Problemen auseinandersetzen, wird Ihnen das vergleichsweise mehr Energie abverlangen – aus Sicht des subjektiven Leistungsvermögens ein Wertkiller ersten Ranges. Sie „verbrauchen" für die gleiche Aufgabe ziemlich viel energetischen Aufwand und fühlen sich schon bald belastet, selbst wenn die Herausforderungen gering sind. Wie Ihnen geht es Ihren Mitarbeitern – und bestimmt das Verhältnis von optimaler Leistungsfähigkeit und optimalem Ergebnis. Das bildet die Schnittstelle zwischen Führung, Kreativität und Leistung, die im Folgenden genauer zu beleuchten ist.

Einfältige Klischees zum Thema „Kreativität" ausräumen

Problemlösungen erfordern Kreativität, insofern sind Problemlöse- und Kreativitätsstile eng aneinander gekoppelt. Zunächst muss aber mit einigen Vorurteilen zur „Kreativität" aufgeräumt und das jeweils Besondere der unterschiedlichen, kreativen Stile skizziert werden. Jeder Mensch besitzt sowohl die Fähigkeit zur adaptiven sowie zur innovativen Kreativität. Dass jemand nun eher den einen oder anderen Stil bevorzugt oder sich sich als „Bridger" auf dem Kontinuum dazwischen findet, bedeutet nicht, dass er deterministisch darauf festgelegt sei. Bei Bedarf – wenn die Situation oder ein Vorgesetzter es verlangen – ist es jedem Menschen möglich, eine beträchtliche Bandbreite an kreativen Stilen zu forcieren.

Die Klassifizierung, dass jemand entweder zu „den Technokraten" oder zu „den Innovativen" gehöre, macht deshalb wenig Sinn und wird der kreativen Intelligenz der meisten Menschen nicht gerecht. Außerdem verleiten derartige Schwarz-Weiss-Einteilungen dazu, das kreative Potenzial des einen übertrieben hervorzuheben, während das des anderen ungerechtfertigterweise vernachlässigt wird. Diese einseitige Wahrnehmung wird in zahllosen Publikationen reproduziert, ohne den Wert unterschiedlicher kreativer Stile zu würdigen noch auf das Verhältnis von kreativem Stil und kreativem Niveau einzugehen. Das führt dazu, dass einerseits scheinbar innovative Vorgehensweisen hochgelobt werden, selbst wenn sie auf schwachbrüstigem Niveau daherkommen, während andererseits adaptiv-kreative Stile verkannt oder gar als negative Beispiele vorgeführt werden, auch wenn sie ein hohes Niveau aufweisen.

Ein adaptiver Stil kann sehr wohl kreativ sein, mit gewissen Vor- und Nachteilen, die ihm anhaften. Darin unterscheidet er sich vom innovativen Stil, der auf andere Weise kreativ ist, und dem andere Vor- und Nachteile zu Eigen sind. Gleiches gilt für die Kreativität des Bridger-Stils, der zwischen adaptiven und innovativen Vorgehen vermittelt, aber auch seine eigenen Qualitäten aufweist.

Noch deutlicher als in der Allegorie von Biene und Fliege finden sich unterschiedliche Kreativitäts- und Problemlöse-Stile, wenn man Führungskräfte und ihre Mitarbeiter, manchmal auch ganze Teams oder Organisationen vergleicht. Der Wert, kreative Stile differenziert zu betrachten, macht sich auf mehreren Ebenen bemerkbar:

Bei Führungskräften und ihren Mitarbeitern geht es in erster Linie darum:

- deren persönliche Kreativität und bevorzugte Problemlöse-Stile einzuschätzen,
- im Hinblick auf bestimmte Aufgaben das Personal richtig auszuwählen,
- entsprechende Anforderungen an Führungskompetenzen zu beurteilen, und
- Risiken zu minimieren, die bei falsch verstandener Kreativität bald zum „Burn out" einzelner Mitarbeiter oder ganzer Teams führen.

Bei Teams und Organisationen kommt hinzu:

- kreative Stile als Merkmale der Unternehmenskultur zu begreifen, sowie
- ihr Potenzial für organisationale Veränderungen kritisch zu evaluieren und
- den Wandel mit Hilfe geeigneter Problemlöse-Stile erfolgreich zu gestalten.

Stil und Niveau sind nicht dasselbe – zusammen optimieren sie das Resultat

Jede Problemlösung spiegelt mehrere Facetten der Kreativität wider, die zum einen in unterschiedlichen *Stilen*, zum anderen in verschiedenen *Niveaus* ihren Ausdruck finden. Oft werden diese beiden Dimensionen vermischt oder gar nicht differenziert.

Dennoch, der kreative Stil und das kreative Niveau sind voneinander unabhängige Größen. Diese Beobachtung bestätigt sich in der tagtäglichen Führungs-, Team- und Personalarbeit, und sie wurde in international validierten, empirischen Studien erhärtet. Für die praktische Arbeit im Betrieb hat das weitreichende Konsequenzen.

- Der kreative Stil beschreibt die *Art und Weise*, um eine Aufgabe, Problemstellung oder Herausforderung anzugehen – so wie es die Biene bevorzugt, systematisch von Blüte zu Blüte einer Pflanzenart zu fliegen, oder andererseits die Hummel, die den Nektar einer Blüte lieber auf alle möglichen Gräser und Kräuter verteilt.

- Das kreative Niveau weist auf den *Grad des Engagements* und der Motivation hin, um seine Ideen umzusetzen, sowie auf eine Reihe weiterer Merkmale wie Bildung, Aufgeschlossenheit, Bereitschaft zum Mitdenken, fachliches Können, Erfahrung, Leistungsbereitschaft, Interesse und Identifikation mit der Aufgabe, um solches Bemühen zu unterstützen. Bei den Bienen, Fliegen und Hummeln käme das Niveau darin zum Ausdruck, wie ausdauernd und emsig sie ihren jeweiligen Beschäftigungen nachgehen oder lieber auf nektarvollen Waben und süßen Marmeladeresten ruhen.

Zusammenfassend ist festzuhalten, dass der kreative Stil an sich nichts über das Niveau des Engagements und Könnens aussagt, ebenso wie das kreative Niveau allein keine Rückschlüsse über den bevorzugten Stil erlaubt. Denn „bessere" oder „schlechtere" Kreativitäts-Stile gibt es nicht. Wohl birgt jeder dieser Stile gewisse Vor- und Nachteile, sodass sie sich bei professioneller Führung hervorragend ergänzen, ansonsten jedoch erhebliche Konflikt-Potenziale in sich bergen. Doch es gibt höhere oder niedrigere Niveaus, um kreative Stile umzusetzen, seien letztere nun adaptiv oder innovativ geprägt. Weil diese Unterscheidung selten berücksichtigt wird, erliegen Führungsverantwortliche gern der Versuchung, sich mit Leuten „ihres Stils" zu umgeben – sogar wenn diese nicht das erwünschte Niveau mitbringen. Denn ähnliche Stile erleichtern den Umgang miteinander und damit das Führen. In der Konsequenz entstehen Teams, die einfach zu handhaben sind und klar signalisieren, wer „dazu passt" – oder nicht. Sie verbreiten bald einen homogenen „Stallgeruch", der andere kreative Stile abschreckt. Das Risiko ist jedoch, dass das Niveau von solchen homogen kreativen Teams zum Mittelmaß neigt und komplexen Herausforderungen nicht gewachsen ist.

Auf der anderen Seite entwickeln jene Teams, die unterschiedliche kreative Stile zu integrieren wissen, ein vielfach höheres und umfassendes Problemlöse-Potenzial. Sie bringen meist weniger „Stallgeruch", dafür mehr potentielle Spannungen mit sich. In jedem Fall bieten sie eine große Spannbreite und beanspruchen ein hohes Maß an Führungs-Qualifikation – sowie den Mut, sich auf diese heterogenen Teams einzulassen. „Feige" Führungskräfte, die diesen Mut nicht aufbringen, weil sie lieber auf fortwährend positive Bestätigungen schielen und sich allzeit nach einem wohlwollenden Urteil „von oben" sehen, eignen sich bestenfalls für die *Ab*wicklung, aber nicht für die *Ent*wicklung exzellenter Teamarbeit.

Kriterien, um Ihren Problemlöse-Stil zu ermitteln

Mit Hilfe umfangreicher wissenschaftlicher Arbeiten zur kognitiven Psychologie hat Michael Kirton nachgewiesen, dass der kreative Stil, den jemand zur Lösung von Problemen und Aufgaben bevorzugt, anhand einiger wichtiger Merkmale beobachtet und gemessen werden kann. Mit Hilfe des **Kirton-Adaptor-Innovator-Inventory (KAI)**, der am Occupational Research Center entwickelt und in zahlreichen Sprachen validiert wurde, ist es möglich, Kreativitätsprofile zu testen und sowohl im persönlichen wie im Teamvergleich zu bewerten. Dieses Instrumenarium erlaubt die Charakterisierung von Team-, Projekt- und Unternehmenskulturen und fördert deren zügige, erfolgreiche Integration. Darüber hinaus ermöglicht es abzuschätzen, mit welcher Wahrscheinlichkeit Prozesse des Change Managements sowie des Managements of Diversity gelingen. Das Instrumentarium des KAI ist auf verschiedene Länder und Kulturkreise abgestimmt, sodass die Ergebnisse stets interkulturell vergleichbar sind.

Die wichtigsten Merkmale zur Evaluation des kreativen Stils sind:

(1) die *Ideenführung*,

(2) das Verständnis dessen, was als *Effizienz* akzeptiert und angesehen wird, und

(3) der *Umgang mit Regeln*, vor allem in der Zusammenarbeit und im Teamverhalten.

Darüber hinaus sind einige weitere Beobachtungen von Interesse: Kreativität erfordert – je nach bevorzugtem Stil – verschiedene Formen des „Stressmanagements", um Belastungen zu verringern. Mit anderen Worten führen verschiedene kreative Stile zu unterschiedlichen Bewältigungsstrategien (Copingverhalten), um im subjektiven Erleben wie in der Zusammenarbeit negativem Stress, Belastungen und Druck entgegenzuwirken.

In Arbeiten von Schwendner wird ersichtlich, dass kreative Stile nicht nur zu unterschiedlichem Problemlöseverhalten führen, sondern auch zu verschiedenartigen:

(4) *Stress- und Copingstrategien*, um Belastungen zu reduzieren,

(5) *Kommunikationsmustern*, um Konflikte und Krisensituationen zu bereinigen,

(6) *zukunftsorientierten Denkprozessen*, um sich sowohl mit mit der eigenen Zukunft als auch der des Unternehmens auseinanderzusetzen.

Die genannten Dimensionen erlauben es, kreative Stile zu beobachten und in ihrer Wirkung zu beurteilen. Jedoch erlauben diese Analysen des kreativen Stils keinen Rückschluss über das Niveau, das jeweils „dahinter steckt" – also über Motivation, Engagement und Können. Umgekehrt gibt die Kenntnis des Niveaus keinerlei Aufschluss darüber, welchen kreativen Stil, also welche Art der Ideen-, Effizienz- und Regelführung jemand bevorzugt. Werden diese Dimensionen undifferenziert vermengt, mindert das beispielsweise die Aussagekraft von Assessment-Centern und anderen Maßnahmen zur Personalbeurteilung.

Jemand mag beispielsweise eine adaptive Form der Kreativität bevorzugen, um seine Aufgaben zu lösen, und darin ein hohes Leistungsniveau entfalten, während ein anderer auf die gleiche adaptive Weise vorgeht, dabei jedoch nur ein geringes Leistungsniveau und Engagement offenbart. Das gleiche gilt für den innovativ-kreativen Stil. Innovative Kreativität stellt in manchen Fällen ein hohes Niveau unter Beweis, während sie andernorts nur ein schwaches Leistungsniveau offenbart.

Die einseitige Vorstellung, dass „innovativ" automatisch mit „hoch-kreativ" gleichzusetzen und deshalb stets „gut" und leistungsfähig sei, hält weder wissenschaftlich-empirischen Untersuchungen noch den wachen Blicken geschulter Beobachter stand. Dieses Klischee beeinflusst jedoch vielerorts das Kreativitätsmanagement. Es verleitet so manche Führungskräfte dazu, sich mit scheinbar innovativen Ansätzen zu begnügen, ohne deren Leistungsniveau zu hinterfragen noch auf der anderen Seite das kreative Potenzial zu würdigen, das in adaptiven Ansätzen steckt. In der Folge wissen sie ihre Mitarbeiter oft nicht richtig einzusetzen. Weder vermögen sie deren bevorzugte (adaptive oder innovative) Stile der Kreativität zutreffend zu beurteilen noch zu bestimmten Aufgaben in Beziehung zu setzen.

Kreativitätsmanagement geht vor Krisenmanagement

Dieses Dilemma ist für zahlreiche Konflikte, Reibungsverluste und unerwünschte Krisen verantwortlich. Üblicherweise führt das wiederum zu einem verstärkten Konflikt- und Krisenmanagement, und das bindet zusätzliche Ressourcen. Die fehlen für substanzielle Lösungen, und so entsteht ein negativer, sich selbst stabilisierender Kreislauf. Der kommt zur Gefahr der Klumpenrisiken hinzu. Denn das Konfliktmanagement gerät in eine „Ineffizienz-Falle", weil es meist reaktiv angelegt ist und in dieser Funktion die Indikatoren und neutralen Faktoren leichter unterstützt als die auf Prävention und Initiative ausgelegten Effektoren. Um das Dilemma aufzulösen, bedarf es nicht des nachträglichen Krisen-, sondern des vorbeugenden Kreativitätsmanagements. Im Value-Competence-Training spielt dieser Aspekt eine zentrale Rolle. Denn durch ein professionelles Kreativitätsmanagement wird der Bedarf an Konflikt- und Krisenmanagement erheblich reduziert und kann dort, wo er dennoch nötig ist, optimiert werden. Das Adaptor-Innovator-Inventory von Kirton eignet sich besonders, diesem Anspruch gerecht zu werden, weil es den Fokus strikt auf die Optimierung von Problemlöse-Kompetenzen legt. Für Value-Competence-Trainings ist dieser klare Ansatz wichtig, um den Wert des Kreativitätsmanagements auszuloten und für Teams wie Führungskräfte ein Maximum an Gelassenheit und Leistungsbrillanz zugleich zu entfalten.

In der Management-Praxis wird das Kreativitätsmanagement allzuoft mit Persönlichkeits-, Intelligenz- und anderen Faktoren vermengt. Das erhöht deren Unterhaltungswert und schafft eine barocke Trainingskultur, verwässert aber zugleich die Konzentration und Aussagekraft des Kreativitätsmanagements. (Außerdem lehrt die Praxis, dass Kreativität noch viel mehr Spaß macht, wenn sie wirklich herausgefordert und zur Lösung anstehender Themen und Probleme eingesetzt wird – statt sie in Tests mit Fragen zu vermischen, ob man lieber in den Wald oder auf eine Party gehe und deshalb vielleicht eher introvertiert oder extrovertiert sei.)

In wiederholten, wissenschaftlich durchgeführten Studien hat sich gezeigt, dass der kreative Stil von solchen Persönlichkeitsfaktoren unabhängig ist. Ob jemand introvertiert oder extrovertiert ist, spielt für dessen Problemlösekompetenz keine Rolle. Eine Reihe neuerer Ansätze legt wohl einen positiven Zusammenhang zwischen einer innovativen Orientierung und introvertierten Haltung nahe. Sie besagen, dass die Introvertierten einen hohen Grad an intrinsischer Fantasie und Anregung aufweisen und sich deshalb vor einer Überforderung durch zusätzliche externe Stimuli schützen müssen, während Extrovertierte weniger eigenständige, intrinsische Fantasie haben und deshalb mehr externe Stimuli zur Anregung brauchen. Zu kreativen Stilen ergeben diese Beobachtungen jedoch keinen signifikanten Zusammenhang.

Das ist nachvollziehbar, denn adaptiv-kreative Personen können wie die innovativ-kreativen Personen ein hohes Maß an intrinsischer Fantasie entwickeln, wenngleich sie diese *mental anders organisieren* (im ungünstigen Fall kommen beide mit wenig Fantasie aus). Doch die mentale Organisation – oder kognitive Struktur – der Kreativität kommt in deren Stil zum Ausdruck und nicht in einem introvertierten oder extrovertierten Verhalten. Empirisch gesehen ist es denn auch die Unabhängigkeit dieser Dimensionen, die sich nachweisen lässt (selbst wenn man von einer gegenteiligen Hypothese ausgeht). Auch zu Intelligenztests zeigen kreative Stile keine überzufälligen Korrelationen. Intelligenz ist vor allem eine Frage des Niveaus, und das kann bei adaptiven wie innovativen Problemlösungen hoch oder niedrig ausfallen.

Eine beliebige Vermengung und Interpretation all dieser Faktoren fördert den Freizeitwert, nicht aber die lösungsorientierte Qualität des Team- und Führungsverhaltens – so wie ein Kreuzworträtsel in einer Zeitschrift deren Unterhaltungsanspruch, nicht aber die Güte der Berichterstattung unterstützt.

Was zeichnet exzellente Lösungen aus?

Was sind nun die Charakteristika von adaptiven und innovativen Stilen der Kreativität? Was bedeutet es, sie verstehen zu lernen und aufgaben- wie situationsgerecht einzusetzen? Bevor wir dies im Detail erörtern, ist es nützlich, deren wesentliche Unterschiede zu betrachten. Wer einen adaptiven Stil bevorzugt, sucht die Lösung für ein Problem gern *innerhalb* eines definierten Bezugsrahmens – oder Paradigmas. Das heißt, eine etablierte Problemsicht oder ein akzeptierter Lösungskorridor wird zur Richtschnur für Lösungsentwürfe – sei es auf Grund eines Standards, einer anerkannten Autorität oder der öffentlichen Meinung . In diesem Rahmen sucht ein adaptiv-kreativer Stil Lösungen zu entwickeln und im Hinblick auf ein etabliertes Bezugssystem systematisch „besser zu werden".

Wer hingegen einen innovativen Stil bevorzugt, neigt weniger zur Verbesserung etablierter Systeme, sondern zielt lieber gleich auf deren Veränderung und Neugestaltung ab. Nicht ein bewährter Bezugsrahmen fesselt die Aufmerksamkeit, sondern die Verknüpfung und Integration von Bezugsrahmen, die im gegebenen Zusammenhang so noch nicht betrachtet wurden. „Anders machen" lautet das Motto des innovativ-kreativen Stils. Er zeichnet sich dadurch aus, Lösungen *zwischen* mehreren Bezugsrahmen zu suchen und etablierte Vorgehensweisen zu überwinden (siehe nachfolgende Abbildung).

Dabei ist die Schwäche des einen häufig die Stärke des anderen: Jemand, der den adaptiven Stil bevorzugt, versucht in einem (im Sinne der Aufgabe anerkannten) Bezugssystem alle verfügbaren Möglichkeiten für eine brauchbare Lösung auszuloten. In diesem Bestreben ist er geneigt, ins Detail zu gehen und alle „Winkel" des Bezugssystems zu durchforsten. Damit ist ein hohes Maß an kreativer Kompetenz verknüpft, vor allem wenn es auf einem hohen Niveau erfolgt. Denn die Zusammenschau aller Lösungsoptionen, die ein bestimmtes Bezugssystem hergibt, mag exzellente Ideen und Vorschläge zur Bewältigung einer Aufgabe generieren. Meist ist innerhalb eines Bezugssystems auch ein direkter Ideenvergleich möglich. Die Stärke dieses Vorgehens liegt in der bienenartigen, systematischen Konzentration auf wenige, ausgewählte Ideen und zeichnet sich oft durch eine ausgeprägte, zielstrebige Implementierungsstärke aus. Man könnte dabei von einem „intra-paradigmatischen" Vorgehen sprechen.

Die Schwäche dieses kreativen Stils tritt dann zu Tage, wenn das Lösungspotenzial eines etablierten Bezugssystems ausgereizt ist oder nicht mehr zu den neuen Herausforderungen passt.

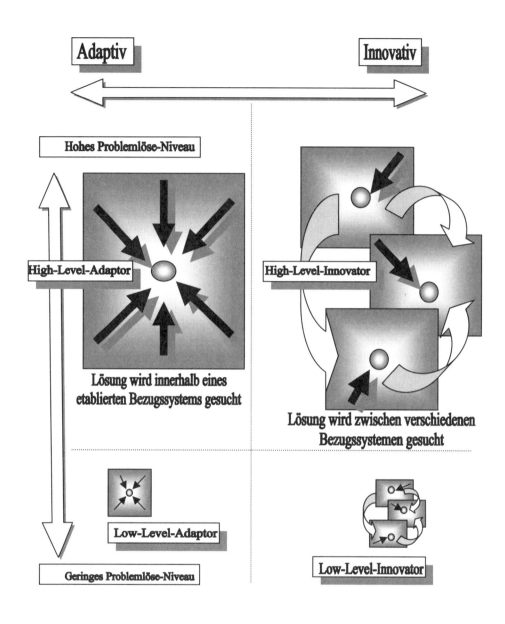

Abbildung 27: Merkmale unterschiedlicher Kreativitäts- und Problemlöse-Stile

Stärken-Schwächen-Profile von Adaptoren und Innovatoren

Dann fällt es einem „Adaptor" oft wesentlich schwerer als einem „Innovator", die Grenzen seines Bezugssystems zu überwinden. (Der Begriff „Innovator" bezieht sich hier auf

Personen und nicht wie in den vorangegangenen Kapiteln auf Einflussgrößen. Weil jedoch umgangssprachlich in beiden Fällen von „Innovatoren" die Rede ist, obgleich diese Themen nicht unmittelbar miteinander verknüpft sind, erlaube ich mir, diese sprachlichen Gepflogenheiten beizubehalten). Ein Adaptor läuft Gefahr, in Krisenphasen zu lange in bewährten Strukturen zu verweilen und dort noch detaillierter nach optimalen Lösungen zu suchen. Außerdem riskiert er, sich zu früh auf bestimmte Lösungsansätze innerhalb seines Bezugssystems einzulassen und sie mit großer Effizienz umzusetzen, ohne noch auf die Lösungs-Potenziale zu achten, die außerhalb dieses Blickwinkels liegen mögen. Dann investiert er mit größter Effizienz in die falschen Maßnahmen, falls die beste Lösung nicht innerhalb, sondern außerhalb des priorisierten Bezugssystems liegt. Dieses Vorgehen ist bei einem High-Level- und einem Low-Level-Adaptor in ähnlicher Weise wiederzufinden. Nur, dass der High-Level-Adaptor mit großem Engagement aus einem weitaus größeren Fundus schöpfen kann als ein Adaptor mit schwachem Niveau.

Nun wäre es falsch anzunehmen, dass ein innovativer Stil diese Probleme automatisch löst, obgleich die Schwäche des Adaptors in vielen Fällen die Stärke des Innovators ist: Er bevorzugt es, sich nicht zu lange mit definierten Bezugssystemen aufzuhalten, sondern hält lieber nach neuartigen Möglichkeiten Ausschau. Oft genug wechselt er dabei die Bezugssysteme und versucht sie zu integrieren. Die optimale Lösung für eine Aufgabe sucht er zwischen verschiedenen Bezugssystemen. Allerdings ist bei Innovatoren weder die Art noch die Anzahl der Bezugssysteme vorhersehbar, die sie in Betracht ziehen. Anders als bei Adaptoren führt das nicht zu einer Beschränkung, sondern zu einer Vielzahl von Ideen. Die werden mit dem Auftauchen neuer Bezugssysteme und Überlegungen ebenso schnell auch wieder über Bord geworfen und durch neue ersetzt. Diese Elastizität im Umgang mit verschiedenen Bezugssystemen hat zur Folge, dass weniger die Details, sondern der Überblick an Bedeutung gewinnen. Ob dieser Überblick nun den „Blick fürs Wesentliche" oder nur eine grobe Übersicht darstellt, hängt von situativen Gegebenheiten sowie vom kreativen Niveau eines Innovators ab. In jedem Fall vermag ein Innovator Grenzen wie definierte Bezugssysteme leicht zu überwinden oder komplett durch neue zu ersetzen. Das prädestiniert ihn zum Manager und Macher in Krisenphasen, die den Übergang von einem Zustand in einen anderen bewirken.

Sein Risiko liegt darin, dass er mit diesem „inter-paradigmatischen" Vorgehen manchmal zu leicht (oder leichtfertig) von einem Bezugssystem ins andere springt und Lösungs-Potenziale, die in einem bestimmten Bezugssystem für eine exzellente Lösung liegen würden, nicht erkennt oder zu schnell wieder verwirft. Ein Adaptor würde solche Lösungs-Potenziale eher erkennen und systematisch nutzen. Doch ein Innovator neigt dazu, nach noch „neueren" Anregungen zu suchen und womöglich weitere Bezugssysteme nachzuschieben. Wiederum ist dieses Vorgehen bei einem High-Level-und einem Low-Level-Innovator ähnlich. Wie schon bei den Adaptoren angemerkt, vermag auch der High-Level-Innovator mit großem Engagement aus einem weitaus größeren Fundus zu schöpfen als ein Low-Level-Innovator dies je könnte.

Gelegentlich avanciert ein Innovator zum Störenfried – manchmal in eigener Sache – falls ein Implementierungsprozess bereits begonnen hat. In dieser Phase sind innovative Neuerungen vielfach problematisch, vor allem wenn sie vom Projektmanagement nicht eingeplant wurden. Für den Fall, dass „innovatives Nachtarocken" den Prozess verändert oder gar das Ziel neu definiert, kann ein Projekt im Sinne der zuvor etablierten, „linearen" Projektplanung daran scheitern. Dann ist die Frage aufzuwerfen, ob die Vorbereitung des Projektes unzureichend war, ob dieses „Nachtarocken" gar ein typisches Verhaltensmuster darstellt und in einem Projektteam des öfteren zu beobachten ist, oder ob tatsächlich objektiv überraschende Gründe für die Neudefinition eines Projektzieles sprechen. Immerhin kann ein Innovator in seiner Rolle als Vorgesetzter kraft seiner formalen Autorität den Implementierungsprozess behindern, indem er zu häufig neue Perspektiven und Ideen nachschiebt. Oder ein Innovator kann in eigener Sache die Umsetzung seiner Ziele erschweren, weil er deren Bedeutungen ad hoc verändert und immer neue Sichtweisen dazu ausprobiert. Die zielgerichtete Implementierung ist meist nicht die Stärke eines Innovators. Wenn er dennoch für Implementierungsphasen verantwortlich ist, sollte er lernen, wachsam mit den Schwächen des innovativ-kreativen Stils umzugehen: So sehr unterschiedliche Perspektiven und Bezugssysteme für die Vorbereitung und Planung von Projekten von Vorteil sind, birgt dieser Stil doch die Gefahr, in den Implementierungsphasen mit unvermuteten „Kinderkrankheiten" der Projekte konfrontiert zu werden und dann nur wieder neue Bezugssysteme zu deren „Reparatur" nachzuschieben.

Es gilt zu bedenken, dass die skizzierte Unterscheidung in „Adaptoren" und „Innovatoren" idealtypisch ist. Diese Charakteristika bilden die Verständnisgrundlage, um Problemlöse-Stile erkennen und interpretieren zu lernen. Die Wirklichkeit (also das, *was wirkt*) lässt sich nicht auf zwei Kategorien reduzieren – auch nicht auf der Ebene der Kreativität. Das zu versuchen käme einer Neuauflage des „Technokraten–Innovatoren"-Klischees gleich (das im übrigen mit nur einer Kategorie operiert: Jemand ist „Innovator" – Ja oder Nein? Falls „Nein", wird er als „Technokrat" tituliert). Dieser Minimalismus verkennt die komplexe Realität des kreativen Arbeitens. Und „Technokraten" – im Sinne von wenig kreativen Menschen – zeichnen sich durch ihr niedriges kreatives Niveau aus. Das aber ist bei Innovatoren ebenso zu finden. Die Arbeiten Kirtons zeigen, dass die Häufigkeit „extremer" Adaptoren und Innovatoren – gemessen an der Gesamtbevölkerung – eher gering ausfällt. Die Häufigkeitsverteilung der Kreativitäts-Profile gleicht vielmehr einer Gauß'schen Normalverteilung. Das heißt, die meisten Personen finden sich im mittleren Bereich zwischen den skizzierten Polen wieder. Auch dieses Häufigkeitsprofil erweist sich sprach-, länder- und kulturübergreifend als stabil.

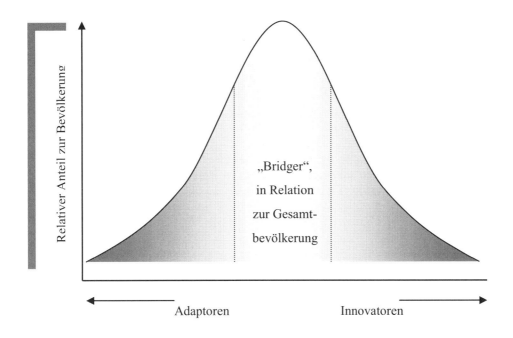

Abbildung 28: Häufigkeit von kreativen Stilen, gemessen an der Gesamtbevölkerung

Der Anteil von Adaptoren und Innovatoren ist, gemessen an der Gesamtbevölkerung, im Verhältnis zu deren Mischformen eher gering. Die häufigen „Bridger" integrieren beide Stile. Sie weisen jedoch meist Tendenzen in die adaptive oder innovative Richtung auf. Mit Hilfe des KAI lässt sich für jede Person eines Teams deren Gesamtwert auf dem Kontinuum bestimmen. Zusätzlich werden die individuellen Kreativitäts-Profile differenziert ermittelt.

„Creativity-Coaching":
Wie Teams über sich selbst hinauswachsen

Nicht nur im Bevölkerungsdurchschnitt, auch im Hinblick auf Kreativitätsprofile einzelner Personen sind idealtypische Kreativitätsprofile in der Praxis selten zu finden. Nur in wenigen Fällen wird zu beobachten sein, dass jemand einen adaptiven oder innovativen Stil eindeutig bevorzugt, und sich dieses Bild konsequent über alle Merkmale der Ideenführung, Effizienz und Teamführung erstreckt. Viel häufiger als derart homogene Kreativitätsprofile sind auch subjektive „Mischformen" zu finden – das heißt, dass jemand einen Gesamtwert in den mittleren Bereichen des Kreativitäts-Kontinuums aufweist, aber in einzelnen Merkmalen überraschend stark in adaptive oder innovative Richtungen neigt.

Diese subjektiven Besonderheiten von heterogenen Kreativitätsprofilen zu ermitteln, bietet mehr Aufschluss über die Lösungskompetenzen von Personen als nur deren Gesamtwerte zu betrachten – obwohl letztere bei der Zusammensetzung von Teams interessante Informationen bereithalten. Beides zu nutzen unterstützt zum einen das lösungsorientierte Coaching, zum anderen ermöglicht es, die Zusammenarbeit von Teams zu qualifizieren und deren Konfliktpotenziale abzuschätzen. Die Streuung des jeweils individuellen, kreativen Profils um den Gesamtwert einer Person kann mit Hilfe varianzanalytischer Verfahren ermittelt werden. Die Aufmerksamkeit gilt dabei:

- der Art und Weise, seine Ideen zu organisieren,
- dem Verständnis dessen, was „Effizienz" darstellt, und
- dem Umgang mit Regeln im Team.

Wenn Sie als Leser den KAI-Test machen oder hinsichtlich Ihres Kreativitätsprofiles beobachtet würden, mögen Sie sich irgendwo auf dem skizzierten Kreativitäts-Kontinuum wiederfinden und individuell ein eher homogenes oder heterogenes Profil aufweisen. Für Ihr Selbstbild hat das keine Konsequenzen. Sie „sind so, wie sie sind". Für ihre Umwelt kann es jedoch überraschend wirken, wenn Sie gegenüber Ihrem Gesamtwert – und damit dem Gesamteindruck, den Sie hinterlassen – starke Unterschiede in Ihrem Profil aufweisen. Das hat damit zu tun, dass die Merkmale der Kreativität nicht in jeder Situation gleichmäßig im Erscheinung treten, sondern gewisse Merkmale in bestimmten Situationen eher gefordert sind als andere. Nehmen wir als Beispiel an, Ihr persönlicher Gesamtwert liegt in der Mitte des Kontinuums. Auf den ersten Blick tendieren Sie – zieht man die Gesamtbevölkerung als Bezugsgruppe heran – zum „Bridger" und haben von beiden Seiten „etwas". Die differenzierte Analyse Ihres Kreativitäts-

Profiles mag aber zu Tage fördern, dass Sie etwa bei der Ideenführung mehr als man es auf Grund Ihres Gesamtwertes erwarten würde, zum innovativen Stil neigen, während sie sich, sagen wir bei der Effizienz, stärker als erwartet am adaptiven Stil orientieren.

Derartige Besonderheiten in Ihrem Kreativitätsprofil zu reflektieren ist nicht nur für Sie nützlich, sondern ebenso für die Entwicklung Ihres Teams. Denn diese Überlegungen lassen eine Menge Konfliktpotenzial schon im Vorfeld der Zusammenarbeit erkennen und entschärfen: Angenommen, Sie arbeiten mit jemandem zunächst konzeptionell zusammen. Dann steht Ihr Stil der Ideenführung im Vordergrund. Wenn Sie hier stärker als erwartet einen innovativen Stil zeigen, mag jemand sich darauf einstellen (vor allem, wenn Ihr Partner selbst ein „Innovator" sein sollte und Ihre Ideenführung seinem bevorzugten Stil entgegenkommt).

Geht es im nächsten Schritt jedoch um die Umsetzung dieser Ideen, wird bei Ihnen und Ihren Kollegen Ihr Effizienz-Verständnis in den Vordergrund treten. Wenn Sie in dieser Situation nun „plötzlich" viel adaptiver als erwartet vorgehen, mag Ihr Partner überrascht reagieren und sich an Ihr heterogenes Profil erst wieder „gewöhnen" müssen. Seine erste Erfahrung mit Ihnen, die er in der Phase der konzeptionellen Zusammenarbeit gemacht hat, hält nicht länger vor. Nun kommt es auf die Selbst-Führung von Ihnen beiden, sowie auf die Gesamtführung im Projektteam an, ob dieses Spannungsfeld konstruktiv genutzt wird oder Irritationen verursacht.

Welche Art der „Ideenführung" bevorzugen Sie?

Bei diesem Kriterium steht der mentale Umgang mit neuen Ideen, Konzepten, gedanklichen Lösungsprozessen im Mittelpunkt.

Grundsätzlich ist zu sagen, dass Personen, die zu einem adaptiven Stil neigen, sich bevorzugt auf wenige Ideen oder definierte, allgemein akzeptierte Konzepte konzentrieren und sie mit Konsequenz verfolgen. Das bedeutet nicht, dass sie nur wenige Ideen erzeugen können. Im Bedarfsfall vermögen sie ebenso wie Innovatoren eine Fülle von Ideen zu generieren. Aber lieber ist es ihnen, wenn sie sich auf einige wenige Ideen beschränken und diese zielgerichtet verfolgen können. Für sie ist es auf Dauer schwierig, bisweilen sogar lästig, bei der Lösung eines Problems mit immer neuen Ideen konfrontiert zu werden, diese integrieren zu müssen, oder nach „Problemen hinter den Problemen" zu suchen. Sie öffnen von Beginn an einen bestimmten Bezugsrahmen, um eine Problematik gezielt und geradlinig anzupacken. Darauf fokussieren sie ihre Gedanken. Das erklärt ihre hohe Effizienz bei der Umsetzung. Wenn es sich um den richtigen Problemlösensansatz handelt, ist dieses Vorgehen extrem hilfreich. Ansonsten steigt das Risiko, sich zu schnell auf eine „falsche" Idee einzulassen und die verkehrten Maßnahmen perfekt zu implementieren.

Sollten Sie nun, um im Beispiel zu bleiben, in dieser Hinsicht mehr zum innovativen Stil neigen, ziehen Sie es vermutlich vor, zunächst viele Ideen zur Lösung eines Problems zu erzeugen. Es fällt Ihnen auch nicht schwer, ebenso viele Ideen wieder zu verwerfen und weitere neue Ideen an deren Stelle zu setzen. Innovatoren „kennen sich" und wissen, dass ihnen der Nachschub an neuen Ideen nicht ausgehen wird. Je innovativer, umso mehr neigen sie dazu, etablierte Bezugsrahmen zu verlassen und in neuen, oft unvermuteten Bezugsrahmen zu Lösungsvorschlägen zu kommen. Die mögen von außen betrachtet ebenso oft verblüffend wie skurril erscheinen.

Das Beispiel von zwei Bauingenieuren mag dies illustrieren. Nachdem sich bei der Montage einer 100-Millionen-Dollar-Brücke herausgestellt hatte, dass der vorbereitete Überbau zwischen zwei Pfeilern zu kurz geraten war, sollten sich diese Experten Gedanken über optimale Lösungsmöglichkeiten machen. Was genau zu tun war, blieb zunächst unklar. Es stand lediglich fest, dass an einen Abriss und Neubau aus Kostengründen nicht zu denken war. Einer der beiden Ingenieure vertiefte sich in die Fachliteratur und suchte dort nach Präzedenz-Fällen. Er holte sogar die Unterlagen aus seiner Studentenzeit hervor, um mit Hilfe des damals Gelernten auf brauchbare Lösungsvorschläge zu kommen, und wandte sich auch an befreundete Kollegen vom Fach. Er schöpfte aus einem breiten, doch fachlich definierten Bezugsrahmen – Merkmal für ein adaptives Vorgehen. Die Fachliteratur hätte, wie aus seiner Arbeit ersichtlich wurde, tatsächlich einen unter vernünftigen Bedingungen machbaren Vorschlag geliefert.

Der andere Experte sprach in der Zwischenzeit ebenfalls mit einigen Kollegen vom Fach, aber deren Ratschläge halfen ihm nicht weiter. Ein Dokumentarfilm über exotische Vögel in den Tropenwäldern regte ihn an, sich mit der Ornithologie auseinanderzusetzen, um zu sehen, ob der Nestbau von Vögeln ein gelungenes Beispiel zur Lösung des Brückenproblems beitragen könnte. Tatsächlich wurde er fündig, und zwar in Kombination mit einer Idee, die im antiken Rom beim Bau von Viadukten angewandt wurde. Daran erinnerte er sich dunkel und setzte sich nochmals mit seinem alten Latein-Lehrer in Verbindung. Dem adaptiven Kollegen schien dieses Vorgehen in die Praxis umzusetzen zunächst etwas „eigenwillig" und angesichts des Zeit- und Kostendrucks auch waghalsig zu sein, doch war die Idee am Ende verblüffend gut und einfach zu implementieren.

Als „sonderbar" wahrgenommen zu werden, schränkt Innovatoren nicht ein, weil sie ein Problem nicht nur aus der Sicht betrachten, die allgemein akzeptiert ist und für Adaptoren die Grundlage des Lösungsprozesses bilden würde. Vielmehr suchen sie oft nach dem Problem, das „hinter dem Problem steckt" (auch wenn sie das nicht immer mit Absicht tun), um eine Lösung zu erreichen. Wenn ein Problem nicht richtig erkannt oder falsch oder unzureichend beschrieben wurde, liegt in diesem Vorgehen die große Chance, dennoch exzellente Lösungen dafür zu entwickeln. Ansonsten, wenn die Aufgabenbeschreibung das zu Grunde liegende Problem und die nötigen Schritte bereits korrekt darstellt, würde das Vorgehen des Innovators die effiziente Implementierung von Projektzielen eher torpedieren, als ihr nützlich zu sein.

Was verstehen Sie unter „Effizienz"?

Die Phase der Umsetzung bringt gegenüber der konzeptionellen Arbeit veränderte situative Bedingungen mit sich. Nun steht das *Verständnis effizienten Arbeitens* im Mittelpunkt. Personen, die hier zu einem adaptiven Stil neigen, legen großen Wert darauf, dass nicht nur der grobe Rahmen, sondern insbesondere auch die Details stimmen. Sie fühlen sich in der Projektarbeit nicht wohl, solange die Details nicht hinreichend geklärt sind. Das hilft bei linearen Projekten, aber auch bei meilenstein-orientierten Projekten, wenn es „im Detail" darum geht, Kriterien für die Überprüfung von Meilensteinen zu definieren oder Mini-Max-Strategien (das heißt die Minimal- und Maximal-Ziele einer Lösungsstrategie) festzulegen.

Die Kombination von Merkmalen, die ich Ihnen mit dem oben genannten Beispiel unterstellt habe, klingt auf den ersten Blick vielleicht ganz toll. Sie sagt aus, dass Sie viele Ideen haben, hochinnovativ und bei der Umsetzung dann genau, sorgfältig, detailorientiert sind. Wer will mehr? Doch das Coaching der Kreativität muss noch eine Stufe weiter gehen und auf Risiken schauen, sowie auf die „Passung Ihres Profils im Team" achten: Auf Grund Ihrer Neigung, die Effizienz eher adaptiv voranzutreiben, kann es Ihnen passieren, dass Sie die Fülle Ihrer Ideen nicht selektieren, sondern in ihrer Vielfalt aufgreifen und dennoch in allen Einzelheiten durcharbeiten und prüfen wollen. Ihr Risiko ist dann, sich im Detail zu verzetteln. Denn gerade wenn Sie – ganz der Innovator – viele Ideen verfolgen und sie zugleich – ganz der Adaptor – im Detail erfassen wollen, bedarf es einer guten persönlichen Leistungsbalance, um nicht zu viele Dinge zu genau umsetzen zu wollen und den Blick fürs Wesentliche darüber zu verlieren. Gelingt es aus Sicht der Projektführung, dass Sie trotz Ihrer Detailorientierung im Gesamtprojekt den Überblick behalten, dann werden sich die Ergebnisse in der erwarteten Form einstellen.

Zugleich werden Sie sich mit Personen arrangieren müssen, die „rundum" oder insbesondere bei der Effizienz zum innovativen Stil neigen. Denn diese haben ein anderes Verständnis von Effizienz als Sie – sie suchen wohl den großen Überblick zu behalten, aber Detailarbeit ist ihnen dabei eher lästig. Statt innerhalb eines Bezugssystems alle Facetten durchzuarbeiten, hat deren methodisches Vorgehen aus Ihrer (adaptiven) Sicht eher spielerischen Charakter. Sofern im Überblick alles stimmt, „passt es". Diese Denke wäre für Sie ein ideales Pendant, weil sie auf Teamebene Ihren Risiken entgegenwirkt. Doch dies verpflichtet Sie zu einer Doppelrolle. Den Überblick zu wahren gelingt den Innovatoren auf dieser Ebene ja gut. Das heißt für Sie, von diesen zu lernen. Allerdings werden die Innovatoren ihrerseits von all den „Kinderkrankheiten" und den „Teufeln, die im Detail" stecken, eingeholt, weil sie sich in Implementierungsphasen gerade zu wenig um Details kümmern. Das bedeutet für Sie, ihnen in dieser Phase entsprechende Unterstützung zukommen zu lassen. Sie sind auf Grund Ihres Profils im Team mitverantwortlich, dass aus Sicht der Projektführung ein hinreichend hoher Detaillierungsgrad im Projektablauf eingefordert wird, statt ständig neue Ideen aus neuen Bezugssystemen nachzuschieben und dann wieder die Probleme zu lösen, die auf Grund der zuvor eingeschlagenen „Problemlösung" entstanden sind.

Welchen Wert legen Sie auf Regeln – oder darauf, sie in Frage zu stellen?

Schließlich geht es um die *Orientierung an Regeln und Integration im Team*, ein Aspekt, der bisher noch nicht erörtert wurde.

Personen, die in ihrem Teamverhalten zu einem adaptiven Stil neigen, erkennen schnell die Regeln des sozialen Systems, in das sie eingebunden sind. Sie durchschauen das vorliegende Bezugssystem und lassen sich auf Regeln bereitwillig ein, wenn diese die zielgerichtete Arbeit unterstützen. Wenn sie keine Regeln vorfinden, neigen sie dazu, selbst umgehend Regeln aufzustellen, um Ihre Arbeitsabläufe zu strukturieren. Dabei spielt es keine Rolle, wie diese Regeln im Einzelnen aussehen. Sind sie aber erst einmal etabliert, dann halten sich die Adaptoren in verlässlicher Weise daran – und erwarten das auch von anderen. Sie kreieren gern ein Bezugssystem von Regeln, das auch das „Miteinander regelt". Entgegen dem üblichen Klischee sind die Adaptoren meist die besseren Team-Player. Sie können sich leichter aufeinander einlassen und aufeinander verlassen, als dies bei Innovatoren zu beobachten ist. Bisweilen unterliegen sie aber dem Risiko, unbeweglich in ihrem Regelwerk zu verharren. Wenn neue Herausforderungen die etablierten Regelsysteme in Frage stellen, tun sich die Adaptoren schwer, davon Abstand zu nehmen.

Innovatoren erkennen ebenso wie Adaptoren Regeln an, aber sie folgen ihnen nicht mit der gleichen inneren Verbindlichkeit. Vielmehr tun sie sich leicht, etablierte Regeln über Bord zu werfen, wenn neue Herausforderungen dies nötig machen – oder wenn sie selbst dies für angebracht erachten. Das heißt, wenn neue Situationen oder veränderte Bezugssysteme die getroffenen Vereinbarungen als hinderlich erscheinen lassen, ändern Innovatoren die Regeln gern eigenständig ab, ohne den Änderungsbedarf erst abzustimmen. In den Augen von Adaptoren scheinen sie deshalb unzuverlässig, bisweilen sogar rüde zu agieren. Die Innovatoren tun sich allerdings schwer, diese Beurteilung selbst nachzuvollziehen. Für sie ist es „logisch", dass Regeln eine beschränkte Gültigkeit haben (nämlich innerhalb eines Bezugssystems) und notwendigerweise einen „flexiblen" Umgang erfordern, sobald sich Bezugssysteme ändern. Das erklärt den „bürokratischen" und „unflexiblen" Eindruck, den sie von Adaptoren gelegentlich gewinnen.

Die Balance der Teamarbeit: Grenzen überwinden, Nützliches konsolidieren

Die Stärke der Adaptoren liegt darin, einen reibungslosen Betriebsablauf zu gewährleisten. Dazu sind sie unentbehrlich und zeichnen sich dabei durch eine hohe Implementierungskompetenz aus. Es fällt ihnen weniger leicht, in Krisenzeiten ganz neue Wege aufzuzeigen und Möglichkeiten zu schaffen, um ihr Unternehmen – oder ihr Team – durch unbekannte Gewässer zu lotsen und aus der Krise zu führen. Dies trauen sie sich ohne größeres Unbehagen erst dann zu, wenn klar abgesteckte, systematisch durchstrukturierte und allseits abgestimmte Strategien den Weg vorgeben. Dann finden sie ein für sie neues, jedoch bereits etabliertes Bezugssystem vor und entfalten wieder ihre „adaptive Tüchtigkeit", sich in diesem Rahmen einzurichten und darin für ihre neuen Aufgaben gute Lösungen zu entwickeln. Allerdings neigen sie dazu, sich schon in den *Initiierungsphasen* von Projekten (oder Prozessen) auf bestimmte Vorgehensweisen zu fixieren und (innovative) Lernprozesse als Störung statt als Chance wahrzunehmen. Das verleitet sie leicht, wie schon geschildert, zum Risiko, die falschen Maßnahmen mit höchster Effizienz „durchzuziehen".

Wenn sich Adaptoren jedoch mit den Innovatoren verständigen, in den Anfangsphasen von Projekten deren – aus Ihrer Sicht „zu viele" – Ideen mitberücksichtigen, in einen soliden und strukturierten Bewertungsprozess integrieren und sich um dessen Umsetzung kümmern, führt dies zu einer hohen Erfolgswahrscheinlichkeit. Dazu gehört, dass sie mit unterschiedlichen gegenseitigen Wahrnehmungen zurechtkommen: Von anderen Adaptoren werden Adaptoren überwiegend als logisch, vernünftig, einschätzbar und zuverlässig angesehen. Das gestehen ihnen auch die Innovatoren zu, allerdings erscheinen sie diesen bisweilen als „unangenehm angepasst", festgefahren, manchmal intolerant, rigide und mit dem System „verheiratet".

Adaptoren empfinden die Innovatoren durchaus als interessant und inspirierend. Doch erscheinen sie ihnen auch chaotisch, unpraktisch und unzuverlässig zu sein, oft zu risikofreudig und gelegentlich das bewährte System bedrohend. Denn die Adaptoren neigen dazu, etablierte Systeme zunächst anzuerkennen und dann konsequent zu *verbessern*. Damit stabilisieren sie die Grenzen, die von Innovatoren angezweifelt werden. Innovatoren neigen zu „umgekehrten" Denkprozessen: Sie stellen erst die Grenzen etablierter Systeme in Frage, um dann Lösungsansätze von Beginn an entsprechend zu *verändern*. Darin liegt ein steter Konfliktherd und lähmt die Zusammenarbeit, wenn er bei der Gestaltung von Lösungen unbedacht bleibt, oder führt auf der Leistungsebene gerade mal zu Kompromissen auf kleinstem Nenner.

Statt sich mit einer Leistung auf kleinstem Nenner oder geringstem Niveau zufrieden zu geben, erlaubt dasselbe Spannungsfeld im Rahmen einer Kooperation, die maximale Leistung zu erzielen und sogar noch zu übertreffen:

Schafft es ein Team, diese unterschiedlichen, adaptiven und innovativen Qualitäten zu integrieren statt sich gegenseitig auszumanövrieren, wird es buchstäblich über sich selbst hinauswachsen. Denn die Grenzen, die sich in Konsolidierungsphasen immer wieder einstellen, bleiben durchdringbar, und zwar von innen nach außen. Das heißt, diese Entwicklung kann von „innen", vom Team selbst gesteuert werden.

Für diese Durchlässigkeit sorgen die Innovatoren, und entwickeln darin eine spürbare Leichtigkeit und Flexibilität, weil gerade diese Bewegungsfreiheit ihrem kreativen Stil entgegenkommt. Damit nun die lohnenswerten neuen Ideen, die durch die durchlässigen Grenzen hereinströmen, nicht durch die nächste Öffnung wieder hinauswehen, sondern evaluiert, implementiert und im Sinne der Unternehmensentwicklung konsolidiert werden, und das auf durchaus clevere Art – dafür sorgen die Adaptoren. Das zu leisten macht gerade ihnen Spaß, weil es ihrem kreativen Stil entspricht und „sichtbare Resultate" zeitigt.

Doch in diesem Geflecht müssen Innovatoren ebenso einen Lernprozess durchlaufen. Weil sie immer neue Ansätze nachschieben, behindert das oft die erfolgreiche Implementierung von Projekten. Deshalb müssen Innovatoren lernen, sich in *Implementierungsphasen* zurückzuhalten und die nötigen Schritte zur Umsetzung zu delegieren. Dabei bleibt auch ihnen eine Doppelrolle nicht erspart: Erneut ist zu bedenken, dass Adaptoren in den *Initiierungsphasen* dazu neigen, sich auf bestimmte Vorgehensweisen zu fixieren und (innovative) Lernprozesse von Beginn an als Störung statt als Chance wahrzunehmen und möglichst auszublenden. Hier ist die geduldige Unterstützung der Adaptoren seitens der Innovatoren gefragt, damit nicht vorschnell und mit größtem Nachdruck in falsche Maßnahmen „investiert" wird. Denn die „adaptive Tüchtigkeit" gewinnt um ein Vielfaches an Wert, wenn ihr Horizont durch eine „innovative Courage" immer wieder aufs Neue herausgefordert wird.

Wenn Innovatoren sich mit Adaptoren verständigen, deren Implementierungskompetenz berücksichtigen und in einen Bewertungsprozess integrieren, der auch vor etablierten Grenzen nicht Halt macht, fördert dies weiterhin die hohe Erfolgswahrscheinlichkeit dessen, was sie anpacken. Dazu ist es wiederum nötig, mit gegenseitigen Wahrnehmungen zurecht zu kommen: Von anderen Innovatoren werden Innovatoren ebenfalls als interessant, vielseitig und inspirierend erlebt. Das gestehen ihnen auch die Adaptoren zu. Jedoch „erschrecken" letztere leicht, weil Innovatoren in ihren Augen ab einem gewissen Punkt nur noch „Spinner" sind, die unnötige Risiken in Kauf nehmen, statt propere Autoritäten mit ins Kalkül zu ziehen, und damit das bewährte System ohne Not ins Wanken bringen.

„Bridger" – Vermittler zwischen gegensätzlichen Polen

Wenn solche Wahrnehmungsdifferenzen ins Destruktive, Unkooperative abdriften, bedarf es oft des „Bridgers", also des Vermittlers zwischen adaptiven und innovativen Gegenwelten. Seine Aufgabe ist, eine solche Kluft überbrücken zu helfen und die Wahrnehmung der einen in die der anderen zu transformieren. Das ist keine einfache Aufgabe, und in dieser Position können Vermittler leicht in eine Sandwich-Position geraten, oder – wenn sie sich in dieser Position nicht behaupten – sich „zwischen den Stühlen" wiederfinden. Dennoch, ihre Fähigkeit zum Brücken schlagen wird umso wichtiger, je konfliktreicher sich die Zusammenarbeit zwischen Adaptoren und Innovatoren gestaltet.

Deren Zusammenarbeit muss sich nicht konfliktreich anlassen, im Bedarfsfall sollten Bridger jedoch gezielt auf den Plan treten. Ihre Aufgabe liegt darin, die bevorzugten Kreativitäts- und Problemlösestile von Adaptoren und Innovatoren zu integrieren, oder zumindest die „Denke" der einen den anderen verständlich zu machen. Das ist keine leichte Herausforderung, denn die Stärken der Adaptoren und Innovatoren ergänzen sich, können aber auch viel gegenseitiges Unverständnis und mangelnde Akzeptanz nach sich ziehen. Ein Grund dafür liegt zum einen, wie schon erwähnt, in ihrer unterschiedlichen mentalen Disposition. Vertreter der so genannten systemischen Therapie und Organisationsentwicklung mögen hier das Argument aufwerfen, dass es sich um unterschiedliche „Konstruktionen der Wirklichkeit" handle. In der Tat könnte dieses Schlagwort als Erklärungsmodell dienen: Während Innovatoren allgemein akzeptierte Paradigmen gern in Frage stellen und zu *verändern* suchen, neigen Adaptoren dazu, die daran geknüpften, etablierten Systeme anzuerkennen und konsequent zu *verbessern*. Der andere Grund, der die Eskalation von Konflikten und wechselseitige Ablehnung begünstigt, liegt in der unterschiedlichen Wahrnehmung und Interpretation des Stressverhaltens. Die Bewältigungsstrategien des einen verstärken häufig den Stress und Ärger des anderen.

In diesem Spannungsfeld einen *kreativen Ausgleich zu finden* und beide Lösungsansätze konstruktiv zu verbinden, wird als die vorrangige Aufgabe der Bridger-Rolle angesehen.

Dabei ist zu beachten, dass nicht derjenige sich zum Bridger eignet, der im Verhältnis zur Gesamtbevölkerung einen mittleren Wert aufweist, sondern derjenige, der in Bezug zu seinem realen Team sich als Vermittler zwischen *dessen* jeweiligen extremen Werten wiederfindet.

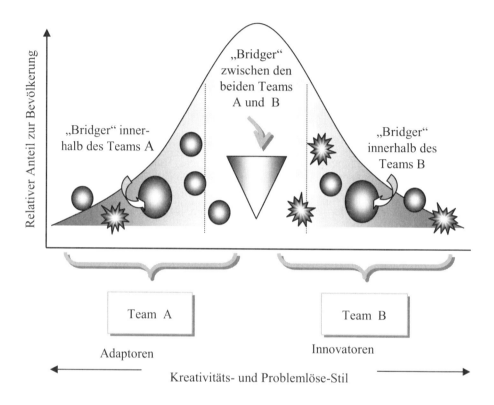

Abbildung 29: Identifizierung von „Bridgern" im Team

Das Team A ist von außen betrachtet, also im Verhältnis zur Gesamtbevölkerung, ein überwiegend adaptiv geprägtes Team. Doch aus der Innensicht dieses Teams weist es eine bemerkenswerte Spannweite zwischen den ausgeprägten Adaptoren (siehe linke Seite der Skala) und den Teammitgliedern auf, die im mittleren Bereich des kreativen Kontinuums liegen. Diese Spannweite kann in der Regel bereits dazu führen, dass innerhalb dieses Teams die Adaptoren am linken Rand des Team-Kontinuums ihre Kollegen am rechten Rand des Team-Kontinuums als ausgesprochene Innovatoren erleben – mit allen Konsequenzen, die oben diskutiert wurden. Sowohl in der Teamentwicklung als auch beim Team-Coaching wird dies zu berücksichtigen sein, denn die Spannweite dieses an sich adaptiven Teams ist groß genug, dass auf Grund der Wahrnehmungsdifferenzen (innerhalb des Teams) destruktive gegenseitige Einschätzungen auftreten und die Zusammenarbeit ernsthaft behindern können.

Sollte die Befähigung zur Selbst-Führung und zum Selbst-Coaching dieses Teams nicht ausreichen, um eine gedeihliche Zusammenarbeit zu implementieren und ein „Bridger" hilfreich erscheinen, dann sollte derjenige seiner „Bridger"-Verantwortung nachkommen, der zwischen den gegensätzlichen Vorstellungen und Problemlöse-Stilen innerhalb des Teams am besten vermitteln kann. Durch eine geeignete Verhaltensbeobachtung, besser noch mit Hilfe des KAI-Inventory lassen sich die gesamte Teamzusammensetzung und die in Frage kommenden Bridger leicht identifizieren. Letztere sollten neben ihrer fachlichen Aufgabe bewusst ihre Verantwortung wahrnehmen, die konstruktive Zusammenarbeit zwischen Adaptoren und Innovatoren innerhalb dieses Teams zu unterstützen. Fehlen solche Bridger im Team, ist dies eine Herausforderung für die Persoanlentwicklung und -auswahl, geeignete Mitarbeiter (über ihre aufgabenbezogenen Kompetenzen hinaus) gezielt nach diesem Kriterium auszuwählen. Keinesfalls würde sich in diesem Team dazu eine Person eignen, die im Hinblick auf die Gesamtbevölkerung dem Mittelwert entspricht. Denn sie würde innerhalb des Teams A zur innovativsten Person avancieren. Dies wäre wohl eine Bereicherung für dieses Team (das entgegen seinem adaptiven „Stallgeruch" in die innovative Richtung weiterentwickelt werden sollte), aber zur Befriedung der aktuellen Konfliktsituation wäre diese Auswahl nicht geeignet. Vielmehr eignet sich für das Team A derjenige am besten als Bridger, der den in etwa mittleren Wert innerhalb des Team-Kontinuums einnimmt.

Mit Innovatoren verhält es sich ähnlich. Obgleich ein insgesamt innovatives Team, werden diejenigen unter ihnen, die sich am rechten Rand des Kontinuums einstufen, ihre Kollegen am linken Rand des Team-Kontinuums mitunter als „hoffnungslose Bürokraten" sehen und ihnen jegliche Fantasie und Flexibilität absprechen. Diesem innovationslastigen Team würde die Ergänzung durch Adaptoren sicherlich gut tun, um seine Implementierungskompetenz zu stärken. Doch im akuten Konfliktfall bedarf es eines Bridgers, der im mittleren Bereich des Team B-Kontinuums liegt. Ihm wird es am ehesten gelingen, beiden Seiten Anerkennung abzuringen und Problemlöse-Stile transformieren zu können. Hingegen wäre für dieses Team ein „Bridger" im Sinne der oben dargestellten Häufigkeitsverteilung der Gesamtbevölkerung der „ärgste" Adaptor. Denn alle übrigen Teammitglieder bevorzugen einen innovativeren Stil als er. Im Konfliktfall würde er wohl das Feindbild aller auf sich ziehen.

Synergiepotenziale interpretieren lernen

Anders, wenn diese beiden Teams sich etwa im Rahmen einer Fusion, strategischen Allianz oder innerbetrieblichen Kooperation begegnen. Sie sind geradezu prädestiniert, „unüberbrückbare" Welten zwischen sich aufzuwerfen, selbst wenn sie in demselben

Stockwerk einer Firma nebeneinander arbeiten. Dann ist der Bridger zwischen diesen Teams gefragt.

Ihre Teamkulturen unterscheiden sich deutlich, sodass deren kreative Stile sich nicht nur auf individueller, sondern gleichermaßen auf Teamebene widerspiegeln. Das heißt, beide Teams werden an ähnliche Aufgaben auf beinahe konträre Weise herangehen. Außerdem legen sie voneinander abweichende Bewertungen über die Ergebnisse (*Stichwort: Effizienz*) und die optimalen Prozesse (*Stichworte: Team- und Ideenführung*) an. Darin liegt dann eine Menge an wechselseitigem Kritik- und Konflikt-Potenzial verborgen.

In der Tat ist dies eine der wichtigsten Ursachen, warum Fusionen von Betrieben mit unterschiedlichen Unternehmenskulturen so häufig scheitern. Wenn keiner der beiden gelernt hat, den jeweils anderen Stil erfolgreich zu integrieren, fällt es insbesondere den von ihren Unternehmenskulturen geprägten Führungsverantwortlichen schwer, mit der neuen Spannweite an Lösungspotenzialen zurechtzukommen. In der Praxis entspinnt sich daraus oft ein Machtkampf zwischen mehreren „Unternehmenskulturen", deren Vertreter ihren bevorzugten Stil jeweils möglichst beibehalten und damit ihre eigene Überforderung verdecken wollen. Hinter den Kulissen ist dies häufig der Ausdruck eines Vermeidungsverhaltens, um sich als „der Mächtigere" den nötigen Lern- und Veränderungsprozessen nicht unterwerfen zu müssen – und diesen Job auf die jeweils anderen abwälzen zu können (nach dem Motto: „*Die* müssen sich ändern..."). Statt also Problemlöse-Potenziale in ihrer gesamten Breite nutzen zu lernen und damit zu echten Synergiegewinnen zu kommen, wird der Begriff „Synergie" auf ein betriebswirtschaftliches Verständnis reduziert, nämlich Personalkosten zu sparen und funktionale Abläufe schlanker zu gestalten. Wenn sich aber eine Partei einseitig durchsetzt, nur um ihren bevorzugten, vertrauten und liebgewordenen Stil zu pflegen, verschwinden diese Gewinne wieder, weil Synergien im Sinne intelligenter Lösungen ausgebremst statt gefördert werden. Die Befähigung, unterschiedliche Kreativitäts- und Problemlöse zu integrieren ist im Umfeld von Fusionen und strategischen Allianzen deshalb der beste Garant, die erhofften Synergie- und Wertschöpfungszuwächse tatsächlich realisieren zu können. Wird dies nicht geleistet, führt das oft zu jenen unergiebigen Kooperationen, die für die meisten Beteiligten enttäuschend ausgehen und ohne zufriedenstellende Ergebnisse wieder gelöst werden.

Von der Teamführung zur Selbstführung im Team

Fassen wir das Gesagte zusammen, zeigt sich folgende Faustregel: Je homogener ein Team zusammengesetzt ist, desto einfacher ist es zu führen, und umso leichter kann es sich selbst coachen. Doch sein Kreativitäts- und Problemlöseradius ist eingeengt. Das gilt unabhängig davon, ob es sich um ein Team aus lauter Adaptoren, Innovatoren oder Bridgern handelt.

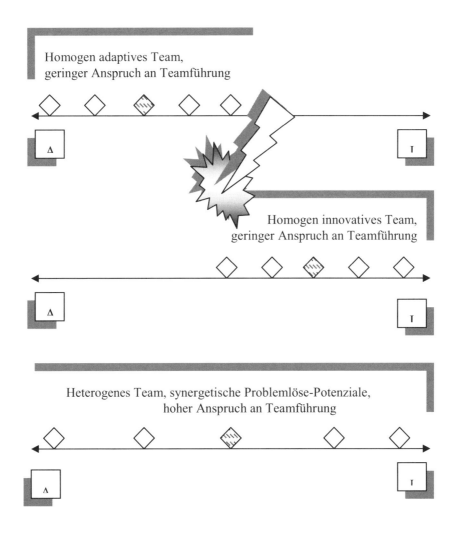

Abbildung 30: Lösungs-Potenziale von „homogenen" und „hererogenen" Teams

In Gegensatz dazu entwickelt ein heterogenes Team mit einer großen Spannweite zwischen Adaptoren und Innovatoren ein umfassendes Problemlöse-Potenzial. Jedoch stellt es weitaus höhere Ansprüche an die Teamführung sowie an sein Vermögen zum Selbst-Coaching.

Gelingt dies, dann können zwei heterogene Gruppen meist auch effektiver im Multi-Projekt-Management zusammenarbeiten, während sich „Adaptoren hier", „Innovatoren dort" in der Kooperation zwischen mehreren Teams noch schwerer tun.

Teams mit einem schwachen Niveau, egal welchen kreativen Stil sie aufweisen, werden diesem Zwiespalt kaum entkommen: Vergrößern sie ihr Problemlöse-Potenzial, sind sie hinsichtlich ihrer Führungskompetenzen überfordert. Pendeln sie sich auf ein für sie „machbares" Führungsniveau ein, werden sie den Herausforderungen einer modernen Unternehmensumwelt vielfach nicht mehr gerecht.

Strategie statt Clownerie ...

Betrachten wir dazu als Beispiel den technischen Dienstleistungsbereich eines Elektronikkonzerns. Dieser weist in seiner Geschäftsstruktur wie auch in seiner globalen Marktstruktur ungewöhnlich hohe Innovations- und Entwicklungspotenziale auf. Doch die bleiben allzu oft ungenutzt. De facto stagniert der Bereich, obwohl dort ungezählte Trainings, Workshops und Beratungen zu allen möglichen Themen initiiert wurden. Führungskräfte wie „Personaler" waren über Jahre hinweg zu Hunderten mit dem Ausprobieren und Beurteilen „neuer" Managementmethoden beschäftigt, um die „Fitness" des Unternehmens im globalen Markt zu stärken. Dieses Bildungsgebaren hat sicherlich das Elite-Wir-Gefühl gestärkt, doch zur nennenswerten Steigerung des Geschäftswertes nicht wesentlich beigetragen. Im Klartext: Das Unternehmen konnte seine Marktpräsenz um einige Prozentpunkte steigern, während der Weltmarkt in dem Sektor im gleichen Zeitraum um fast dreißig Prozent „explodierte".

- Kann es gelingen, binnen Jahresfrist den Auftragsbestand zu erhöhen *und* professioneller zu bedienen als bisher? (Daran haperte es in der Vergangenheit, weil schon beim alten Auftragsvolumen die Liefer-Performance nicht zufriedenstellend war).

- Ist es möglich, in der kurzen Zeit den Geschäftswert des Unternehmens an das rasante Marktwachstum anzugleichen oder es gar zu überflügeln (das wurde über Jahre gefordert, aber nicht verwirklicht)?

Mit Hilfe geeigneter Problemlöse-Strategien lautet die Antwort definitiv *Ja*. Bisher wurde in dem Unternehmen jedoch einiges unternommen, um den notwendigen Erfolg fast schon mit Absicht *nicht* zuzulassen: Dutzende von Führungskräften wurden rund um den Globus geflogen, um sich in Trainings unter anderem „Märchen für Erwachsene" und andere Geschichten von „Dream Teams" vorlesen zu lassen oder im Rahmen von so genannten „Persönlichkeitstests" darüber zu parlieren, ob man lieber in die Natur oder auf eine Party geht (so der Tenor der Fragen eines Tests), und wie folglich die Introvertierten mit den Extrovertierten „können".

Das zu tun, nimmt den Alltagsstress momentan weg und schafft ein wenig Spaß mit Hüttenzauber. Doch bei genauerem Hinsehen reicht es nicht einmal für ein dauerhaftes Incentive, weil dies den Druck der Führungsverantwortlichen im betrieblichen Alltag nicht mindert. Sie erhalten kein substanzielles Rüstzeug zur Lösung ihrer eigenen und der Probleme ihrer Kunden. Vielmehr fördert diese Trainingskultur die Klumpenrisiken, denn global vernetzte Lesestunden mit „Märchen für Erwachsene" müssen Unternehmen sich leisten können.

Was muss im Sinne eines straffen Value-Competence-Trainings geleistet werden, um die gesteckten Geschäftsziele verlässlich zu erreichen und die ersehnten Erfolge bald einzufahren?

Märchen sind schön. Aber sie ersetzen keine wirksamen Hebel, um Aufgaben bestmöglich zu lösen. Persönlichkeitstests sagen nichts über die Innovationsfähigkeit und den nötigen Lernbedarf aus. Die Frage, ob jemand als zurückgezogen oder redselig einzustufen ist, erklärt weder dessen kreatives Potenzial noch sein Niveau, die anstehenden Probleme auf intelligente Weise zu lösen. Und der feurige Appell an sich selbst, nunmehr ein „Tolles Team" zu sein, verleitet homogene Gruppen zur voreiligen Selbstzufriedenheit, statt deren Lösungspotenziale zu erweitern und ihre Teamführung zu qualifizieren.

Exakt daran gilt es anzusetzen.

„A-R-T" –
Die Kunst, homogene und heterogene Teams zu führen

Die lösungsorientierte Teamentwicklung umfasst drei aufeinanderfolgende Schritte, die mit dem Kürzel A-R-T zusammengefasst werden:

- **A**nalyse von Aufgaben und Lösungspotenzialen im Team,
- **R**eflexion der kreativen Stile von Führungskräften und Mitarbeitern, und
- **T**ransformation unterschiedlicher Leistungsprofile im Teamvergleich

Im Einzelnen schließt der A-R-T-Prozess folgende Arbeitsphasen mit ein:

(1) Zunächst ist zu analysieren, ob die Beziehungen von Aufgaben und projektbezogenen Teams jeweils stimmig sind, oder ob sie auf Brüche und Dissonanzen hinweisen:

- Fordert eine Aufgabe ein eher adaptives Vorgehen, das heißt die schnelle Umsetzung und Konzentration auf wenige, wesentliche Ideen?

- Oder verlangt eine Aufgabe ein eher innovatives Vorgehen, also das Erkunden neuer Chancen jenseits des bisher vertrauten Horizonts?

- Sind die Teams diesen Aufgaben gemäß zusammengesetzt oder gewichtet?

(2) Im zweiten Schritt ist zu reflektieren, wie das Verhältnis von Führungsverantwortlichen und Mitarbeitern gestaltet ist:

- Verstärken die Führungsverantwortlichen die eigene Teamkultur, weil sie deren bevorzugten Stil teilen? Das wirft Fragen zum Team-Assessment und zur Personalauswahl auf:

- Könnte es sein, dass die Führungsverantwortlichen sich lieber mit „Leuten ihres Schlages" umgeben, um sich das Leben im Team leicht zu machen, statt im Sinne ihrer Aufgaben ein möglichst umfassendes Problemlöse-Potenzial zu entwickeln?

- Wie gut können Führungsverantwortliche damit umgehen, selbst einen Gegenpol zu manchen ihrer Mitarbeiter zu bilden? Dass sie als adaptive Führungskräfte hilfreich sind, die Leistungen von Innovatoren umzusetzen – oder als innovative Führungskräfte die Adaptoren im Team bei der Bewertung vielseitiger Ideen unterstützen?

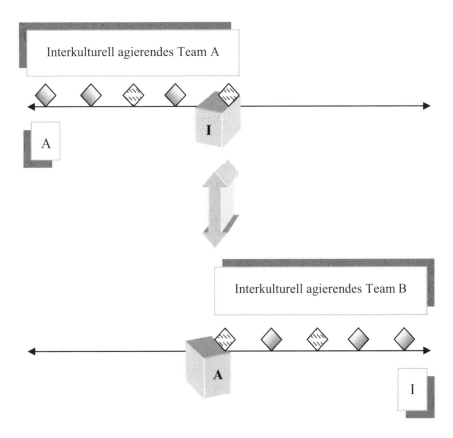

Abbildung 31: Teamarbeit provoziert subjektive Rollenvielfalt

(3) Diese Überlegungen sind auf die Arbeit innerhalb eines Teams zu transformieren und auch auf die Mitarbeit in mehreren Teams. Vor allem in Matrix- und Projektorganisationen sind die meisten Führungskräfte und Mitarbeiter in mehrere Projekte (oder Teilprojekte) involviert. Noch mehr ist dies bei der Zusammenarbeit in interkulturellen und

virtuellen Teams zu beobachten. Durch die Mitarbeit in verschiedenen Teams nimmt jeder Verantwortliche hinsichtlich seines Problemlöse-Potenzials *variable Rollen* ein, obgleich sein persönlicher *kreativer Stil stabil* bleibt. Die folgende Abbildung illustriert dies. Ein Mitarbeiter, der sich auf Grund seines persönlichen kreativen Stils als „der Innovator" im Team A erweist, mutiert durch den Team-Wechsel gleichsam „zum Adaptor" im Team B (auch wenn sich beide Teams in Wirklichkeit stärker überlappen als in der folgenden Skizze illustriert). Das hat Konsequenzen – sowohl für seine Selbstwahrnehmung sowie für dessen Führung und Einsatz im Team:

Die Qualität der Zusammenarbeit wird erheblich gesteigert, wenn diese nötige Flexibilität bewusst genutzt wird, statt nur ein zufälliges Puzzle-Teilchen im Teamkarussell zu bilden:

- ♦ Vermag sich jemand – obgleich sein persönlich bevorzugter kreativer Stil sich nicht grundlegend ändert – auf adaptive oder innovative Leistungsaspekte (je nach Team-Anforderung) flexibel einzustellen?

- ♦ Wissen die Führungskräfte das kreative Leistungsprofil ihrer Mitarbeiter adäquat zu bewerten und einzusetzen, wenn die Teams sich verändern oder neu formieren?

- ♦ Wie gut können die Teammitglieder mit dem schnellen Wechsel ihres Selbst- und Fremdbildes umgehen, um in einem Team als Adaptor, im anderen dann als Bridger oder Innovator angesehen und gebraucht zu werden?

- ♦ Sind verantwortliche Führungskräfte in der Lage, sich im Hinblick auf ihre eigene kreative Kompetenz auf wechselnde Anforderungen seitens verschiedener Teams einzustellen?

Wenn beispielsweise einige Ihrer Mitarbeiter einen adaptiven Stil bevorzugen, werden sie sich durch entsprechende Merkmale hinsichtlich ihrer Ideenführung, Effizienz und Regelorientierung auszeichnen. Dennoch wäre es unzutreffend, ihnen pauschal das Etikett „Adaptor" aufzudrücken. Wie beim Thema „Bridger" ausgeführt, kommt es auf das jeweilige Team und Arbeitsumfeld an, wie stark deren adaptive Kompetenzen tatsächlich zum Einsatz gebracht werden sollen – oder ob diese Mitarbeiter sich im Verhältnis zu anderen Teamverantwortlichen sogar als relativ innovativ erweisen (etwa im Vergleich zu Ihnen, falls Sie als Führungskraft noch deutlich „adaptiver" agieren als diese). Im umgekehrten Sinne gilt das gleiche für die Innovatoren: Sollten einige Ihrer Mitarbeiter diesen kreativen Stil bevorzugen, sollten sie nicht ein für allemal als solche gehandelt werden. Falls Sie sich als deren Chef am „innovativsten" erweisen, sind Ihre Mitarbeiter im Verhältnis zu Ihnen die adaptiveren und wären dann gehalten, in der Kooperation ihre relative Implementierungsstärke zur Geltung zu bringen.

Es ist nicht immer möglich, Teams nach solchen Gesichtspunkten zusammenzustellen. In den meisten Fällen findet man Teams so vor, wie sie sind – und muss mit deren Problemlöse-Potenzialen zurechtzukommen. Dann ist es vorteilhaft, im Sinne des A-R-T - Prozesses die jeweiligen Stärken und Schwächen ihres kreativen Stils zu reflektieren und fehlende Potenziale duch bessere Selbstführung oder gezieltes Creativity-Coaching auszugleichen.

Wie „Kreativität" Stress und Burn-out verursacht ...

Dazu gehört die Befähigung, wechselseitige Belastungen und Konfliktherde in der Teamentwicklung zu erkennen und zu entschärfen. Adaptoren geraten durch die Zusammenarbeit mit Innovatoren und deren andersartigen Problemlösestil gelegentlich unter Stress. Dann reagieren sie auf solche Stress-Situationen selbst ebenfalls auf eine andere Weise, als das die Innovatoren tun, wenn diese sich in der Zusammenarbeit mit Adaptoren und deren Problemlöse-Stil unverstanden oder genervt fühlen. Mit anderen Worten, führen variable kreative Stile zu unterschiedlichem Problemlöseverhalten und auch zu verschiedenen Belastungswahrnehmungen und Strategien der Stressbewältigung. Falls das Problemlöseverhalten von zwei (oder mehreren) Teams auseinanderklafft und nicht durch eine professionelle Team- oder Selbstführung aufgefangen werden kann, entsteht das Risiko einer beschleunigten Konflikteskalation:

Adaptoren neigen unter Druck dazu:

- in der Sache den Fokus noch enger zu ziehen, um aus ihrer Sicht „überflüssige" Ideen aus der Arbeit auszuklammern und sich subjektiv unnötigen Ballastes zu entledigen,
- sich noch stärker als bisher zu vergewissern, ob im Detail alles stimmt, um auf diese Weise „auf der sicheren Seite" zu stehen und dadurch entspannter zu werden, und
- auf vereinbarte Regeln nicht nur zu pochen, sondern darüber hinaus auch für den Umgang mit dem akuten Konfliktfall Regeln aufzustellen und deren Beachtung zu fordern.

Innovatoren fällt es schwer, dem ohne weiteres nachzukommen. Wenn sie unter vermehrten Druck und Stress geraten, dann:

- weichen sie dem Bezugssystem aus, in dem sie den Konfliktherd vermuten, und wechseln umso schneller in andere Bezugssysteme, um sich subjektiv zu entlasten,
- bemühen sie noch mehr den Überblick und ignorieren aus ihrer Sicht „lästige" Details, um dem Geschehen aus ihrer „Gesamtschau" etwas „Positives" abgewinnen zu können, und
- stellen sie etablierte Regeln umso leichter in Frage, um deren „Zwang" zu entkommen, und ersetzen diese gern durch (aus ihrer Sicht) „sinnvollere" – oder gar keine festgeschriebenen Regeln, um im Umgang mit dem akuten Konflikt möglichst flexibel agieren zu können.

Mobbing – wenn Kreativität hilflos macht

Je mehr nun beide Seiten auf ihren jeweiligen Strategien zur Stressbewältigung beharren, umso dramatischer eskaliert der Konflikt in den Augen aller Betroffenen. Jeder ernstgemeinte Lösungsversuch der einen Partei verschärft die Problematik aus der Sicht der anderen. Damit werden Lösungen selbst zum Problem – der Eskalationszyklus heizt sich spiralförmig auf.

In dem Moment, in dem eine Seite resigniert und dem skizzierten Kreislauf zu entgehen sucht, ist der Konflikt nicht gelöst, sondern verschiebt sich oftmals von der sachlichen auf die personale Ebene. Das ist der Kippmoment, der zur Entlastung durch Mobbing führt. Die Resignation ist ein erstes Indiz dafür, dass der Umgang mit der „Kreativität der anderen" Hilflosigkeit im eigenen Handeln verursacht und subjektive Frustrationen fördert. Im Sinne der Frustrations-Aggressions-Spirale ist es dann nur eine Frage der Zeit, bis die in der Sache erlebte Hilflosigkeit in eine nach außen oder innen gerichtete Aggression umschlägt. Geht sie nach innen, sind persönliche Schuldgefühle, Selbstanklagen und innere Kündigungen die Folge. Geht die Aggression nach außen, werden die „Verursacher" der erlebten, eigenen Hilflosigkeit zur personifizierten Zielscheibe.

Falls diese Verursacher selbst zu stark erscheinen und der persönliche Mut für eine Auseinandersetzung mit ihnen nicht reicht, werden deren schwächste Vertreter zu auserkorenen Prügelknaben. Ihre Rolle gleicht der von einfachen Gassenjungen im Mittelalter, die für die Schandtaten eines unantastbaren Prinzen herhalten mussten und als „Prügelknaben" Schläge bezogen, in der Hoffnung, dass der Prinz – der zusehen musste – Mitleid zeige und sich künftig „besser" verhalte. So entlastet das Mobbing für kurze Zeit einige Leute – die angesichts ihrer eigenen Hilflosigkeit Zornigen und die „Prinzen", die sich aus der Affäre ziehen können.

Das Mobbing der vermeintlichen Gegner wird zum Ventil, sich aus der eigenen, erlebten Hilflosigkeit herauszuwinden und sich nicht eingestehen zu müssen, vom Management komplexer Systeme und ihren breit angelegten Problemlöse-Potenzialen überfordert zu sein. Das wechselseitige Mobbing verschiedener Parteien, zum Beispiel verschiedener Teams in einem Unternehmen, ist meist der Ausdruck eines inkompetenten Kreativitätsmanagements und die Folge unzureichender Fähigkeiten in der Team- und Selbstführung.

Wie gelingt es, solchen Negativ-Spiralen vorzubeugen und dem „zirkulären Mobbing" (das kreislaufartig eskaliert) wirksam zu begegnen?

Als präventive Maßnahme zum Mobbing dient zum einen, wie in den vorangegangenen Kapiteln schon beschrieben, ein wirksames Effektoren-Management. Es erhöht die Effektivität und Effizienz des eigenen Handelns sowie der Arbeit im Team. Das wiederum fördert die Sinnhaftigkeit und Motivation – ebenso die engagierte Gelassenheit, die damit einhergeht. Zum anderen ist der A-R-T-Prozess hilfreich, um ein professionelles Kreativitätsmanagement zu fördern und so der Neigung zum Mobbing vorzubeugen. Schließlich stellt auch das so genannte Coping-Verhalten ein brauchbares Vorgehen dar, um das gegenseitige Mobbing einzuschränken und stattdessen die Leistungsfähigkeit im Team durch eine konstruktive Kooperation zu aktivieren.

Coping-Strategien – ein Teil der Lösung oder des Problems?

Coping-Verhalten bezeichnet die Fähigkeit, sich entgegen seinem bevorzugten Stil zu verhalten. Konkret bedeutet das, als Adaptor zu lernen, die aktuellen Aufgaben oder Herausforderungen wie ein Innovator anzugehen, also viele Ideen zuzulassen, des besseren Überblicks zuliebe zunächst von Details zu abstrahieren, sowie von vereinbarten Regeln loszulassen – selbst wenn dies zunächst nur im Kopf logisch erscheint, dem Herzen und Verhalten nach aber schwer fällt. Solches Vorgehen mag nötig werden, wenn bisher bewährte Bezugssysteme ausgereizt sind, um für die Zukunft exzellente Lösungen zu entwickeln, relevante Rahmenbedingungen sich drastisch verändern – oder um gereizten Innovatoren entgegenzukommen.

Für Innovatoren gilt es zu lernen, die aktuellen Aufgaben und Herausforderungen bisweilen wie ein Adaptor anzupacken, sich also auf die konzentrierte Umsetzung von wenigen zentralen Ideen einzulassen, sie bis ins Detail durchzustrukturieren und sich an vereinbarte Regeln mit hoher Verlässlichkeit gebunden zu fühlen – auch wenn ihnen dies nur als vordergründig plausibel, aber nicht umfassend erscheint. Dieses Vorgehen unterstützt vor allem das „Münchhausen-Prinzip", sich in akuten Krisen schnell und eigeninitiativ aus der Misere zu ziehen. Außerdem hilft es, den Ärger des Adaptors ob des „innovativen Chaos" zu befrieden.

„Bridger" schließlich haben zu lernen, ihr Bedürfnis zur „Mitte" zeitweilig zu überwinden. Wenn sie lernen, ihr Talent zum Ausgleich durch pointierte Standpunkte zu ergänzen und im Sinne der Aufgabe Partei zu ergreifen (statt alle kreativen Stile nur zu moderieren), werden sie umso profilierter wahrgenommen. Ihre Mediatoren-Rolle müssen sie deshalb nicht aufgeben. Aber statt den Eindruck zu vermitteln, dass sie „weder Fisch, noch Fleisch" seien, wird ihr ausgleichendes Engagement vom Umfeld stärker akzeptiert und honoriert. Dieses Coping-Verhalten hilft, um eskalierende Konflikte in den Griff zu bekommen und involvierte Teams wieder integrieren zu können.

Wenn die Innovatoren lernen, auf Adaptoren einzugehen und etwa Regeln definieren und respektieren, wird deren adaptives Bedürfnis nach mehr Verlässlichkeit gestillt – ein wichtiges Thema, um letztere Gruppe zu „entstressen". Die Dominanz, die Adaptoren auf diese Weise per Regelung über die Innovatoren bekommen, verhilft ihnen selbst zu mehr Konzilianz und Bereitschaft, ihren rigiden Anspruch zu entschärfen. Gleichermaßen tragen Adaptoren durch ihr Coping-Verhalten zur Entspannung der Situation bei. „Loslassen können" lautet die Überschrift, die über deren Bemühen steht und von den Innovatoren als Wertschätzung ihrer Beweglichkeit wahrgenommen wird. Deren Nachsicht mildert das Bestreben der Innovatoren ab, dem „adaptiven Regeldruck" auszubüchsen und in andere Bezugssysteme zu flüchten.

Gelingt es, solches Coping-Verhalten wechselseitig zu aktivieren, mindert das nicht bloß die Konfliktbelastungen, sondern erhöht auch das kreative *Niveau* aller Beteiligten. Denn etwas zu lernen, das dem bevorzugten persönlichen Stil nicht entspricht, setzt diesen ja nicht außer Kraft, sondern bereichert ihn durch zusätzlich erworbene Kompetenzen. Dies hat mit der Bildung von Kompromissen nichts zu tun, weil heterogene Problemlöse-Potenziale erhalten bleiben und nicht auf einen gemeinsamen Nenner eingeschränkt oder zusammengeschrumpft werden. Allerdings werden sie für eine Weile – das ist ein Entwicklungsaspekt des Kreativitätsmanagements – von den jeweils „verkehrten" Gruppen eingefordert und umgesetzt. Die sind auf diese Weise gehalten, ihre bevorzugten Stile zu reflektieren, auch zu überwinden und durch ein erweitertes Repertoire ergänzen zu lernen.

„Burn-out": Gradmesser für Führungskompetenz

Coping-Verhalten ist im Sinn des Stressmanagements angebracht, um Konflikte deeskalieren und akute Krisensituationen bewältigen zu können. Außerdem sollte es eingefordert werden, wenn konkrete Aufgaben oder Situationen dies erfordern: Krisen-Management im Sinne des Münchhausen-Prinzips verlangt ein klares adaptives Vorgehen, ob dieses Vorgehen dem bevorzugten Stil der beteiligten Mitarbeiter (oder Teams) nun entspricht oder nicht. Sind hingegen altgediente Bezugssysteme ausgereizt, weist die Krise einen anderen Entwicklungsbedarf auf: Die nachhaltige Transformation des alten Zustands in einen neuen ist Grund genug für couragierte innovative Schritte. Ob beteiligte Personen und Teams diesen Ansatz bevorzugen oder nicht, spielt eine nachgeordnete Rolle. An keinem Merkmal lässt sich die Führungsqualität in einem Team – oder Unternehmen – besser beobachten als am Einsatz von Coping-Strategien. Dazu ist es nötig, die Dynamik des Coping-Verhaltens zu beleuchten:

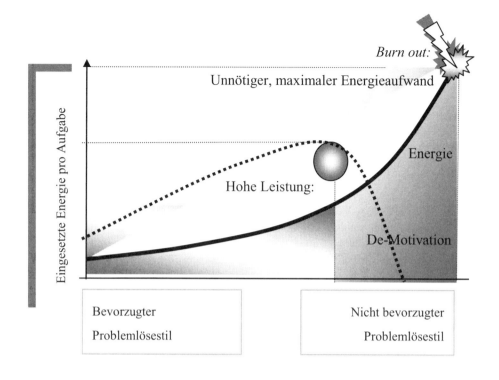

Abbildung 32: Coping-Verhalten zwischen exzellenter Leistung und Burn-out

Die Coping-Energie (E_c) lässt sich nach Kirton als ein Produkt der Intensität (ΔI) und der Dauer (Δt) des Coping-Verhaltens beschreiben: $E_c = \Delta I \times \Delta t$

Dieser simple Zusammenhang, der in der dargestellten Formel zum Ausdruck gebracht wird, hat für die Praxis und Qualität des Führungsverhaltens schier unglaubliche Konsequenzen: Solange jemand anstehende Aufgaben und Herausforderungen seinem bevorzugten Stil nach erledigen kann, benötigt er dafür relativ wenig energetischen Aufwand. Wenn eine Aufgabe, Situation (oder gezielte Ausbildungsphase, etwa bei Entwicklungen im Verlauf des Value-Competence-Trainings) es verlangen, sich mit bestimmten Herausforderungen für eine Weile *entgegen* seinem bevorzugten Stil auseinanderzusetzen, bedarf dies eines größeren energetischen Aufwands. Dann steigt die Motivation zunächst an, weil es spannend ist zu entdecken, dass Aufgaben auf eine Weise gut erledigt werden können, die man bisher gar nicht geschätzt hat. Außerdem bereichert diese Erfahrung die eigene Kompetenz und schärft den Blick für die Leistungsfähigkeit des jeweils „anderen" kreativen Stils.

Wenn eine Führungskraft jedoch von ihren Mitarbeitern fordert, dass sie über lange Zeit und auf intensive Weise ($\Delta I \times \Delta t$) ihre Aufgaben *entgegen* ihrem bevorzugten Stil erledigen, steigt deren energetischer Aufwand (E_c) steil an. Zugleich schlägt ihre Motivation in Demotivation um. Diese Kombination ist äußerst riskant, weil sie Personen, manchmal ganze Teams in den „Burn-out" treibt. Apathie, Unlust und der Zusammenbruch der Leistungsfähigkeit sind die Folge. Ähnliches passiert, wenn jemand *sich selbst zu lange und intensiv manipuliert*, indem er entgegen seinem bevorzugten Stil handelt, weil er im Sinne eines vermeintlichen Zieles (etwa aus falsch verstandenem Karriereanspruch) keine andere Möglichkeit sieht – oder um jeden Preis zu gefallen versucht. Burn-out ist ein klares Symptom für unzureichende Führungskompetenzen. Weder auf der Ebene der Teamführung, noch der Selbstführung wird die erforderliche Qualifikation zu finden sein, um den Anforderungen des Kreativitätsmanagements gerecht zu werden. Stattdessen zeigt sich meist Folgendes Bild:

Schwache Führungskräfte – oder Teams mit schwacher Kompetenz zur Selbstführung – sind daran zu erkennen, dass sie in Phasen, in denen normale und routinemäßige Geschäftsabläufe zu bedienen sind, von ihren Mitarbeitern ein hohes Maß an Coping-Verhalten einfordern. Bei Vorgesetzten ist das häufig der Fall, wenn sie selbst einen bestimmten (adaptiven oder innovativen) Stil bevorzugen und es nicht ertragen können (oder nicht damit umzugehen wissen), wenn ihre Mitarbeiter die Arbeit ebenso gut auf eine andere Weise erledigen können. Auch bei autonom arbeitenden Teams ist dieses Phänomen zu beobachten, wenn sie eine „harte", homogene Teamkultur haben, die „kreativen Ausreißern" gegenüber intolerant auftritt. Kommt es dann doch zu Krisensituationen, sind die zusätzlichen energetischen Reserven, die im Coping-Verhalten normalerweise stecken, längst aufgebraucht. Burn-out-Symptome treten vermehrt auf, während die Lösung der Krisensituation unverhältnismäßig lange auf sich warten lässt. Leistungsdefizite gehen dann ausgerechnet in dieser Phase mit minimalem Arbeitseinsatz, echten oder inneren Kündigungen und erhöhten Fluktuationsraten einher.

Das Trainings- und Entwicklungsziel des Kreativitätsmanagements weist in die gegenläufige Richtung:

Merkmale professioneller Team- und Selbstführung sind, Mitarbeiter ihren bevorzugten Stilen entsprechend einzusetzen und arbeiten zu lassen, solange die Geschäftsabläufe routinemäßig zu erledigen sind. Das breite, heterogene Problemlöse-Potenzial dient zur gegenseitigen, gezielten Unterstützung der Mitarbeiter. In Krisenphasen wissen die Führungsverantwortlichen das Coping-Verhalten ihrer Mitarbeiter zu fordern und können damit erhebliche, zusätzliche Leistungsreserven mobilisieren. Krisenphasen werden zügig bewältigt. Sind sie überwunden, können Mitarbeiter wieder ihren bevorzugten Stilen entsprechend arbeiten.

Change Management um jeden Preis?
Risiken des Wandels und die Folgen

Der geschilderte Zusammenhang zwischen Führung, Kreativität und Leistungsvermögen macht sich nicht nur im persönlichen Einsatz der Mitarbeiter und der Qualifikation von Teams bemerkbar. Er beeinflusst auch die Qualität und den Erfolg des Change Managements.

Nicht alle Change-Management-Prozesse verlaufen zufriedenstellend. Manche Projekte zum unternehmerischen Wandel scheitern in den Vorbereitungsphasen, die Mehrzahl wird jedoch durchgezogen und führt dann großteils nicht zu den erhofften Ergebnissen. Ähnliches gilt für Fusionen und strategische Allianzen, deren kurzfristige Erfolgsrate mit etwa fünfzig Prozent, längerfristig mit noch geringerer Erfolgsrate geschätzt wird. Diese Zahlen schwappen von Zeit zu Zeit ins öffentliche Bewusstsein, wenn spektakuläre Zusammenschlüsse von Unternehmen scheitern. Meist werden solch unglückliche Verbindungen jedoch eine Zeit lang gehalten, um für einen etwaigen Weiterverkauf den Geschäftswert zu frisieren, während die Zusammenarbeit im Inneren bereits zu wünschen übrig lässt und wichtige Wertschöpfungspotenziale vernichtet: „Drinnen" werden die Stakeholder gestresst und überlastet, „draußen" die Shareholder enttäuscht und um ihre möglichen Gewinne gebracht. Solche Entwicklungen sind als „Low-level" einzustufen, und die Kunden werden zur Kasse gebeten, um sie mitzufinanzieren.

Was hat dies mit Kreativitätsmanagement zu tun, mögen Sie fragen? Nun, betrachten wir den Faktor Zeit und dessen Beziehung zu Veränderungs- wie Konsolidierungsprozessen: Solange alles im Lot ist, ein Unternehmen sich auf etablierte Kerngeschäfte konzentriert und die Lebenszyklen wichtiger Unternehmensbereiche sich in einer langsamen Wachstums- oder stabilen Haltephase befinden, bieten adaptive Unternehmenskulturen klare Vorteile: Durch ihre hohe Implementierungsstärke werden routinemäßige Geschäftsziele souverän umgesetzt und, wenn möglich, kontinuierlich verbessert. Die ausgeprägte Detailorientierung beugt unnötigen Fehlern vor, reibungslose Abläufe werden durch geeignete Regelsysteme weiter optimiert. Solche Phasen begünstigen die Adaptoren, die dann überwiegend das Sagen haben und geschäftliche Abläufe bestimmen.

Wenn nun Prozesse des Wandels anstehen, weil Märkte, Konkurrenten, Rahmenbedingungen oder Paradigmen sich grundlegend ändern, wird das „business as usual" nicht mehr weit führen. Dies ist meist die Stunde der Innovatoren, die sich auf neue Paradigmen leicht umstellen und das Geschäftsgebaren entsprechend zu transformieren wissen.

Wie erfolgreich dieser Veränderungsprozess ist, hängt jetzt davon ab, ob die Verantwortlichen gelernt haben, unterschiedliche kreative Stile zu integrieren. Falls ihre Kompetenzen für ein professionelles Kreativitätsmanagement unzulänglich bleiben, gerät das Change Management bald in die Sackgasse. Stattdessen entwickeln sich zwei Risikoherde, die isoliert oder – schlimmer noch – kombiniert auftreten können.

Risikofaktor Eins: Witwe Boltes verzweifelte Hühner

Der erste Risikofaktor ist, dass mit dem Veränderungsprozess die Innovatoren an nachvollziehbarem Einfluss gewinnen, jedoch die Adaptoren weder von ihrer bevorzugten Haltung noch der damit verbundenen Machtfülle (die durch ihre Ideen- und Regelführung gefestigt ist) abrücken wollen. Nun suchen die einen die „Köpfe" der anderen auf die jeweils eigene Seite zu ziehen – mit dem fragwürdigen Ergebnis, dass sich wie beim Tauziehen beide Parteien unter höchster Kraftanstrengung und größtem Ressourceneinsatz nicht (oder nur sehr langsam) von der Stelle bewegen. Jeder kleine Bodengewinn der einen Seite führt nur zu noch größeren Gegenanstrengungen der anderen Seite. Eine Situation, die an Witwe Bolte (in Wilhelm Buschs „Max und Moritz") und deren Hühner erinnert. Die haben alle ein Stück Brot verschluckt und ziehen in verschiedene Richtungen. Weil aber die Brotstücke durch Schnüre verknüpft und in ihren Mägen verhakt sind, ziehen die Hühner verzweifelt und mit größter Energie, aber doch vergeblich. Als gackernde Gruppe blockieren sie sich gegenseitig und bewegen sich in ihrer Gesamtheit nicht von der Stelle.

Wenn die Verantwortlichen nicht lernen, das Kreativitätsmanagement zu optimieren und die Teamführung zu qualifizieren, wird das Change Management so zum Motor der Stagnation.

Risikofaktor Zwei: Die Genese der Mittelmäßigkeit

Stellen Sie sich vor, der Druck auf das Unternehmen wird so groß, dass das Change Management doch etwas bewegt, aber das Führungsniveau noch immer zu wünschen übrig lässt. Dann können Sie Folgendes beobachten: So wie vordem die Adaptoren mit den Initiativen der Innovatoren nichts anzufangen wussten, machen nun die Innovatoren aus ihrer Geringschätzung der Adaptoren kein Hehl. Wenn das Führungsniveau der Innovatoren nicht besser ist als das der Adaptoren, werden deren kreative Kompetenzen ebenso unberücksichtigt bleiben. Wer lässt sich diese Misere nun lange gefallen und wer nicht? Die ersten, die in dieser Phase gehen, sind die Leistungsfähigen, also die High-Level-Adaptoren. Sie leiden am meisten unter der mangelnden Wertschätzung, die von führungsschwachen Innovatoren ausgeht. Gerade ihre Implementierungsstärke wäre für die erfolgreiche Implementierung des Wandels wichtig, wird aber nicht gefragt.

Wie auch immer das Unternehmen derartige Situationen durchsteht, nach jedem Prozess des Wandels folgt eine Phase der Konsolidierung – die Rückkehr von routinierten Geschäftsabläufen, wenn auch auf veränderte Art und Weise. Das neue Bezugssystem nimmt Gestalt an und etabliert sich. Die verbliebenen Adaptoren im Unternehmen erhalten wieder ihre Chance, ihren bevorzugten Stil in den Vordergrund zu rücken. Sollte sich jedoch die Führung hinsichtlich eines professionellen Kreativitätsmanagements noch immer nicht weiterentwickelt haben, dann sind es die leistungsstarken Innovatoren, die konsterniert zurückbleiben – und nun in dieser Phase als erste gehen. Sie kündigen wie die High-Level-Adaptoren wirklich, wenn der Arbeitsmarkt dies hergibt, oder sie kündigen innerlich, wenn sie aus Gründen der Arbeitslage im Unternehmen ausharren müssen.

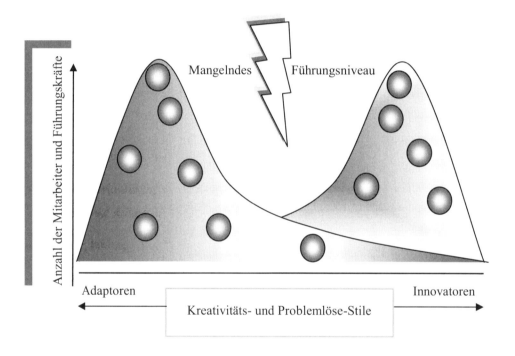

Abbildung 33: Risikoabschätzung des Change Management

Dieses Phänomen bezeichnet Kirton das „Pendulum" des Wandels: Wenn auf Grund mangelnder Führungskompetenz in Veränderungsphasen ausgerechnet die Besten zuerst gehen – seien es die Adaptoren oder Innovatoren – sinkt das Leistungs*niveau* des Unternehmens sukzessive ab. Zurück bleiben weniger leistungsfähige Mitarbeiter, die Veränderungsprozesse nicht so ernst nehmen und „abrollen" lassen, oder ihnen mit geringem Engagement begegnen. Sie überleben im Betrieb und hätten auf dem Arbeitsmarkt auch weniger Chancen. Doch die Resultate des Change Managements selbst fallen damit auch weniger zufriedenstellend aus, und so entsteht ein Anlass, den nächsten Veränderungsprozess einzuläuten.

Auf diese Weise beschleunigt sich die Rate von Veränderungsprozessen, während ihr Niveau stetig abnimmt. Denn wenn Change Management-Prozesse sich nach diesem Muster wiederholen, fallen die Erfolge der einzelnen Veränderungsschritte im Unternehmen immer geringfügiger aus. Dieser Leistungseinbruch wird durch den Verlust der besten Leute verstärkt, das verbleibende Niveau gerät mehr und mehr zum Mittelmaß. Vorübergehend suggeriert das den Verantwortlichen sogar etwas Entlastung, weil sie mit den verbliebenen homogenen Teams leichter auskommen. In diesem Stadium können sie „ihren" eigenen bevorzugten Stil ungestört ausleben und erfahren deshalb keine Notwendigkeit, ihr Führungsniveau und die Professionalität ihres Kreativitätsmanagements überdenken zu müssen. Das können sie sich vor allem dann erlauben, wenn die verbleibenden Teams durch ihr geringeres Leistungsniveau nur wenig anspruchsvoll sind und sich kaum mehr als eine schwache Führung wünschen.

So verbreitet diese Symptomatik ist, so kritisch erweist sie sich für eine Organisation:

Jegliches Unternehmen schlittert mit dieser Dynamik in eine latente Katastrophe hinein. Change Management-Prozesse dieser Art bremsen auf Dauer substanzielle Entwicklungen aus und zeichnen für zahlreiche Misserfolge verantwortlich.

Aus diesem Grund sind für die erfolgreiche Vorbereitung und Durchführung von Prozessen des Wandels folgende vier Punkte zu beachten:

- heterogene kreative Stile integrieren,
- kreative Stile mit den Aufgaben des Wandels richtig verknüpfen,
- eine professionelle Teamführung entwickeln (und durch ein „Creativity-Coaching" bei Bedarf unterstützen), sowie
- verantwortliche Teams zur Selbstführung befähigen.

Wie kreativ ist Ihr Kunde, wie professionell Ihre Kundenorientierung?

Nicht nur das Unternehmen, auch dessen Kunden „bevorzugen" gewisse Kreativitäts- und Problemlösestile. Sichtbar wird dies an deren Team- und Unternehmenskulturen.

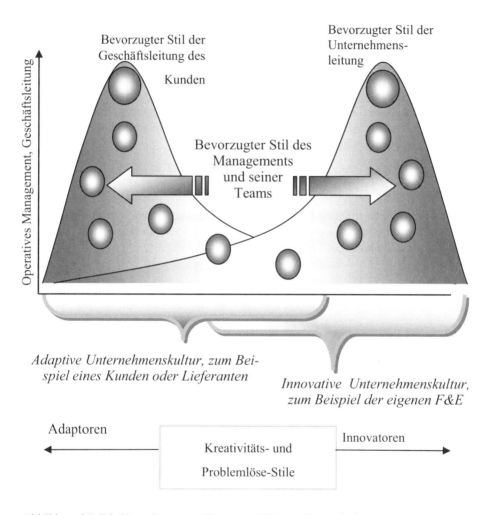

Abbildung 34: Die Entstehung von Team- und Unternehmenskulturen

> Eine Unternehmenskultur wird umso deutlicher spürbar, je eindeutiger das „Machtzentrum" eines Unternehmens (also dessen Geschäftsleitung) einen gewissen Stil bevorzugt, und je mehr Mitarbeiter im operativen Management mit auf dieser Linie liegen. In einem Projekt sind es die Projektleitung und Projektmitarbeiter, die für eine „heterogene" beziehungsweise „homogen adaptive" oder „homogen innovative" Projekt- und Teamkultur stehen.

Die kreativen Stile der Kunden müssen mit denen Ihres Unternehmens (oder Unternehmensbereiches) nicht übereinstimmen. Doch mit der Zeit entstehen Beziehungsmuster zwischen dem Unternehmen und seinen Kunden, die als verlässlich und einschätzbar betrachtet werden. Diese sind zu bedenken, wenn das Unternehmen Veränderungsprozesse aufsetzt. Denn mit dem Change Management im eigenen Unternehmen ändern sich ja nicht unbedingt die Kunden und auch nicht deren bevorzugten Stile, an Probleme und Aufgaben heranzugehen. Wohl aber beeinflusst der Wandel eines Unternehmens die Beziehungsmuster zu den Kunden. Dies sollte vom Management bedacht und durch geeignete Strategien ausgeglichen werden. Umgekehrt sollte das Unternehmen sensibel (und flexibel) reagieren können, wenn es nicht selbst, sondern ein Kunde Veränderungsprozesse in seinem Unternehmen initiiert. Die so genannte *Customer-Relation-Matrix* erlaubt es, solche Prozesse genauer zu betrachten.

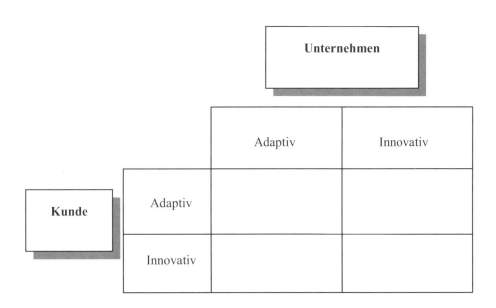

Abbildung 35: Die Customer-Relation-Matrix

Maßnahmen zum Ausbau der Kundenbeziehungen können mit Hilfe der *Customer-Relation-Matrix* präzisiert werden, je nachdem, wessen Unternehmenskultur auf wessen Kundenkultur trifft. Dabei kommt es vor allem auf die Transformation der „Sprache" und gegenseitigen Verständnisses an: Wenn Ihr Unternehmen von der adaptiven in eine innovative Phase übergeht, der Kunde aber Ihr adaptives Auftreten gewöhnt ist und sich derzeit nicht „mit Ihnen" wandelt, sollten Sie in der Lage sein, Ihre eigene innovative Entwicklung dem Kunden in seiner adaptiven Sprache mitzuteilen, und die Interaktion dem Kundenbedürfnis gemäß verlässlich zu gestalten.

Diese „Übersetzungs"-, Interpretations- und Transformationsleistung ist Ihre Mitverantwortung dem Kunden gegenüber, um ihn nicht zu überfordern. Dies stellt ein professionelles Change Management unter Beweis. Bleibt dies unberücksichtigt, kann es passieren, dass sich das Unternehmen nach innen hin optimiert, nach außen jedoch seine Kunden irritiert. Beispiele dafür gibt es genug: Im Banksektor werden etwa aus Gründen optimierter interner Abläufe Arbeiten zusammengefasst und an Teams zur Abwicklung delegiert. In der Konsequenz findet der Kunde „seinen" Berater nicht mehr, oder bisweilen gar keinen mehr, der sich noch persönlich mit seinen Belangen befasst. Wird dieser Auftritt von allzu mechanisch wirkenden Abläufen begleitet, könnte der Kunde den Eindruck gewinnen, eine „Low-Level"-Company mit innovativem Anstrich vor sich zu haben. Zweites Beispiel mit ähnlichem Tenor: Eine Airline verkauft ihre Flugtickets über das Internet, das zuständige Call Center kennt aber andere Preise als die adressierte Website, und die stimmen nicht mit den von der Airline ausgegebenen Preislisten überein. Drittes Beispiel: Ein Unternehmen der Automobilindustrie hat sich an den innovativen Auftritt eines Kooperationspartners gewöhnt, um Anstöße für Neuentwicklungen und Zukunftsinvestitionen zu erhalten. Seit dieser Partner nun hart konsolidiert und sich auf die Abwicklung seines Kerngeschäfts beschränkt, wird dies von den Autobauern als „Mangel an Innovationswillen" interpretiert, die irritiert nach Alternativen suchen.

Zum Teil sind solche Vorkommnisse „Kinderkrankheiten" von Optimierungsprozessen, die nach einer Weile behoben werden. Häufig sind sie auch Indiz einer unzureichenden Qualität in der Kooperation. Ist ein Kunde etwa ein adaptives Profil im Auftritt „seiner" Airline (oder Bank) gewöhnt – indem ihm wenige, stichhaltige Angebote gemacht werden, die im Detail geplant und „richtig" sind und ein verlässliches Regelwerk zur Geschäftsabwicklung beinhalten, mag er angesichts des „neuen" Auftritts des Unternehmens verwundert reagieren.

Der schlimmste Fauxpas eines Unternehmens gegenüber den Kunden entsteht, wenn es nicht in der Lage ist, auf Grund seines Kreativitätsmanagements umfassende Problemlöse-Fähigkeiten zu entwickeln. Das belastet die Kunden und zieht sie in einen Strudel kollektiver Ineffizienz hinein. Denn das Absinken der Leistungsbereitschaft, das mit mangelhaften Veränderungsprozessen einhergeht, mündet in eine unzureichende Kundenorientierung. Noch kritischer wird es, die Kunden durch das „Pendulum" zwischen adaptiven und innovativen Phasen stetig zu überfordern, weil die Transformation weder im Unternehmen noch in den Markt hinein stimmt. Dann bedarf es entweder eines Kunden, der seinerseits eine derart hoch entwickelte Führungskompetenz bereitstellt, dass er sogar die Unwägbarkeiten und Wechselbäder seines „Partners im Wandel" ausgleicht. Oder er wird zum Opfer dieses Wandels, wenn das Unternehmen nicht lernt, die Dynamik zwischen adaptiven und innovativen Phasen des Change Managements kundengerecht auszugleichen.

Checkliste IV: Charakteristika der Ideenführung, Effizienz und Teamführung

Der Evaluation (mit Hilfe von Fragebögen) und auch der Verhaltensbeobachtung von adaptiven und innovativen Kreativitäts-Profilen liegen folgende Wahrnehmungscluster zu Grunde, die Merkmale zur Ideenführung, Effizienz und Teamführung umfassen:

	Adaptoren-Profil (adaptiver Stil bevorzugt)	Innovatoren-Profil (innovativer Stil bevorzugt)
Ideenführung	Konzentrieren sich auf wenige Ideen, die sie konzentriert und ausdauernd verfolgen. Entwickeln einen hohen Grad an Systematik, um Ideen im Rahmen eines anerkannten (allgemein akzeptierten oder etablierten) Bezugssystems zu sondieren und Lösungen darauf einzustellen.	Entwickeln auf Grund der unterschiedlichen Bezugssysteme viele Ideen, die bei Bedarf leicht verworfen und durch neue ersetzt werden. Agieren flexibel, können sich auf neue Rahmenbedingungen zügig einlassen. Konfrontieren die Umsetzung einer Idee mit immer neuen Perspektiven.
Effizienz-Verständnis	Schätzen die Arbeit im Detail, um die Güte durchdachter Lösungen zu gewährleisten. Nehmen „Effizienz" wahr, wenn ein profundes Maß an Detailorientierung erkennbar ist, weil so spätere Kinderkrankheiten von Projekten und Prozessen weitgehend ausgeschlossen werden.	Legen Wert auf den Überblick, um das Potenzial alternativer Lösungen in den Vordergrund zu rücken. Nehmen „Effizienz" wahr, wenn ein hoher Grad an Generalisierung vorherrscht, weil dies der Gefahr einer vorschnellen, einseitigen Fixierung vorbeugt.
Umgang mit Regeln	Schaffen sich gern Regeln, um im Team die Zusammenarbeit zu optimieren, und halten sie verlässlich ein. Erwarten auch von anderen, sich klar an die vereinbarten Regeln zu halten, um das Miteinander zu erleichtern. Meist gute Teamplayer.	Überwinden gern etablierte Regeln, wenn diese nicht zu veränderten Bezugssystemen passen, wandeln sie häufig eigenverantwortlich (oder eigenmächtig) ab. Erwarten von anderen eine ähnlich hohe Flexibilität. Oft couragierte Einzelgänger.

Zusammenfassung:
Balance von Kern- und Experimentalgeschäft

- *Adaptive Kreativität* zeichnet sich dadurch aus, dass innerhalb eines Bezugsrahmens exzellente Lösungen entwickelt und umgesetzt werden. Ausdruck der adaptiven Kreativität sind die Konzentration auf wenige Ideen, die konsequent und systematisch umgesetzt werden, die ausgeprägte Detailorientierung und Sorgfalt sowie eine verlässliche Orientierung an vereinbarten *Regeln*.

- *Innovative Kreativität* sucht exzellente Lösungen zwischen unterschiedlichen Bezugssystemen. Das führt zu einer Orientierung an grundsätzlichen Zusammenhängen, geringerer Detailorientierung und zur erhöhten Bereitschaft, Regeln in Frage zu stellen oder weniger zu beachten. Dies ist plausibel, weil Details und Regelsysteme, die in einem Bezugssystem gültig sind, nicht ohne weiteres auf andere Rahmenbedingungen übertragen werden können.

- Je breiter in einem Team oder Unternehmen das Spektrum zwischen adaptiver und innovativer Kreativität angelegt ist, umso größer ist sein Problemlöse-, aber auch sein Spannungs-Potenzial. Es entwickelt mehr Professionalität im Umgang mit Aufgaben und Herausforderungen, ist aber auch schwieriger und komplexer zu führen.

- Je schmaler und homogener das kreative Spektrum eines Teams oder Unternehmens angelegt ist, sei es auf der adaptiven oder innovativen Seite, umso leichter ist es zu führen, doch umso geringer ist auch sein Problemlöse-Potenzial.

- Der Vorteil der adaptiven Kreativität ist ihre hohe Implementierungsstärke. Sie ist eine wichtige Voraussetzung für Optimierungsprozesse, zum Beispiel Reengineering oder TQM, aber auch für die Konzentration auf Kernkompetenzen. Ihr Nachteil liegt im Risiko, zu lange in definierten Bezugssystemen zu verharren.

- Der Vorteil der innovativen Kreativität ist die Fähigkeit zu forcierten Veränderungen. Sie ist Voraussetzung, um echte Innovationen voranzutreiben, diversifizierte oder wenig vertraute Märkte zu durchdringen und innovative Lernprozesse anzustoßen. Ihr Nachteil liegt im Risiko, zu schnell zwischen Lösungsalternativen zu springen und Lösungs-Potenziale von etablierten Bezugssystemen zu verkennen.

Für eine langfristig erfolgreiche Geschäftsentwicklung ist die Balance von Kerngeschäft und Experimentalgeschäft ausschlaggebend. Im Strategie-Portfolio ist diese Balance zu bedenken, sie hat unmittelbaren Einfluss auf das Innovationsmanagement. Im Kerngeschäft sind häufig „adaptive Innovationen" erforderlich, die eine Optimierung des etablierten Geschäftes darstellen. Kontinuierliche Verbesserungsprozesse (KVP) sind ein Beispiel dafür. Beim Kreativitätsmanagement ist dann auf das Potenzial des adaptiven Stils zu achten.

Im Experimentalgeschäft sind meist neuartige Herausforderungen zu bewältigen, die den Aufbau von Erfahrungen mit neuen Bezugssystemen erfordern. In neue Technologien oder Märkte einzusteigen sind Beispiele dafür. Diese „innovativen Innovationen" erfordern vom Management andere Lern- und Entwicklungsschritte als „adaptive Innovationen". Das Kreativitätsmanagement sollte das Potenzial des innovativen Stils berücksichtigen.

Dabei ist zu bedenken, dass die Stile der Kreativität unabhängig von deren Niveau sind. Es sind sowohl adaptive wie auch innovative Personen (und Teams) mit „High-Level"-Kreativität zu beobachten. Beide basieren auf einem breiten Fundus oder hohem Niveau, obgleich sie sich im Stil unterschiedlich äußern. Und es gibt hier wie dort eine „Low-Level"-Kreativität, die in beiden Fällen unzureichend ist.

Für hervorragende Projektergebnisse ist deshalb darauf zu achten, dass die Projektverantwortlichen und ihre Mitarbeiter ein hohes Niveau, in ihren Kreativitäts- und Problemlöse-Stilen jedoch ein heterogenes Bild aufweisen. Das gilt auch für deren Beurteilung etwa durch Audits oder Assessment-Center.

Kapitel IV:

Trilogie des Könnens
Corporate-Coaching
Customer-Coaching

Vom Wirkungssystem zur Systemwirkung:

Teamführung, Auftragsklärung

und Dialogisches Lernen

Wer handelt, wer leidet, und wer gratuliert?

Stellen Sie sich vor, Sie werden zur Projektleiterin – oder zum Projektleiter – ernannt. Nicht für irgendein Projekt, sondern für eines, an dem die Zukunft Ihres Unternehmens hängt. Und für das Ihr Herz schlägt. In der Vorbereitungsphase haben Sie schon mitgewirkt, nun sind Sie ganz am Zug. Sie freuen sich über die Anerkennung, die Herausforderung, die Aufgabe.

- Erlauben Sie bei all der Hochstimmung ein paar nüchterne Fragen: In welchen **Kontext** treten Sie nun ein? Wer außer Ihnen freut sich noch? Ihre bisherigen Teamkolleginnen, die Sie vielleicht vermissen, oder Ihre künftigen, die Sie noch nicht kennen? Ihre Familie, die um Ihr knappes Zeitbudget weiß? Wer wird Sie am meisten unterstützen, wer vielleicht weniger? Ihr neuer Kollege, der die gleiche Qualifikation hat wie Sie? Ihr Assistent, der mit in die Aufgabe wechselt? Die Mitarbeiter des Konkurrenzunternehmens, die Sie abwerben wollten und nun im Rahmen einer Kooperation mitwirken? Ihre bisherigen Vorgesetzten, die Sie „entdeckt" und gefördert haben?

- Schließlich ist die **Situation** zu bedenken: Welche Bedingungen finden Sie vor? Werden Sie sich gegen andere Projekte durchsetzen müssen, oder erfahren Sie partnerschaftliche Hilfe? Wird das Projekt häufig von Änderungen tangiert, die aus dem Unternehmen oder seiner Umwelt herrühren? Finden Sie Mitarbeiter vor, die sich für Ihre Aufgabe als Glücksfall erweisen? Oder müssen Sie erst geeignete Rahmenbedingungen schaffen und Kompetenzen aufbauen, um eine erfolgreiche Projektarbeit zu ermöglichen?

- Das Projektziel ist definiert. Was aber ist Ihr genauer **Auftrag**? Stellen Sie sich vor, Ihr Projekt gelingt im besten Sinne. Werden alle diesen Erfolg auf die gleiche Weise beschreiben, oder gibt es Unterschiede? Wenn ja, worin liegen diese? Mit anderen Worten: Wer wird was an Ihrem Erfolg besonders wertschätzen? Wer also erwartet was von Ihnen? Was sollen Sie erreichen – etwa aus der Sicht Ihres Vorstandes, Ihrer Kunden, anderer Fachbereiche, der Projektmitarbeiter, eigenen Kollegen oder anderen Unternehmen?

Kontext, Situation, Auftrag – diese Ebenen abzuklären, ist in mehrfacher Hinsicht nützlich. Sie helfen:

- die *Bedeutung* einer Aufgabe aus variablen Perspektiven zu erfassen und ihre Tragweite (das heißt, ihren „Wirkungshorizont") richtig einzuschätzen,
- *Risiken*, die als Nebenwirkungen eintreten, frühzeitig zu erkennen, und

- *vorbeugende* Maßnahmen zu treffen, um Schwierigkeiten nicht erst aufkeimen zu lassen.

Kaum etwas ist für den gelungenen Start und die erfolgreiche Umsetzung eines Projektes nützlicher, als Missverständnisse und Fehlerwartungen von vornherein auszuräumen. Die Missverständnisse tauchen auf, wenn der Wirkungshorizont, also die Bedeutung eines Projektes sowie die persönlichen Aufgaben darin von den Verantwortlichen falsch interpretiert werden. Fehlerwartungen treten zu Tage, wenn wesentliche Auswirkungen gar nicht erkannt werden, obgleich sie aus der Sicht von Beteiligten oder Betroffenen bedient werden müssten. Solche „Wirkungsräume" verstehen und öffnen zu lernen und sie transparent, zugänglich und greifbar zu machen, sind die Ziele der Kontext-, Situations- und Auftragsklärung.

- Die **Kontextklärung** lotet Wirkungsräume aus. Sie prüft den Horizont einer Aufgabe etwa aus der Sicht des Unternehmens, der Kunden oder beteiligten Partner. Dabei sind das *Ziel-Profil* und das *Umfeld-(Kontext-)Profil* zu unterscheiden: Das Ziel-Profil definiert Haupt- und Teilziele, die das „harte" Gerüst, gleichsam das Skelett einer Aufgabe ergeben. Jedes Ziel nimmt jedoch, aus mehreren Perspektiven betrachtet, verschiedene Bedeutungen an. Diese bilden das Umfeld, den Kontext. Variable Bedeutungen des Zieles zu verstehen ist die Voraussetzung, um exzellente Lösungen zu modellieren. Zusammen betrachtet ergeben Ziel- und Kontextprofile die Basis für ein wirkungsvolles *Prioritäten-Management*.

- **Situationsanalysen** bauen auf dem Prioritäten-Management auf. Nachdem Wirkungsräume, das heißt die Ziel- und Kontextprofile den Beteiligten „klar" sind, gilt es, deren optimierte *Rahmenbedingungen* zu entwickeln und geeignete *Initiativen* zu entwerfen.

- Das leitet zur **Auftragsklärung** über. Hier ist abzuschätzen, wer an wen welche Erwartungen richtet, und welche Besonderheiten für den Erfolg einer Aufgabe damit verbunden sind. Denn *Unterschiede in den Erwartungshaltungen* machen die „Aufträge hinter einem Auftrag" bewusst. Dann ist auszuhandeln, also für alle Beteiligten zu „klären", was zu leisten, zurückzuweisen oder auf eine alternative Weise zu erfüllen ist. Für den späteren Verlauf eines Prozesses (oder Projektes) entschärft dieses Vorgehen eine Menge Zündstoff.

Wirkungsräume verstehen und gestalten

Wertschöpfung entsteht nicht im leeren Raum, sondern ist stets kontext-, situations- und auftragsbezogen. Deshalb zielen die Instrumentarien der Kontext-, Situations- und Auftragsklärung auf:

(a) das *Wirkungssystem* eines Projektes: Sie bewerten die *Bedeutung* eines Projektes, seiner Ziele und der daran geknüpften Aufgaben für die Organisationsentwicklung aus der Sicht mehrerer, relevanter Perspektiven,

(b) die *Systemwirkung* eines Projektes, indem sie *Einfluss und Intensität* beurteilen, mit der es die Organisationsentwicklung forciert – und damit zu einem gestaltenden Element der Strategischen Führung wird.

Das beugt der Gefahr vor, dass ein Projektauftrag erst im Lauf der Arbeit „in seiner ganzen Bedeutung" offensichtlich wird. Dann sind mühsame, kostspielige und zeitraubende Korrekturen die unausweichliche Folge. Gezielte Analysen (die sich am Ziel- wie am Kontext-Profil ausrichten) helfen, solche Fehlstarts zu vermeiden und Initial-Risiken zu minimieren.

Damit bilden sie einen wichtigen Beitrag zur Projektoptimierung, sowie zum *Customer-Coaching*: Denn die genannten Instrumentarien helfen gleichermaßen den Kunden einer Organisation, ihre Bedürfnisse deutlicher als bisher zu reflektieren und zu präzisieren. Das stellt ein Wertschöpfungspotenzial um den „Faktor Vier" in Aussicht (ein von Ernst von Weizäcker geprägter Begriff), der übertragen auf die organisationale Ebene doppelte Zufriedenheit bei halbierten Kosten bedeutet. Welchen Stellenwert hat das im Rahmen von Value-Competence-Trainings? Fassen wir deren Strategien auf dem gegenwärtigen Stand des Buches nochmals zusammen:

- Das Effektorenmanagement sucht, die *relevanten Hebel* und Faktoren einer Aufgabe zu erkennen. Es markiert den Pfad, um wirkungsvolles Handeln und passende wie nötige Lernprozesse zu initiieren. Damit steigert es nachdrücklich die Effektivität und Effizienz.

- Das Kreativitätsmanagement prüft, welcher *kreative Stil* nötig ist, um je nach Aufgabe exzellente Lösungen zu erreichen. Das beinhaltet eine Reihe von Entwicklungsschritten zur Team- und Selbstführung, sowie zum unternehmerischen Wandel.

- Wirkungsräume zu öffnen und verbessern verfolgt den Zweck, das *optimale Niveau* in der Planung, Durchführung und Reichweite von Aufgaben (Projekten) zu gewährleisten.

Die Kontextklärung

Kontextanalysen spielen für das Niveau, mit dem Ziele verfolgt werden, eine zentrale Rolle. Durch die Systemische Organisationsentwicklung haben sie sich zu einem nützlichen Instrumentarium gemausert, das in der Lage ist, objektive wie subjektive Erwartungen an den Erfolg einer Aufgabe zu erkennen, zielführende Schritte zu identifizieren oder als störenden Ballast abweisen zu können. Lässt man dies außer Acht, werden die Ziele in ihrer Bedeutung häufig verzerrt, bisweilen unzureichend verstanden, oder „im falschen Kontext" umgesetzt. Im Wesentlichen zeigen Kontextanalysen das *Geflecht* von Beteiligten und Betroffenen auf. Darüber hinaus legen sie offen, welche Blockaden oder Hilfen sich daraus für Personen wie Aufgaben ergeben. Daraus entsteht ein zweiphasiger, jedoch fliessender Übergang von der Kontext*analyse* (Phase der Diagnose) zur Kontext*klärung* (Phase der Entscheidungsbildung).

Es reicht nicht zu sagen: Hier ist jemand beteiligt, dort jemand betroffen, da ist Unterstützung zu erwarten oder muss mit Widerständen gerechnet werden. Vielmehr sind die *Lösungsprozesse* bestmöglich zu gestalten:

- Wenn Unterstützung zu erwarten ist, wie kann sie auf die beste Weise integriert werden?
- Was muss bedacht und geplant werden, um drohende Blockaden frühzeitig abzuwenden?
- Welche Einflussfaktoren spielen dabei eine besondere Rolle?

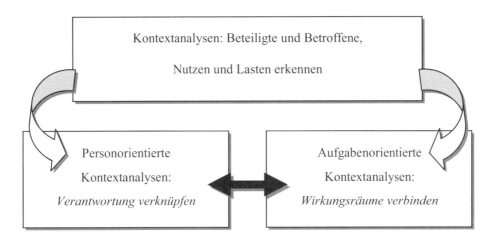

Abbildung 36: Multiple Aufträge durch Kontextanalysen verknüpfen

Die Fragetechnik

Um das zu leisten, sind gewisse Fragetechniken hilfreich. Kontextanalysen bedienen sich solcher Techniken. Sie sind nicht statisch anzuwenden, sondern können je nach Aufgabe variiert werden und folgen dem Ziel, *diejenigen Informationen zu erzeugen, die für ein Projekt (oder einen Prozess) bislang noch nicht verfügbar, für dessen Gelingen aber unabdingbar sind.* Keinesfalls genügt es, wiederholte Beschreibungen dessen zu erarbeiten, was ohnehin bekannt ist.

Wie funktioniert das? Kontextorientierte Fragen suchen stets nach „Unterschieden, die Unterschiede machen", und nach (verborgenen) Informationen, die damit verküpft sind.

Eine kurze Gegenüberstellung einiger Fragetechniken mag das illustrieren:

➢ Wenn ich Sie frage „Wie geht es Ihnen heute?", ist das eine *direkte* Frage. Sie so zu stellen heißt, sich tatsächlich nach Ihrem momentanen Wohlbefinden zu erkundigen.

➢ Eine *suggestive* Frage würde etwa lauten: „Heute geht es Ihnen doch ganz gut, oder?" Das Interesse liegt weniger im objektiven Wunsch, Ihr Wohlbefinden zu erkunden, sondern mehr im Versuch, Ihnen ein „Ja" zu entlocken. Dies könnte Ihnen auch die persönliche Meinung eines Beobachters nahe bringen, vielleicht um Sie aufzumuntern.

➢ Eine *zirkuläre* Frage würde sich gar nicht an Sie wenden oder nur indirekt, um sich über Ihr Wohlbefinden zu erkundigen. Eine solche Frage könnte dann lauten: „Wie, glauben Sie, schätzt Ihr Nachbar Ihr Wohlbefinden ein?" Diese Formulierung zielt darauf ab, die Kriterien zu hinterfragen, anhand derer Sie selbst „Wohlbefinden" beurteilen (und Ihrem Nachbarn zuschreiben). Wenn er zuhört, lernt er etwas über Sie und sich. Auf dieser Technik basieren manche Einstellungsgespräche, wenn die Frage den aus Ihrer Sicht „idealen" Vorgesetzten oder Mitarbeiter erforscht.

➢ *Kontextorientierte* Fragen zielen schließlich darauf ab, durch „Unterschiede" eine Reihe von Informationen einzuholen, die noch keinem bewusst, für das Verständnis von Zusammenhängen aber wichtig sind. So würde die Frage „Geht es Ihnen heute besser als gestern, und was hat vor allem dazu beigetragen" auf den Versuch hinauslaufen, Ihre gestrige und die heutige Situation kennen- und vergleichen zu lernen. Außerdem würde diese Frage erhellen, was sich auf Ihr Wohlbefinden besonders günstig auswirkt (das heißt, einen relevanten Unterschied auslöst).

Kontextorientierte Fragen greifen, ähnlich wie zirkuläre Fragen, auf das Handwerkszeug des systemischen Arbeitens zurück. Dessen Prinzip ist, nicht nur grundsätzliche, sondern auch graduelle Unterschiede – etwa beim Engagement oder bei Widerständen – aufzuspüren. Das hilft, offensichtliche wie verdeckte Strömungen frühzeitig wahrzunehmen und damit umgehen zu lernen. Kontextorientierte Fragen sind an folgende Struktur angelehnt (die natürlich in der Praxis je nach Herausforderung abzuwandeln ist):

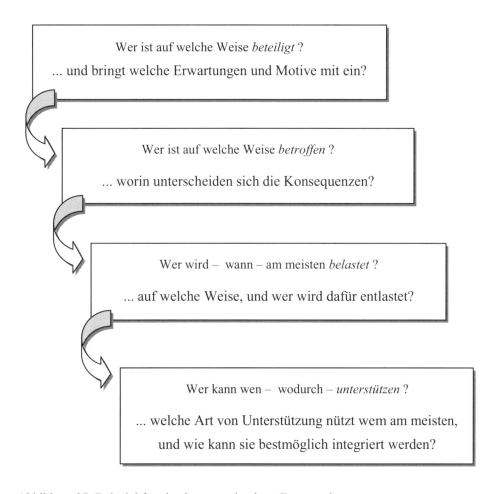

Abbildung 37: Beispiel für eine kontextorientierte Fragestruktur

Kontextanalysen und Kontextklärung sind weder schwierig noch zeitaufwendig. Sie erfordern jedoch ein hohes Maß an Übersicht und Konzentration. Denn es geht darum, Wesentliches herauszufiltern und seine Energien darauf zu verwenden.

Beispiel DV-Projekt

Manche Führungskräfte scheuen diesen Aufwand just zu Beginn wichtiger Maßnahmen. Sie starten „drauf los", das scheint anfangs einfacher zu sein. Im Verlauf der Arbeit muss dieser „eingesparte" Aufwand jedoch oft um ein Vielfaches nachgeholt werden: In einem Versicherungskonzern sollte ein neues DV-System eingeführt und rasch zum Laufen gebracht werden. Kein spektakuläres Ziel, sollte man meinen. So dachten auch die verantwortlichen Vorstände und Bereichsleiter. Sie stellten im Nu eigens für diesen Auftrag ein neues Projektteam zusammen, mit etlichen Dutzend Programmierern und anderen Fachkräften. Zu deren Unterstützung wurden mehrere externe Berater hinzugezogen. Dennoch lief das Ganze nicht so flüssig wie erhofft. Mit den ersten Verzögerungen kamen gegenseitige Schuldzuweisungen auf, und der Entwicklungsprozess geriet ins Stocken. Die erreichten Ergebnisse lagen deutlich hinter den Erwartungen zurück, stattdessen waren die Kosten in zusätzliche, bereits mehrstellige Millionenhöhen geschnellt.

Die Kontextanalyse brachte zunächst auf den Tisch, wer an diesem Projekt mit welchem Auftrag beteiligt war. Dann wurde ermittelt, welche Erwartungen und Ziele die Beteiligten mit ihren eigenen Aufträgen verknüpften und welche Vorstellungen sie mit den Aufträgen der jeweils anderen assoziierten. Dazu wurden die Vertreter aller „Parteien" eingeladen: Mitglieder des Vorstands, der Fachbereiche, der Projektteams und Berater. Ein gegenseitiger Abgleich von Erwartungen und Zielen förderte die Ursachen für die Stagnation schnell zu Tage.

Hinter den Schuldzuweisungen verbargen sich unterschiedliche Erwartungen darüber, wer was machen – und wer wofür verantwortlich sein sollte: Das Projektteam verlangte von den Beratern andere Leistungen, als diese tatsächlich erbrachten. Umgekehrt zeigte sich, dass sich die Berater von Projektmitarbeitern andere Informationen erwünschten als diese beibrachten. Die Fachbereiche wollten stets „automatisch" über den Projektfortschritt informiert werden. Ausgerechnet dazu sahen sich die Projekt- und Teilprojektleiter außer Stande, sie wollten viel lieber gefragt werden. Der Vorstand – ein Gremium von mehreren Personen – knüpfte schließlich an die DV-Entwicklung unterschiedliche Prioritäten. Die Interessen der einzelnen Fachbereiche spiegelte den Prioritätenmix des Vorstands in undifferenzierter Weise wider. All das passierte, obgleich das Ziel des Projektauftrages zunächst eindeutig zu sein schien. Doch niemandem waren in diesem Geflecht von Beteiligten und Betroffenen die eigenen Wirkungsräume klar, noch die der anderen, und ebenso wenig die daran geknüpften Aufgaben. In diesem Dilemma gefangen, verschlechterte sich nicht bloß das Arbeitsklima. Die gesamte, verantwortliche Mannschaft büßte die Fähigkeit ein, ihre jeweiligen Wirkungsräume sinnvoll zu gestalten und wirkungsvoll aufeinander abzustimmen. Der Prozess glich mehr und mehr einem Nebeneinander, bisweilen einem Durcheinander von unzusammenhängenden Insellösungen.

Binnen weniger Tage wurden mit Hilfe der Kontextanalyse die diversen Anforderungsprofile an das Projekt beurteilt sowie gegenseitige Erwartungen, Präferenzen und Prioritäten geklärt (in dem Schritt war dann von Kontext*klärung* die Rede). Dieses kurze, prägnante Vorgehen ersetzte monatelanges Tauziehen und aufreibende Querelen, die bislang als zeit- und kostenintensive Ersatzaktivitäten herhalten mussten.

Vom Nutzen des Unbehagens

Solch zügiger Forschritt ist nicht selbstverständlich. Denn Kontextanalysen stimulieren das gegenseitige, dialogische Lernen. Dem weichen wider besserem Wissen und allen Beteuerungen manche Führungskräfte aus, so gut sie nur können. Kaum werden sie damit konfrontiert, fühlen sie sich unbehaglich. *Unbehaglich* – dieses Phänomen taucht immer wieder auf: bei der Integration verschiedener Stile der Kreativität, bei der leistungsoptimalen Teamentwicklung, bei der intelligenten Analyse der Zukunft. Denn all diese Themen verleiten zunächst zur Behaglichkeit, zur Neigung, sich auf ein mental vertrautes Revier zurückzuziehen. Und doch erfordern all diese Themen, nicht bloß den scheuen Blick über den Tellerrand zu wagen, sondern den Mut aufzubringen, den Schutz der eigenen Hecke zu verlassen.

Behaglichkeit – ein Begriff, der ethymologisch das altdeutsche Wort „Hag" – die Hecke – enthält. Die eigene Parzelle, der Hof ums eigene Haus war von einer Hecke umgeben, dem Hag. Drinnen zu sein heißt, geschützt zu sein und sich gut auszukennen: Be*hag*lichkeit als vertrauter Bezugsrahmen, als überschaubarer und akzeptierter Kontext. Unbehaglich wird es dann, wenn man gezwungen ist, sich jenseits seiner vertrauten Hecke zu bewegen, ohne zu wissen, was hinter all den anderen, unbekannten Büschen und fremden Hage lauert. Oder wenn andere die dichten Hecken um die eigene Parzelle nicht respektieren und plötzlich und unangemeldet inmitten des eigenen vertrauten Hags stehen wie sonderbare Fremdlinge oder bedrohliche Räuber.

Ein vertrauter Hag – also der Rahmen der „Behaglichkeit" – prägt die Wahrnehmung dessen, was uns als richtig und wichtig erscheint. Ihn zu überwinden und neuen Gestalten den Eintritt in bisher geschützte Parzellen zu erlauben, erfordert Courage. Wenn dies jedoch gelingt und sich jenseits der altvertrauten Grenzen eine wechselseitige Behaglichkeit breitmacht, eröffnen sich bisher unbekannte Möglichkeiten, mit Herausforderungen umzugehen. Unbehagen für eine Weile aushalten zu können, ist aus diesem Grund ein wesentlicher Meilenstein in Richtung Innovation. Der Mut zur Unbehaglichkeit eröffnet den Königsweg für eine erfolgreiche, Grenzen und Kulturen übergreifende Zusammenarbeit, statt sich hinter einzelnen Hecken zu verstecken.

Parentale Teams schützen vor „lästigen" Kunden und „störenden" Ideen

In Unternehmen sind es meist die anderen Teams – und die Kunden –, die Unbehagen erzeugen. Manches Team schafft sich seine spezielle Behaglichkeit, indem es eine besondere Teamkultur erzeugt und für seine Mitglieder darin eine „parentale", elterliche Funktion ausübt. Die erinnert an die frühe Geborgenheit im Elternhaus, im heimeligen Nest. Im eigenen Team ist jeder gut aufgehoben und geschützt. Doch manchmal zieht dies den Hag noch enger, hin zum vertrauten Nest als relevantem Bezugssystem. Die „Nester" anderer Teams erscheinen umso weiter weg. Das erklärt, warum das Zusammenwachsen von Unternehmen, die auf dem Papier längst eine Einheit bilden, sich bisweilen so schwierig gestaltet. Das liegt nicht nur an unterschiedlichen Werten, Gebräuchen und Erwartungen, wie manche interkulturelle Trainings glauben machen. Über die kann man sich relativ leicht verständigen. Was jedoch fehlt, ist

- die Kompetenz, mit Phasen des kritischen Unbehagens umzugehen, die mit dem Öffnen der eigenen und Erkunden der fremden Parzellen anfangs einhergehen, und

- das präventive, vorausschauende Vertrauen in das Gestalten und Entstehen eines neuen, größeren Hags.

Wenn nun die Vorstellungen und Bedürfnisse von Kunden nicht in den angestammten Hag einer Firma passen, werden sie bald als lästig empfunden. Es fällt auf, dass in solchen Fällen die Konzentration auf Kernkompetenzen und „Outsourcing" nicht nur vom Gedanken an größere Effizienz geleitet wird, sondern auch von dem Wunsch, sich derartiger Kundenbedürfnisse zu entledigen. Umgekehrt kann es passieren, dass eine Restrukturierung, die unsensibel durchgeführt wurden, ausgerechnet bei den wichtigsten Kunden den Eindruck hinterlässt, nun einem unbekannten, ihnen verschlossenen „neuen" Hag gegenüberzustehen. Vom irritierten zum verlorenen Kunden ist dann nur noch ein kleiner Schritt.

Sollte beim Kunden, aber auch bei einem kooperierenden Team solches Unbehagen sichtbar werden (auch wenn es nur zwischen den Zeilen in Erscheinung tritt), genügt es nicht, den Kontext oder gemeinsamen Wirkungsraum auszuloten, um zu substantiellen Ergebnissen zu kommen. Vielmehr werden darüber hinaus differenzierte Situations- und Auftragsanalysen erforderlich.Sie sind Bestandteil des Corporate-Coachings, das sowohl die Unterstützung strategischer Vorhaben und der verantwortlichen Teams einschließt, als auch des Customer-Coachings, das sich um die Kunden, deren Engagement und Bedürfnisse kümmert. Hier gewinnt die *Trilogie des Könnens* an Bedeutung.

Die Trilogie des Könnens

Wollte man diese Instrumentarien im übertragenen Sinne am Bild einer Brücke beschreiben, dann würde die Kontextklärung deren *Bedeutung* (Auto- oder Eisenbahnbrücke), Bauart (aus Stein oder Stahl), sowie Größe und Form ausloten. Die Situationsanalyse stünde jeweils für die Statik, Elastizität und *Verankerung* des Fundamentes. Die Auftragsklärung würde schließlich die *Verantwortlichkeiten* für den Bau und Betrieb der Brücke festlegen.

Das Schlüsselthema der Situationsanalyse ist das *Können*. Wenn jemand eine Aufgabe nicht zu leisten vermag, wirft dies die Frage auf, „was er nicht kann", um sie erbringen zu können. Das Können manifestiert sich immer erst als Problem, wenn jemand „nicht kann" – oder wenn etwas misslingt. Dann helfen pauschale Interventionen in der Regel wenig. Vielmehr gilt es, die Ursachen zu differenzieren. In diesem Abschnitt der Analyse lauten die grundsätzlichen Überlegungen:

- Kann jemand „nicht können", weil es die äusseren Gegebenheiten gar nicht erlauben?
- Fehlt es „einfach nur" an der Initiative?
- Oder „könnte jemand können" und wagt es aus irgendwelchen Gründen nicht?

Was klingt wie eine Wortspielerei, führt in der Praxis zu unterschiedlichen Konsequenzen in der Umsetzung von Zielen und der Steuerung von Prozessen. Value-Competence-Trainings befähigen das Management, die verschiedenen Stufen des Könnens herauszuarbeiten sowie die erforderlichen Lern- und Coachingprozesse anzustoßen. Um die nötigen Entwicklungsschritte einzuleiten, sind die skizzierten drei Ebenen (Trilogie) des Könnens zu fördern. Sie umfassen:

1. die Gestaltung der Rahmenbedingungen,
2. die Entwicklung von Initiativen und
3. die Überwindung von Barrieren.

Rahmenbedingungen gestalten

> Ein Vergleich mag die erste Stufe veranschaulichen:
>
> Ein Kind im Alter von einem Jahr kann noch keine Fremdsprache lernen. Es „kann nicht können", bevor es nicht eine gewisse Reife, das heißt ein entsprechendes Alter erreicht hat. Mit anderen Worten bedarf es erst noch bestimmter Voraussetzungen oder veränderter Gegebenheiten, um dieser Anforderung zu genügen.

Organisations- oder innovationsorientierte Entwicklungen greifen ebenso wenig, wenn nicht entsprechende Voraussetzungen, Rahmenbedingungen oder Strukturen für deren erfolgreiche Umsetzung sorgen. Das Management muss in der Lage sein, diese *für sich* sowie *für seine Kunden* zu generieren. Das Unbehagen, sich auf einen neuen Kontext einzulassen, mag in der Überforderung begründet sein, sich auf neue, weiter gespannte Rahmenbedingungen einstellen zu können. Das gilt zum Beispiel geographisch (Stichwort: Globalisierung der Märkte), aber auch funktional (Stichwort: Globalisierung der Aufgaben, Professionalität und Mitverantwortung). Dazu bedarf es – im eher technischen Sinn – geeigneter Rahmenstruktur- und Projektstruktur-Pläne, aus Sicht des Coachings der Bündelung verschiedener Stile der Kreativität und deren Leistungsfähigkeit.

Initiativen entwickeln

> Die zweite Stufe beschreibt den Übergang von der Reife zur Initiative. Wenn der Sprössling nun zehn Jahre alt ist, kann er leicht eine Fremdsprache erlernen. Er „kann können" und sollte sich mit einem gewissen Eigen-Engagement einbringen.
>
> Nicht mehr Reife, sondern Initiative – und vor allem Eigeninitiative sind erforderlich.

Übertragen auf Organisationen fehlen (zum Beispiel bei einem Team oder Geschäftsbereich) auf dieser Stufe nicht länger geeignete Rahmenbedingungen, sondern brauchbare Initiativen. Ein wirksames *Initiative-Management* zu entwickeln, lautet das Gebot der Stunde. Es gilt, das Potenzial verschiedener Initiativen und deren Erfolgswahrscheinlichkeit zu bewerten, und vor allem die Befähigung zur Eigeninitiative zu unterstützen. Das Effektoren- und Nutzwertmanagement bietet dazu wertvolle Dienste, umsolche Initiativen auf den Punkt zu bringen. Vor allem sind es jedoch Power- und Multi-Center-Teams, die für eine „Initiative-Promotion" als wirksame Antriebsfeder dienen.

Vom Eizahn zum Flügge werden

Die Bedeutung der Eigeninitiative ist alles andere als ein Schlagwort. Um sie zu verstehen, hilft ein kurzer Blick in die Natur. Ein Elternvogel bebrütet wohl das Ei, aber keinesfalls hilft er dem Kücken beim Schlüpfen. Dem Kücken wächst ein so genannter „Eizahn", eine hornförmige Erhebung auf der Oberseite seines Schnabels. Damit schlägt es die Eischale von innen auf und zerbricht sie. Das kostet den Kleinen eine gewaltige Anstrengung und wohl auch eine erhebliche Portion Mut, um ausgerechnet seine schützende Schale zu sprengen. Dennoch ist es ohne Ausnahme immer das Kücken, das sich aus seiner umklammernden Hülle befreit, wenn die Zeit dafür reif ist. Niemals nimmt ihm ein Elternvogel diese Arbeit ab, indem er von außen die Schale knackt. Die Entwicklung des Kückens beruht stets auf *Eigeninitiative*, nicht auf Außeninitiative, um seine Schale, also seinen vertrauten Hag hinter sich zu lassen und flügge zu werden. Würde es keine Eigeninitiative erbringen, käme es im wohlig-warmen, parentalen Nest am Ende um.

Barrieren überwinden

Der dritte Teil der Trilogie befasst sich mit dem Mut, der Courage des Handelns:

Wenn unsere Person nun als junge Erwachsene das Ausland besucht, mit dem Abitur in der Tasche und vielen Jahren Fremdsprachen-Unterricht, jedoch aus Scheu kaum ein Wort dieser Fremdsprache über die Lippen bringt, dann muss sie wohl lernen, ihre Hemmungen zu überwinden. Sie „könnte können" und traut sich nicht. Weder neue Rahmenbedingungen, um Wörter und Grammatik zu erlernen noch mehr Initiative sind nötig, sondern geeignete Wege, um innere wie äußere Blockaden und Barrieren hin zum freien Sprechen zu bewältigen.

Customer-Coaching und Corporate-Coaching

Auch zum Kunden hin, zur Pflege der Kundenbeziehungen, ist die Trilogie des Könnens von Bedeutung. Was kann der Kunde, wofür entwickelt er Initiativen, was wagt er – und was hemmt ihn? Diese Fragen berühren das Relationship Management. Umsowohl Initiativen zu entwickeln, als auch Schwierigkeiten und Blockaden zu überwinden, bedarf es im Umgang mit dem Kunden neben einer intelligenten Kooperation und Koordination auch des *dialogischen Lernens*. Beides lässt sich im Begriff des Customer-Coachings zusammenfassen.

Beispiel: Das Allfinanzgeschäft einer Großbank

Von den Relationship Managern einer international tätigen Bank wird erwartet, dass sie Spezialisten und Generalisten zugleich sind. Das bedeutet, dass sie nicht nur für Vermögensanlagen *oder* Kredit- *oder* Versicherungsgeschäfte zuständig sind, sondern sich vom fachspezifischen Experten zum „Alleskönner", also zum Generalisten mit hoher fachlicher und sozialer Kompetenz weiterentwickeln sollen.

Ein Relationship Manager, der den Kunden im allem zur Verfügung steht, was die Bank zu bieten hat und darüber hinaus die Interessen seiner Institution und seiner Kunden ins rechte Lot bringen soll, könnte durch diesen umfassenden Anspruch bald an die Grenzen seiner Kompetenz und Belastbarkeit stoßen. Das Trainingskonzept, das für diese Relationship Manager entwickelt wurde, geht einen anderen Weg: Es sucht diejenigen Vorteile aufzugreifen, die in der Vielfalt des Relationship Managements liegen, und sie systematisch in einem umfassenden Wertschöpfungsnetzwerk zu fördern und zu bündeln, sowie deren professionelle Umsetzung zu gewährleisten. Dazu sind eine Reihe von Überlegungen anzustellen. Die wesentlichen Fragen sind:

- wie Relationship Manager gerade durch ihre vielfältigen Ziele an Brillanz gewinnen und exzellente Beratungsleistungen erzielen können?

- was sie von den Relationship Managern anderer Unternehmen unterscheidet, die Gleiches versuchen, und was exzellente Beratungsleistungen gegenüber den durchschnittlichen qualifiziert?

- was ein exzellentes Back-up-System – sowie dessen wechselseitige Kooperation und Koordination – gegenüber durchschnittlichen Organisationen auszeichnet?

Im Mittelpunkt des Trainingskonzeptes für diese Zielgruppe stehen die Kompetenzen zur Trilogie des Könnens, zum Projektmanagement und zur Projektführung, sowie zur besseren Kooperation innerhalb von Teams sowie zwischen Teams. Das dient der Effektivität der Beratungs- und Teamarbeit und auch der größeren Effizienz des Schnittstellen-Managements. Die Befähigung zur Selbstführung in der Zusammenarbeit und die Förderung der Eigeninitiative sind dabei wichtige Lernschritte.

Relationship Manager: Berater, Promoter oder Coach?

Lenken wir das Augenmerk zuerst auf die Beziehung des Beraters zu seinen Kunden. Wen hat er vor sich, was genau braucht und will der Kunde? Gilt es, die Rahmenbedingungen des Kunden zu explorieren und mit Hilfe der Bank auf wertvollerem Niveau zu organisieren?

Wenn das zutrifft, agiert der Berater auf der ersten Stufe dessen, was wir als Trilogie des Könnens bezeichnet haben. Doch dieser Ansatz hat noch ein anderes Gesicht: Gerade dann, wenn der Berater „fit" ist und seine Kunden kompetent berät, gerät die organisationale Fitness der Bank auf den Prüfstand: Wie gut sind die interen Support- und Koordinationsstrukturen, wie geschmeidig oder brüchig erweisen sich Informations- und Kommunikationssysteme, um den Kunden nicht nur gut zu beraten, sondern mehr noch optimal zu bedienen und das Geschäft zu tätigen? Jetzt gilt es, die Rahmenbedingungen der Bank selbst, das heißt die Koordinationsstrukturen von der Produktentwicklung über die Competence Center und Kreditabteilungen bis hin zum Relationship Management auszuloten und analog zur Kundenbeziehung „auf wertvollerem Niveau" zu organisieren.

Das führt zum nächsten Schritt: Es gilt zu klären, wer dafür geradesteht, das heißt, Verantwortung und Eigeninitiative übernimmt und den Prozess von sich aus weiterführt? Relationship Manager, die darauf warten, dass „die Bank es schon richten wird" und sich auf ein „energisches Abwarten" verlegen, werden dem anspruchsvollen Ziel-Profil kaum gerecht.

Wertschöpfungsnetze entwickeln

Um für den Kunden eine leistungsfähige Wertschöpfung zu erzielen, bedarf es verschiedener Initiativen, die an mehreren Brennpunkten ansetzen. Dabei kommt es darauf an, die „Initiative zur Initiative" zu pflegen. Das gilt insbesondere für den Kundenkontakt: Sind zum Beispiel die Rahmenbedingungen des Kunden perfekt, sodass es ihm nur an der Initiative fehlt, um weitergehende Möglichkeiten zu realisieren? Wenn dem so ist, was genau fehlt ihm dann zur Initiative? Sind es Argumente seinem geschäftlichen oder privaten Umfeld gegenüber? Ist es ein Blickwinkel, den er selbst noch nicht bedacht hat?

Neigt er dazu, gewisse Aspekte seiner Vermögensbildung einseitig zu betrachten und andere, wesentliche Überlegungen außer Acht zu lassen? Setzt er auf euphorische Analysten statt auf langfristige Wertschöpfungsziele?

Hier ist der Relationship Manager nicht länger Berater im klassischen Sinn, sondern ein „Promoter", ähnlich wie beim Projektmanagement. Er hält den Schwung aufrecht und sorgt für ein zügiges Weiterkommen des Prozesses. Keinesfalls darf er zulassen, dass ein Projekt auf dem Papier einschläft. Seine Initiative liegt darin, durch bessere Kommunikation und dialogisches Lernen mit seinen Partnern die Bereitschaft zur Initiative zu wecken. Im Unternehmen spielt wiederum die Qualität der Kooperation eine wesentliche Rolle, um flexible wie verlässliche Entscheidungspfade zu bahnen und ein Pendant zur Kundeninitiative zu bilden. Die Competence Center und Relationship Manager stehen in vorderster Linie dieser „Initative Promotion". Dies erfordert profunde Fähigkeiten im Projektmanagement.

In diesem Schritt geht es vor allem darum, wie die Relationship Manager dazu beitragen können, die Projekterfolge zu steigern und zu stabilisieren. Dazu gehört, dass sie sich mit dem Handwerkszeug der Projektarbeit vertraut machen (siehe dazu Kapitel sechs). Doch die schematische Anwendung des Projekthandwerks gewährleistet keineswegs den Erfolg der Projektarbeit. Vielmehr gehören, im Sinne des Customer-Coachings, eine Reihe weiterführender Kompetenzen dazu.

Dem Kunden beim Überwinden seiner Barrieren helfen

Zum professionellen Projektmanagement gehört, die wechselseitige Unterstützung der Kooperationspartner zu optimieren. Dieses Thema betrifft das Coaching, und auch hier gilt es, den „doppelten Blickwinkel" – den Kunden und der Organisation gegenüber – zu bemühen:

Relationship Manager haben gelegentlich Mühe, die Ängste oder Unsicherheiten von Kunden zu verstehen. Sie wissen nicht, wie sie ihren Kunden bei der bestmöglichen Gestaltung von privaten wie geschäftlichen Angelegenheiten als hilfreiche Partner zur Seite stehen können. Das ist schmerzlich, denn ein zurückhaltender, vielleicht verunsicherter Kunde wird sich nicht dort engagieren, wo er kurzfristig die „besten Prozentpunkte" erhält, sondern wo er auf ein glaubhaftes Verständnis stößt. Dem Kunden zu helfen, seine Ängste und Verunsicherungen zu überwinden, ist für einen Relationship Manager in dem Fall oberstes Ziel:

Mit dieser Aufgabe betraut, ist der Relationship Manager der *Coach des Kunden* – sein Auftrag ist das *Customer-Coaching,* also die professionelle Unterstützung des Kunden bei der Überwindung seiner Hemmnisse. Doch Blockaden und Hemmnisse entstehen nicht nur in der Kundenbeziehung, sondern auch im Umgang mit manchen Funktionseinheiten im eigenen Unternehmen. Das führt dazu, dass Relationship Manager gelegentlich selbst Hemmungen haben, über ihre spezialisierte Fachkompetenz hinaus aktiv zu werden und das Unternehmen in seiner Vielseitigkeit in Anspruch zu nehmen. Sie beschränken sich lieber darauf, dem Kunden „ihre" Produkte zu verkaufen und kümmern sich wenig um Leistungsalternativen. So unterbleibt häufig die Verknüpfung von Anlage- und Kreditgeschäft, obgleich das aus Bank- wie Kundensicht sinnvoll wäre. Ein derart eingeschränktes Engagement mag seitens der Relationship Manager Ausdruck von Bequemlichkeit sein. In den meisten Fällen stehen jedoch schlechte Erfahrungen in der Zusammenarbeit mit anderen Abteilungen dahinter.

Statt sich jedoch in einem Schneckenhaus namens „Anlageberatung" oder „Kreditabwicklung" zu verkriechen, haben die Relationship Manager an dieser Stelle zu lernen, die Rolle des Coaches dem Unternehmen gegenüber einzunehmen – ihr Auftrag lautet nun *Corporate-Coaching*. Das bedeutet, im eigenen Haus den bisher „ungeliebten" Abteilungen zu helfen, die gegenseitige Unterstützung im Sinne des dialogischen Lernens zu initiieren und zwischen den involvierten Teams leistungsfähige, ja „salutogene" (fitte) Beziehungen zu schaffen.

Die Trainingsbausteine

Um die skizzierten Ziele zu erreichen, werden im Rahmen dieses Trainings verschiedene Entwicklungsschritte umgesetzt. Zunächst geht es darum, zu lernen, die:

- Rahmenbedingungen der Kunden zu explorieren (*situative Kontextklärung*),
- Bereitschaft zur Initiative zu wecken (*Kunden-Kommunikation, dialogisches Lernen*),
- Befähigung zum (Selbst-)Coaching zu trainieren, um Kunden-Hemmnisse zu überwinden (*Customer-Coaching*).

Das erfordert eine Reihe ergänzender Maßnahmen, um die genannten Prozesse zu fördern. Dazu gehören:

- Geeignete Rahmenbedingungen im Unternehmen zu schaffen (*organisationale Kontextklärung*),

- Intelligente Formen der Kooperation zu modellieren (*Multi-Center-Teams*),
- Lösungsorientierte Maßnahmen zügig umzusetzen (*Multi-Power-Teams*).

Durch das vernetzte Training des Customer-Coachings und des Corporate-Coachings lernen die Berater, unternehmens- wie kundenbezogene Barrieren gleichzeitig zu bewältigen (siehe nachfolgende Abbildung) und die Wertsteigerung nachhaltig zu fördern. Dies wird durch die Entwicklung weiterer Management- und Führungsfähigkeiten unterstützt, namentlich durch:

- das *Effektoren-Management*, um sich auf wesentliche Wirkfaktoren zu konzentrieren,
- die *Projektführung*, um nötige Schritte im Sinne des Gesamtzieles zu koordinieren,
- die *„Selbst-Führung"*, um Reibungsverlusten in der Kooperation vorzubeugen.

Das schließt verschiedene Lernprozessen mit ein, die mit Hilfe geeigneter Instrumentarien systematisiert werden. Dazu zählen im Einzelnen das:

- *Innovatoren-Management*, um strategische Geschäftsziele und innovationsorientierte Entwicklungen wirksam zu verknüpfen
- *Scenario-Learning*, um auf Veränderungen frühzeitig und sensibel zu reagieren
- *Proaktive Wissensmanagement,* das nicht nur „verfügbares Wissen verwaltet", sondern mit Hilfe geeigneter Informations- und Kommunikationsprozesse das Wissen erzeugt, das zur Gestaltung künftiger Herausforderungen unerlässlich ist.

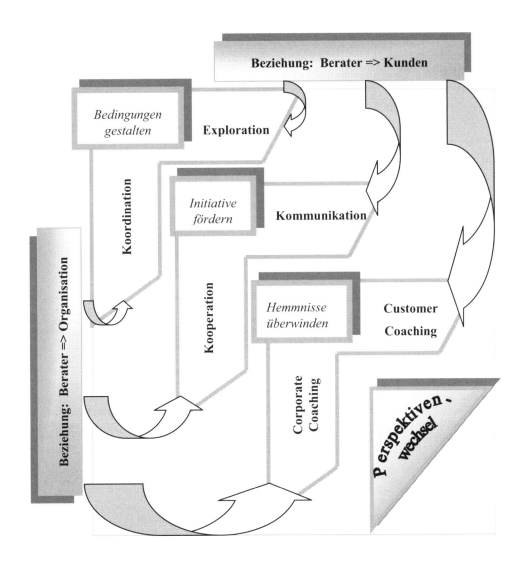

Abbildung 38: Relationship Manager – Vom Fach-Berater zum „multiplen Könner"

Die Stärke der Pfeile spiegelt die Bedeutung dieser Fähigkeiten wider, um sich von anderen Beratern und deren Support-Systemen abzuheben und einen signifikanten Unterschied in der *Beratungsqualität und -qualifikation* zu erzielen.

Eine Auftragsklärung zu leisten, schließt diese Trainingsphase ab. Dies bezieht sich sowohl auf die Realisierung von Zielen im Unternehmen (Management von Projekt-Aufträgen) als auch auf das Auftragsmanagement den Kunden gegenüber. Die Auftragsklärung stellt ein Vorgehen dar, das sich eine Reihe von Explorations-, Frage- und Verhandlungstechniken zu Nutze macht. Sie verhandelt mit den Beteiligten auf den Ebenen der Rahmenbedingungen, des Initiative-Managements und des Coachings,

1. welche Aufträge wesentlich sind und umgesetzt werden,
2. welche Aufträge unnötig Energie und Aufmerksamkeit abziehen und deshalb ausgegrenzt werden sollten, und
3. welche Wechselwirkungen zwischen wesentlichen Auftragsbeziehungen bestehen, und wie sie bestmöglich zu gestalten sind.

Was am Beispiel des Allfinanz-Geschätfes skizziert wurde, kann auf alle Dienstleistungs-Branchen übertragen werden. Wenn etwa in einem Elektronik-Konzern die Einsicht wächst, dass die Aufgabe der Ingenieure nicht länger darin besteht, nur Techniker und Tüftler zu sein, sondern darüber hinaus das Engagement der Mitarbeiter sowie die Lust der Kunden am beiderseitigen Erfolg zu wecken, dann gesellen sich zu ihrer angestammten Kernkompetenz,

♦ technische Rahmenbedingungen auszuloten und hervorragendes Engineering anzubieten,

noch zwei weitere Aspekte:

♦ die Initiative zu ergreifen, damit der add value für die Kunden (in Form von Liefer-Performance, Qualität und partnerschaftlicher Innovationsfähigkeit) über das erwartete Maß hinausreicht, sowie

♦ die Kunden ebenso wie die anderen Funktionsbereiche im eigenen Unternehmen bei der Überwindung von Barrieren zu unterstützen.

Die Trilogie des Könnens führt dazu, das Auftragsspektrum für Relationship Manager, Ingenieure und andere Verantwortliche neu zu definieren. Das wiederum spricht die Fähigkeit zur integrativen Führung an, die sollte beim Assessment von Entwicklungspotenzialen beachtet werden sollte.

Die Auftragsklärung

Die Auftragsklärung reflektiert die Erwartungen, die vom Umfeld her an Teams oder einzelne Personen und deren Aufgaben gerichtet werden. Dabei kann es sich auch um gegenseitige Erwartungen zwischen verschiedenen Teams handeln. Deren Auftrag ist es dann, wechselseitig Stellung zu beziehen und zu verhandeln, welche Erwartungen erfüllt werden können oder nicht, und auf welche Weise dies geschieht.

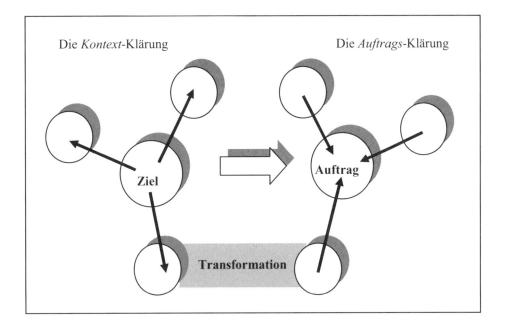

Abbildung 39: Perspektivenwechsel – Von der Kontext- zur Auftragsklärung

Warum hat Ihr Chef ausgerechnet Sie befördert?

Wie werden nun Auftragsklärungen konkret durchgeführt? Die Frageschemata für Auftrags- und Kontextanalysen gleichen sich. Dennoch erfordern Auftragsklärungen zusätzliche, insbesondere personbezogene Überlegungen. So wäre unter Umständen zu fragen:

Warum werden gerade Sie in diese Funktion befördert? Was unterscheidet Sie von anderen Kollegen mit ähnlicher Qualifikation? Was bedeutet das für Ihren Auftrag? Und falls man Ihnen alles zutraut - wer genau traut Ihnen was zu?

Die Arbeit mit so genannten „Mutmaßungen" unterstützt deshalb die Auftragsklärung. „Was wäre, wenn ...", „Was würde passieren, falls ..." oder „Was würde nicht geleistet werden, wenn ein anderer statt Ihnen mit der Aufgabe betraut wäre ..." sind Beispiele für Fragen, um die sich Mutmaßungen drehen. Die Antworten bleiben dabei offen, sie sind hypothetischer Natur. Die Stärke von Mutmaßungen liegt darin, dass sie Informationen über mögliche (oder wahrscheinliche) Realitäten offen legen. Dabei es geht um das Quäntchen an „hypothetischer Differenz" – um heimliche Hoffnungen, Absichten oder Ängste, die dahinter stecken. Dieses *Was wäre, wenn ...* erlaubt mutmaßliche Vergleiche mit der tatsächlichen Situation. Das sind Informationen, die sich bisweilen als Juwel entpuppen. Sie enthüllen, was der besondere Wert der augenblicklichen Lage ist, oder was den Schlüssel für eine Veränderung bereithält, um eine Firma voranzubringen.

Beispiel Autohaus

Die Mitarbeiter einer Automobil-Niederlassung müssen sich mit einer Reihe von Einsparungsmaßnahmen auseinandersetzen. Personalstreichungen stehen nicht zur Debatte, doch bei der Auftragsklärung, welche Sparpotenziale machbar sind, wird die Befürchtung laut, dass der Verkaufsleiter sich verabschieden könnte.

„Was wäre, wenn er ginge..."?

Mit ihm, so die Mutmaßung, würden auch die besten Kunden gehen. Diese sind loyal und zahlungskräftig, bisweilen aber recht schwierig. Keiner hat mit ihnen so gut umzugehen gelernt wie der besagte Chef. Die Zentrale, das wurde nun sichtbar, hatte in der Vergangenheit bei solchen Fragen einen blinden Fleck und wenig Einfühlungsvermögen offenbart.

„Die Zahlenfetischisten der Zentrale" – so einer der Befragten – haben schon öfter mit ein paar kleineren Kosteneinsparungen gleich noch einige der wichtigsten Kunden „abgeschafft". Eine Auftragsklärung für die Leitungsebene legt offen, dass die Kommunikation der Kundennähe ein wunder Punkt auf dieser hierarchischen Ebene ist. Im Sinne der Kontextklärung (Wer ist woran beteiligt? Wer ist wovon betroffen? Wer profitiert auf welche Weise, und wer hat welche Last zu tragen?) ist die Leitungsebene stärker in die Kundenverantwortung zu ziehen. Sie kann nicht länger nur an nachgeordnete Auftragnehmer delegiert werden.

Das „Was wäre, wenn ..." dient als Auftakt einer Betrachtung, bei der die Beteiligten eigene Beobachtungen nutzen, um Perspektiven zu variieren. Wenn es, wie im Beispiel angeführt, um schwierige Situationen oder Konflikte geht, empfiehlt es sich, die Fragen der Kontext- und Auftragsklärung nicht streng nach Schema, sondern betont spielerisch einzusetzen. Das ist manchmal gewöhnungsbedürftig. Denn dieses Vorgehen dient dazu, den Wahrnehmungshorizont einerseits zu erweitern und gleichzeitig auf den wesentlichen Punkt zu bringen.

Wer ungeübt ist, diesen beiden Anforderungen zugleich nachzukommen, klammert sich gern an das formale Fragegerüst und geht streng nach Schema, Schritt für Schritt vor. Das wirkt bisweilen hölzern. Es ist, als würde jemand anfangen, das Tanzen zu lernen. Welches Bein beginnt? Doch mit etwas Übung ist es schon bald der Rhythmus der Aufgabe, der den Takt bestimmt, und nicht mehr das „Mitzählen" der einzelnen Schritte im Kopf. Dann erlauben auch die Prozesse der Kontext- und Auftragsklärung binnen kürzester Zeit, sich einen guten Überblick über die gesamte Situation und wesentlichen Anforderungen zu verschaffen. Die geübten Schrittfolgen gehen fliessend ineinander über. Routiniert eingesetzt bereichern diese Instrumentarien das Coaching- und Führungsrepertoire, weil sie für unterschiedlichste Aufgaben ein zügiges, von Missverständnissen weitgehend unbelastetes Vorgehen erlauben.

Die Bausteine der Trilogie des Könnens, die sich im Customer-Coaching ebenso widerspiegeln wie im Corporate-Coaching, dienen dem High Value Agent in doppelter Hinsicht. Sie erlauben ihm:

- sich in neuen Aufgaben und Herausforderungen schnell zurechtzufinden, und
- deren unterschiedliche Wirkungsräume bestmöglich zu gestalten.

Zusammenfassung: Wie Sie Optimierungsprozesse optimieren

Der vorstehende Abschnitt des Value-Competence-Trainings setzt sich damit auseinander, wie Wirkungsräume bewertet, gestaltet und vernetzt werden. Dazu dienen die skizzierten Instrumentarien der

- Kontextanalyse,
- Trilogie des Könnens (Entwicklung von Rahmenbedingungen, Initiative-Management und Überwinden von Hemmnissen),
- Auftragsklärung.

Mit Hilfe geeigneter Fragetechniken und Coachingmaßnahmen ist es möglich, im Unternehmen wie beim Kunden verschiedene Kontextaspekte kennenzulernen, Rahmenbedingungen zu evaluieren, das Initiative-Management zu prüfen und die Coaching-Strategien der Situation gemäß einzusetzen. Dieses Vorgehen bietet noch einen weiteren Vorteil: Es erlaubt, das Spannungsverhältnis zwischen Standardisierung auf der einen und individuellem Coaching-Aufwand auf der anderen Seite zu bewerten und im richtigen Verhältnis zu dosieren. Damit lassen sich so genannte „Optimierungs-Strategien" testen und – je nach Problemstellung beziehungsweise Definition des Auftrags – ins rechte Lot zwischen allgemeiner Norm und individueller Förderung bringen. Es geht mit anderen Worten darum, Optimierungsstrategien zu optimieren. Dieses Vorgehen nützt der strategischen Führung ebenso wie der Team- und Mitarbeiterführung sowie den Zielvereinbarungen im persönlichen Gespräch.

Wann bedarf es jedoch größerer Standardisierung, wann des intensivierten Coachings?

Welche Kriterien sind im Einzelnen dafür anzusetzen?

Ein wesentlicher Entscheidungsraum, um diese Fragen zu beantworten und „Optimierungsprozesse zu optimieren" (siehe nachfolgende Abbildung), entsteht durch die Kombination der so genannten *Kontextstruktur*, sowie der *Einschätzung der Situation* (als Qualitätsmerkmal) und der *Auftragsbeziehung*. Es gilt zu prüfen, ob:

- die Kontextstruktur einfach und überschaubar oder komplex und vielschichtig ist,
- die Einschätzung der Situation auf objektivierten, allgemein vereinbarten Merkmalen oder subjektiven Erwartungen fußt,
- die Auftragsbeziehungen linear gegliedert oder vielseitig vernetzt sind.

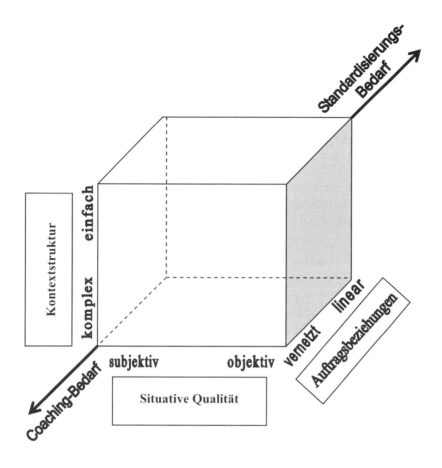

Abbildung 40: Entscheidungs-Raum für Optimierungsstrategien

Nehmen wir zur Illustration das Beispiel des technischen Dienstleistungsunternehmens. Wenn es darum geht, nach bestimmten Vorgaben eine Produktionsanlage zu bauen und beim Kunden zu montieren, ist die Kontext*struktur* als relativ einfach zu betrachten (selbst wenn es sich um den Bau einer komplizierten Maschine handelt). Die Umfeldkriterien liegen überwiegend „nur" im technischen Know-how und in der Logistik. Ein hoher Standardisierungsgrad unterstützt die Erledigung dieser Aufgabe. Will derselbe Dienstleister sich hingegen im internationalen Geschäft profilieren und mit Hilfe seiner technischen Kompetenzen in neue Märkte vordringen, sind schon komplexere Kontextstrukturen zu beachten. Die verantwortlichen Mitarbeiter werden auf verschiedenen Ebenen ihre Coaching-Kompetenz unter Beweis stellen müssen, um der Herausforderung umfassend gerecht zu werden, und zwar innerhalb des eigenen Unternehmens wie auch den etablierten Partnern und potenziellen Kunden gegenüber.

Prinzipiell unterstützen einfache Kontextstrukturen (oder deren gezielteVereinfachung) das Potenzial zur Standardisierung. Komplexe Kontextstrukturen (beziehungsweise die Erhöhung der Komplexität) erfordern ein entsprechend intensiviertes Maß an Customer- und Corporate-Coaching. Das gilt zumindest solange, bis sie wieder routinemäßig und professionell beherrscht werden und eine Standardisierung auf höherem Niveau erlauben.

Eine weitere Achse beschreibt die *situative Qualität*, die mit einer Aufgabe (einem Projekt) verknüpft ist. Sie bezieht sich auf die Trilogie des Könnens: Genügt es, nur die Rahmenbedingungen zu verändern? Dann ist die Qualität einer Situation als „objektiv" einzuschätzen. Das erhöht das Potenzial zu standardisieren. Werden mit einer Herausforderung jedoch viele Erwartungen, Hoffnungen oder auch Befürchtungen verknüpft, rücken subjektive Qualitäten in den Vordergrund. Das unterstreicht den aktuellen Bedarf an Coaching-Strategien.

Schließlich sind die Auftragsbeziehungen zu prüfen, die bei der Implementierung einer Aufgabe entstehen. Können sie mit Hilfe eindeutiger Entscheidungs- und Delegationspfade (Stichwort: Deployment of Goals) und klarer Zielvorgaben abgebildet werden? Das eröffnet wiederum Standardisierungspotenziale. Oder ist ein hoher Vernetzungsgrad mit differenziertem Schnittstellen-Management und zahlreichen Feedback-Schleifen nötig? Dann wird auch hier in Coaching-Strategien zu investieren sein, um ein hohes Maß an Wirksamkeit und Effizienz u erreichen.

Optimierte Coaching-Profile – Vom Lieferanten- bis zum Kundensystem

Mit Hilfe dieses Kriterien-Rasters können einzelne Aufgaben und auch ganze Wertschöpfungsketten – vom Lieferanten- bis zum Kundensystem – beurteilt und Optimierungsprozesse „vor Ort" dem jeweiligen Bedarf entsprechend angepasst werden. Entsprechend werden entlang der gesamten Wertschöpfungskette, zum Beispiel an den Schnittstellen zwischen den Organisationseinheiten, solche Entscheidungsräume angelegt, um den spezifischen Wert von Maßnahmen zu steigern und in ein übergeordnetes Optimierungsprofil einzubinden (vergleiche nachfolgende Abbildung). Dieser Optimierungsprozess beschränkt sich nicht auf eine kontinuierliche Verbesserung von Abläufen entlang der Wertschöpfungskette. Er spiegelt vielmehr den Transformationsprozess wider, der von der Analyse der Wirkungssysteme (Kontextklärung) bis zur bestmöglichen Systemwirkung (Auftragklärung) reicht. Je zügiger dieser Prozess der „Meta-Optimierung" – also der Optimierung von Optimierungsprozessen – gelingt, umso höher wird dessen Wertbeitrag im Sinne einer umfassenden Systemwirkung ausfallen.

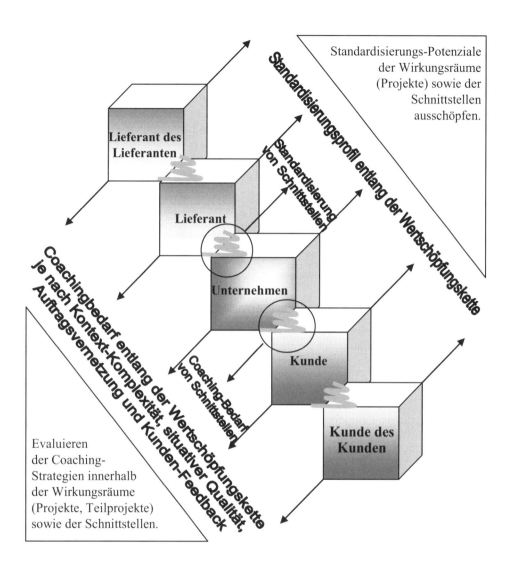

Abbildung 41: Der "lernende Kunde" – Customer-Coaching in der Wertschöpfungskette

Die Schnittstelle zwischen Unternehmen und Kunde erfordert im skizzierten Spannungsfeld besondere Beachtung. Das ist vor allem der Fall, wenn sich die Märkte, Konkurrenzprodukte oder – was viel öfter passiert – die Kunden selbst verändern. Was geschieht, wenn nicht die eigene Organisation und ihre Mitarbeiter, sondern zuerst der Kunde „lernt" und sich wandelt?

Dialogisches Lernen: Die Kunden-Pfad-Analyse

Die Einbeziehung der eigenen wie der kundenbezogenen Wirkungsräume erlaubt, Prozesse des dialogischen Lernens zu verbessern und auf Entwicklungsschritte von Kunden ebenso zügig einzugehen, wie eigene Entwicklungsschritte im Sinne der Kundenbeziehung zu transformieren. Erinnern wir uns: Dialogisches Lernen in der Kundenbeziehung heißt, den Kunden darin zu unterstützen, dass er seine Bedürfnisse besser als bisher verdeutlichen kann. Zugleich ist es die Mitverantwortung des Kunden, dem Unternehmen aufzuzeigen, wie dieser Prozess aus seiner Sicht besser als bisher gestaltet werden kann. Das führt zur Kunden-Pfad-Analyse. Sie versucht, die Entwicklungsschritte des Unternehmens mit den Entwicklungsschritten des Kunden zu verknüpfen und in einen gemeinsamen Optimierungsprozess einzubinden. Oft genug ist das der Motor für substantielle Innovationen.

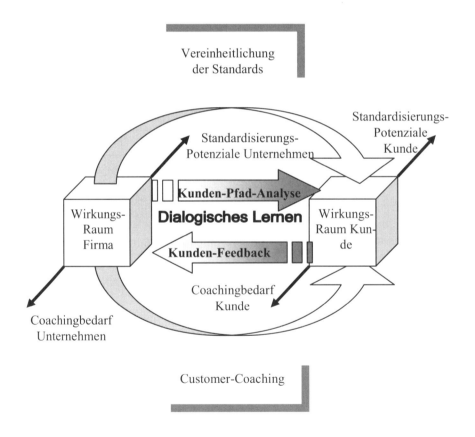

Abbildung 42: Dialogisches Lernen als „Motor der Innovation"

Wenn der Kunde die Führung übernimmt ...

Die betriebliche Praxis bestätigt immer wieder, dass Führungskräfte und ihre Mitarbeiter hauptsächlich um hausinterne Themen kreisen und sich beim Change Mangement an ihren firmenspezifischen Erfahrungen orientieren. Das prägt auch ihre Wahrnehmung der Kunden. Oft übersehen sie, dass *lernende Kunden*, die zu Benchleadern in ihren Branchen avancieren oder ihre Geschäftsfelder modifizieren möchten, eine andere Art der Unterstützung brauchen als Kunden, die laufende Geschäfte als „business as usual" abwickeln. Beide wollen auf ihre Weise bedient werden. Das unterstreicht nochmals die wiederholt diskutierte Notwendigkeit einer integrativen Führung. Personalentwickler sollten ein waches Auge darauf haben, ob die Führungsverantwortlichen diesem Anspruch gerecht werden und sich zugleich selbstkritisch prüfen, ob sie in der Lage sind, geeignete Entwicklungskonzepte vorzuhalten.

Denn Kunden, die sich auf die Abwicklung laufender Geschäfte konzentrieren, vergrößern ihr Standardisierungspotenzial und brauchen möglicherweise Unterstützung, um dies noch besser vorantreiben zu können. Damit erhöht sich im Rahmen dieses Kundenkontakts auch das Standardisierungspotenzial, das aus dem eigenen Unternehmen heraus bereitzustellen ist.

Hingegen werden diejenigen Kunden, die sich in ihren Märkten selbst mit Engagement und Ehrgeiz zu profilieren suchen, zahlreiche Wirkungsräume mobilisieren. Das heißt, sie entwickeln komplexere Kontextstrukturen als bisher und knüpfen daran vielfältige Erwartungen. Dies wiederum erhöht deren subjektive Qualität der Situation und steigert den Druck auf die kooperierenden Unternehmen, sich mit solchen Entwicklungen auseinander zu setzen.

Ein Unternehmen, das mit solchen Kunden kooperiert, muss lernen, diesen als kompetenter Coaching-Partner seine Unterstützung anbieten zu können, statt seinen Partnerunternehmen hinterherzuhinken. Denn auf Grund der subjektiv veränderten Qualität der Kundenbeziehung steigt in der gesamten Wertschöpfungskette die Komplexität an. Dies wirft die Frage auf, ob Entwicklungen eines Kunden auch innerhalb des eigenen Unternehmens zu einem erhöhten Coaching-Bedarf führen, damit die interne Kooperation mit der neuen Situation des Kunden adäquat Schritt hält. In aller Regel fordert die Entwicklung des Kunden Innovationen im eigenen Betrieb heraus. Solche Anforderungen mit Hilfe des Kunden-Feedbacks zu differenzieren und die Auftragsklärung im eigenen Unternehmen entsprechend zu vernetzen, ist Element der Kunden-Pfad-Analyse. Das heißt, dialogisches Lernen mit dem Kunden führt zu dialogischem Lernen im eigenen Betrieb.

Checkliste V: Den Kontext des Kunden verstehen

In der Wertschöpfungskette erlauben Wirkungsräume, den eigenen Standardisierungs- und Coaching-Bedarf wie den der Kunden zu optimieren. Folgende Überlegungen sind dazu dienlich:

---

1. Auf welche *Kontextbedingungen* trifft ein Unternehmen im Kundenkontakt?

♦ Wie wirkt sich eine Investition oder Dienstleistung beim Kunden aus? Konkret: Kommt sie dort nur in einem Kontext – oder in mehreren – zum Tragen? Ist die Kontextstruktur des Kunden der Tendenz nach als *einfach* oder *komplex* einzustufen?

♦ Wie verändern sich Kontextnutzen und -struktur eines lernenden Kunden?

---

2. Welche *situativen Entwicklungen* verbindet der Kunde mit einer Investition oder Dienstleistung?

♦ Welche *objektiven* Rahmenbedingungen will der Kunde verbessern?

♦ Welche *subjektiven* Erwartungen und Wünsche knüpft der Kunde daran (zum Beispiel die „Verwirklichung von Visionen" oder „Initiativen zur Innovation")?

---

3. Welche *Auftragsbeziehungen* werden durch die Investition oder Dienstleistung beim Kunden intern aktiviert, sowie dritten Partnern gegenüber repräsentiert?

♦ Können die erbrachten Leistungen mit Hilfe von etablierten (als auch akzeptierten) Entscheidungs- und Delegationswegen integriert werden?

♦ Muss der Kunde erst ein Netzwerk implementieren, um adäquaten Nutzen zu ziehen?

Kapitel V:

Multi-Center-Teams

Multi-Power-Teams

Salutogene Teams

Wertschöpfungs-Netzwerke gestalten:

Wie Fitness in der Kooperation entsteht

Salutogene Teams –
Was zeichnet die organisationale Fitness aus?

I am interested in the idea of sight, in the use of the eye.
I am interested in how we see and why we see the way we do.
Jasper Johns

Was zeichnet die „Fitness" von Kooperationen, Projekten und künftigen Entwicklungen aus? Um organisationale Fitness zu erreichen, genügt es nicht, sich mit weniger Konflikten, verbesserten Teambeziehungen oder reibungsloseren Abläufen zufrieden zu geben. Diese zu gewährleisten, mag ein Zwischenziel hin zu einer leistungsfähigen Organisation sein. Aber mit organisationaler Fitness haben sie wenig gemein, so wie ein gesunder Organismus nicht durch „etwas weniger Krankheiten" entsteht. Herausragende synergetische Prozesse – etwa in der Team- oder Projektarbeit – zeichnen sich durch ihre Salutogenese aus, nicht durch eine wie auch immer geartete Abwesenheit von Pathogenese.

Die Salutogenese (ein von Antonovsky geprägter Begriff) erkundet, wie Gesundheit entsteht. Dem Begriff nach ist sie das Gegenteil der Pathogenese. Letztere fragt nach der Entstehung von Krankheiten. Das Verständnis der Salutogenese erfordert jedoch weit mehr, als darauf zu achten, dass keine Defizite vorhanden sind – so wie sich die Gesundheit nicht erklären lässt, indem man Erkrankungen beschreibt und feststellt, dass deren Symptome fehlen.

Die zentrale Frage ist tatsächlich: *Wie entsteht Gesundheit?*

Übertragen auf Organisationen lautet die Frage: *Wie entsteht organisationale Fitness?*

Überlegungen zur Salutogenese sind nicht auf das medizinische Spannungsfeld „Gesundheit – Krankheit" begrenzt. Übertragen auf Team- und Führungskräfte-Entwicklungen gewinnen sie an Bedeutung. Für das High Value Management ist dieser Ansatz von besonderem Wert. Um eine hohe Leistungsentfaltung und exzellente Ergebnisse zu erzielen, die sich bereits nach kurzer Zeit einstellen und dennoch stabil bleiben, genügt es nicht, nur die pathogenen Entwicklungen einer Organisation zu vermeiden oder zu reparieren. Das würde nur die Stress-Symptomatik verschieben, zeitaufwendig, kostspielig und meist von einem fragwürdigen Erfolg gekrönt sein. Um eine *optimale Qualität* zu entfalten, muss die Team- und Führungsentwicklung einem anderen Blickwinkel Raum geben: Ihr Auftrag besteht darin, salutogene Teams zu formen. Was dies in der Praxis bedeutet, wird durch den Vergleich von Reparation, Prävention und Salutogenese illustriert.

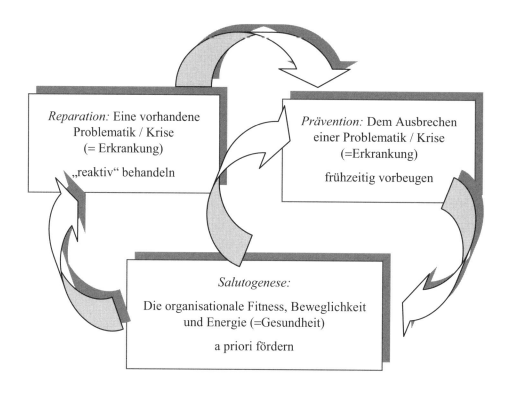

Abbildung 43: Wechselwirkungen zwischen Reparation, Prävention, Salutogenese

Überträgt man dieses Bild auf Strategien der Organisations- und Personalentwicklung von Unternehmen, dann zeigt sich, dass sie häufig auf die reaktive Behandlung von Krisen ausgelegt sind. Sie setzen auf „Reparationen", je nach Bedarf. Man denke nur an die ungezählten Methoden und Maßnahmen zur Konfliktbewältigung, zum Krisenmanagement, zur Überwindung von Mobbing oder anderen Persönlichkeits-, Team- und Verhaltensmustern. Das Problematische an dieser Haltung ist, dass Konflikte, solange sie schwelen, zunächst hingenommen und erst, wenn sie massiv auftreten, „behandelt" werden. Dann absorbiert diese Haltung plötzlich sehr viel Aufmerksamkeit, um unerwünschte Situationen zu bewältigen. Die Verantwortlichen schreiten ein, wenn die Symptome eines Konfliktes (etwa Führungsschwächen, sprunghaft ansteigende Verluste) offensichtlich zu Tage treten und die Leistungsfähigkeit der Betroffenen bereits spürbar beeinträchtigen. Wenn dann nach einer Krisenintervention die pathogenen Vorgänge wieder „schlummern", wird kein weiterer Handlungsbedarf mehr gesehen. Das spart momentan Ressourcen, führt jedoch häufig zu einem Kreislauf labiler pathogener Prozesse, die immer wieder leicht durchbrechen, dann kurzfristig eingeschränkt und ebenso schnell wieder virulent werden.

Den Bedarf an Krisenprävention minimieren

Die Haltung, die dahintersteht, ist als *mechanisch-reaktiv* zu bezeichnen. Es ist, als würde ein Patient mit chronifizierter Bronchitis immer dann einen Löffel Arznei zu sich nehmen, wenn er vor lauter Husten kaum mehr zum Atmen kommt. Oder, als würde man ein Auto erst in die Werkstatt bringen, wenn es liegen bleibt. Defekte Teile werden repariert, andere verschlissene Teile wie abgefahrene Kupplungsbeläge stören nicht, solange sie noch funktionieren. Es gibt keine Pannen-Statistik oder sie führt nicht zu „lernfähigen", präventiven Maßnahmen.

Den Vorteil der Prävention wissen viele Organisationen zu pflegen: Sie achten auf Konfliktursachen und sind bemüht, Frühwarnsysteme zu entwickeln. Erkennbaren Krisen treten sie frühzeitig, gezielt, energisch entgegen. Und sie nutzen Erfahrungswerte, um Pannen möglichst nicht auftreten zu lassen. Eine Haltung, die als *präventiv-lernfähig* zu bezeichnen ist. Doch gesunden Personen gleichen diese Organisationen ebenfalls nicht – sondern Patienten, die gelernt haben, sich zu beobachten und beim ersten Anzeichen wirksame Medikamente einzunehmen. Ihrem Hustenanfall beugen sie vor. Aber richtig „fit" werden sie deshalb nicht. Es ist, als würden Autos regelmäßig zum Kundendienst gebracht und anfällige Teile häufiger ausgetauscht als andere. Diese präventive Wartung kostet zusätzliche Ressourcen, spart aber durch den zuverlässigen Ablauf des Betriebs mehr ein. Gegenüber der mechanisch-reaktiven Denkweise ist das ein klarer Fortschritt. Doch ursächliche Fehlkonstruktionen, die zu häufigen Wartungsintervallen führen, werden dadurch nicht behoben. Das wirft die Frage auf, in welchem Verhältnis der präventive Mehr-Aufwand zum Nutzen steht und was darüber hinaus nötig wäre, um einen komplikationslosen *und* wartungsfreien Ablauf zu ermöglichen.

Damit der Übergang vom präventiven „Mehr-Aufwand" hin zu einem reibungslosen Ablauf gelingt, der a priori mehr Leistungsfähigkeit bereitstellt und dennoch weniger Aufwand erfordert, ist ein weitergehender Entwicklungsschub von Nöten. Es gilt, eine grundsätzliche organisationale Fitness auszubilden und so die „Entwicklung der Gesundheit" – also die Salutogenese eines Unternehmens und seiner Teams – zu forcieren. Salutogene Team- und Führungsprozesse behaupten sich dadurch, dass sie „konfliktorientierte" Reparationen praktisch erübrigen und den Bedarf an Krisenprävention gleichermaßen minimieren.

Wie das Mobbing von selbst verschwindet ...

Mit solchem Vorgehen verschwindet auch das Mobbing. Dies kommt häufig dadurch zu Stande, dass die Führungskräfte und Leiter eines Unternehmens – oder Projektes – nicht gelernt haben, verschiedene kreative Stile ihrer Mitarbeiter zu integrieren. Solches Unvermögen führt zu einem erhöhten Bedarf an „Reparationen", weil sich das Konfliktniveau unnötig aufschaukelt und sich an den unterschiedlichsten Themen immer wieder entzündet. Damit steigt die Bereitschaft zum Mobbing, sei es auf gegenseitiger Basis, weil jeder versucht, die unverstandenen Ansätze des jeweils anderen auszubremsen, oder auf einseitiger Basis, falls eine Partei kraft ihrer formalen Autorität das Sagen hat oder informell die Oberhand gewinnt. Die pathogene Spirale nimmt dann ihren Lauf. Eine Weile lässt sich das ignorieren, bis wechselseitiges Nicht-Informieren und ähnliche Symptome den Betriebsablauf so stören, dass ein offizielles Krisenmanagement erforderlich wird. Wenn die Personalabteilung erst jetzt eingreift und „Konfliktmaßnahmen" anberaumt, klingen die subjektiv empfundenen Spannungen zwischen den Kontrahenten häufig nicht ab – bestenfalls wird nur deren Disziplin, sich zurückzuhalten, für eine Weile größer, damit sie nicht weiter ins offizielle Kreuzfeuer geraten. Ihre gegenseitige Wertschätzung steigt dadurch aber kaum und in dem Moment, in dem der Druck von dritter Seite nachlässt, brechen die schwelenden Differenzen wieder durch.

Auf der anderen Seite verschwindet die Bereitschaft zum Mobbing wie „von allein", wenn besagte kreative Stile – und seien sie noch so verschiedenartig – geschickt integriert und geführt werden. Die Fähigkeit, Adaptoren und Innovatoren zusammen zu bringen und deren jeweilige Vorzüge einzubeziehen, ist die wichtigste Voraussetzung dafür. Wenn die Betroffenen sich darauf einlassen, erfahren sie einen wesentlichen Schub an für sie ungewohnt intelligenten Lösungen. Ein derart selbstverstärkendes Erlebnis ist durch keine noch so raffinierten Incentives, noch durch Gehaltserhöhungen zu überbieten.

Was in diesem Prozess entsteht, ist die Genese wechselseitiger Wertschätzung und Verstärkung der Erfolgserlebnisse. Diese „Selbstbelohnung" führt zur nachdrücklichen Steigerung der Motivation, ohne dass sie von dritter Seite eingeimpft werden müsste. Intelligente Lösungen vervielfachen das Erfolgs-, Erlebnis- und Motivationspotenzial eines Teams. Die Integration unterschiedlicher kreativer Stile bildet dazu den Denk- und Wirkungsraum, der die Energien und Summen einzelner Sichtweisen weit überragt. So ist es möglich, pathogene Spiralen binnen kurzem in salutogene Kooperationen zu verwandeln.

Dialogisches Lernen:
Was „reife" von „unreifen" Beziehungen unterscheidet

Fassen wir zusammen: Salutogene Maßnahmen zur Team- und Führungsentwicklung sind an zwei Merkmalen festzumachen:

- Sie erzeugen im Umgang miteinander, mit Kunden und der Umwelt ein hohes Maß an Professionalität.

- Sie erzielen zügig ein Optimum an Effektivität und Effizienz. Darin gleichen sie einem gesunden Organismus, der einem kränkelnden bald ohne größere Anstrengungen überlegen ist und weit höhere Belastungen ohne Schaden auf sich nehmen kann. In ein mechanisches Bild gefaßt, ähneln sie der exzellenten Technik und Verarbeitungsqualität eines Autos, die durch noch so viele Reparaturen und Wartungen nicht ersetzt oder aufgewogen werden kann. Das bedeutet:

> Die gleiche Energie, die zur Reparatur oder Prävention pathogener Entwicklungen verbraucht wird, erzielt einen ungleich höheren Nutzen,
> wenn sie in salutogene Prozesse investiert wird.

Was ist zu tun, um salutogene Teams zu bilden?

Ein Vergleich aus der Medizin mag das erhellen: Der norwegische Arzt Tom Anderson wirft die Idee der Reflecting-Teams auf und erläutert, was „reife" Arzt-Patienten-Beziehungen sind: Wenn ein Patient in die Arztpraxis kommt, spielt sich häufig folgende Szene ab: Der Patient schildert, was ihm fehlt. Der Arzt verschreibt ihm ein Rezept. Beide hoffen, dass das Medikament hilft. Das reicht in vielen Fällen aus, aber im Sinne Andersons ist es dennoch Ausdruck einer unreifen Beziehung. Denn woher weiß der Arzt, dass der Patient ihm die Symptomatik zutreffend geschildert, ihn auf die richtige Spur geführt hat? Um das zu gewährleisten, obliegt dem Arzt neben seiner medizinischen noch eine weitere Verantwortung: Er muss lernen, den Patienten darin zu unterstützen, dass dieser ihm seine Nöte und Bedürfnisse besser als bisher erläutern kann.

Dann vermag er – der Arzt – den Patienten therapeutisch besser zu versorgen. Das ist der erste Schritt, der alleine jedoch nicht genügt, um aus der unreifen eine reife Beziehung zu entwickeln. Der zweite Schritt besteht darin, dass der Patient seine Mitverantwortung annimmt, um den Arzt aktiv darin zu unterstützen, dass dieser ihn besser als bisher unterstützen kann. Das klingt komplizierter als es ist: Der Patient muss lernen, dem Arzt zu vermitteln, was er ihm mitteilen möchte – und vielleicht noch nicht kann. Der Arzt hat wiederum dem Patienten zu helfen, gerade das zu lernen. Beides zusammen bildet die Voraussetzung dafür, dass der Prozess der gegenseitigen Unterstützung bestmöglich gelingt. Das führt zu einer „reifen" Beziehung, die eine optimale therapeutische Intervention erlaubt. In diesem Prinzip kommt dialogisches Lernen in vielfältiger Hinsicht zum Ausdruck.

Abbildung 44: Dialogisches Lernen durch „selbst-reflexive Schleifen"

„Reife Beziehungen" im Sinne dieser Definition zeichnen die Qualität von salutogenen Teams aus. Ihr Prinzip liegt darin, die gegenseitige Verantwortung zu stärken. „Response-Ability" – die Befähigung zur Antwort – ist die Basis, um Prozesse des Gelingens zu fördern und die Risiken des Scheiterns zu minimieren. Sie stellt den Kern des dialogischen Lernens dar, das in der Auseinandersetzung mit den Schlüsselthemen, den Team-

und Kundenzielen, Wirkungsräumen und und den eingesetzten Instrumentarien zum Ausdruck kommt. „Selbst-reflexive Schleifen" repräsentieren das Perspektivenmanagement, das jeder der Partner vollzieht und in den gemeinsamen Gestaltungsprozess einbringt. Dies erhöht die Qualität der Kommunikation und bewirkt, dass der Wert der subjektiven Kommunikationsfähigkeit im Verhältnis zur Gesamtkommunikation kritisch überdacht und verbessert wird.

Leitfaden für selbst-reflexive Schleifen

Die Leitfragen dieser selbst-reflexiven Schleifen sind einfach, aber hilfreich:

- Was muss ich lernen, damit ich meinen Partner (oder Kunden) besser verstehen und unterstützen kann als bisher?

- Was muss mein Partner (oder Kunde) lernen, damit er mich besser verstehen und unterstützen kann als bisher?

- Was muss ich lernen, damit ich meinen Partner (oder Kunden) darin unterstützen kann, dass er mich besser verstehen und unterstützen kann als bisher?

- Was muss – analog dazu – ein Team lernen, damit es die Zusammenarbeit mit anderen besser gestalten kann als dies bislang der Fall war?

Diese Prozesse dialogischen Lernens beinhalten ein multifokales Vorgehen, das an mehreren Brennpunkten zugleich ansetzt: Jedes Team, das für eine Entwicklung mitverantwortlich ist – bisweilen auch jeder wichtige Kunde – definiert:

- den *Fokus eines Projekts* (oder Projektzieles) aus jeweils seiner Sicht,

- den *Wirkungsraum*, das heißt die zu erwartende „Reichweite" seines Engagements, dessen Perspektiven und gegenseitigen Nutzen, sowie

- die *wechselseitige Verantwortung*, die daraus entsteht.

Vom Multi-Power- zum Multi-Center-Team:
Wie Probleme zügig gelöst werden

Teams, die sich dieses Prinzip zu Nutze machen, bezeichne ich als Multi-Center-Teams. Eine besondere Form davon bilden die Multi-Power-Teams. Beide gehen in ihrer Arbeitsweise über die von Anderson skizzierten Reflecting-Teams hinaus: Multi-Center-Teams beziehen sich auf mehrere Handlungs-, Verantwortungs- und Funktionsebenen zugleich. Sie erlauben, selbst komplexe Wechselwirkungen und vielfach vernetzte Schnittstellen klar zu strukturieren – und bei Bedarf mit einem Minimum an Einsatz, jedoch einem Optimum an Wirkung zu modifizieren. Multi-Center-Teams dienen insbesondere der Lösung vernetzter Aufgaben und deren systematischer Optimierung. Das betrifft komplexe Projekt- und Prozessabläufe ebenso wie die Positionierung in anspruchsvollen Märkten und die Kooperation zwischen vielfältig verzahnten Teams. Am Prinzip des Value-Competence-Trainings ausgerichtet, folgt die Moderation von Multi-Center-Teams keinem langatmigen, sondern einem knappen Zeitduktus, um die Konzentration auf wesentliche Punkte zu fördern. Im Vordergrund steht die Mitverantwortung aller Beteiligten an der bestmöglichen Umsetzung der Ziele.

Aus dieser Sicht ermöglichen Multi-Center-Teams innerhalb kurzer Zeit exzellente Resultate und ersetzen oft langwierige und unergiebige Besprechungen. Damit sind sie ein geeignetes Instrumentarium, um die Arbeit von Teams mit unterschiedlichen Funktionen, Kulturen oder verschiedenen Problemlöse-Stilen aufeinander abzustimmen. Eine weitere Stärke von Multi-Center-Teams liegt darin:

- bei komplexen Herausforderungen *mehrere Lösungsansätze* zu verknüpfen,
- das Problemlöse-Verhalten der Kunden zu verstehen und das Geschäftsgebaren besser daran auszurichten und
- die gegenseitige Unterstützung zu optimieren.

Wenn sich beispielsweise Arbeitsabläufe ändern, kann das bei Partnern oder Kunden im ungünstigen Fall zu Irritationen führen, wenn die Auswirkungen ins Umfeld nicht hinreichend bedacht werden. Umsolchen Irritationen, Missverständnissen und Fehlinvestitionen vorzubeugen, sind Multi-Center-Teams von großem Nutzen.

Wie werden Multi-Center-Teams aufgebaut?

Der Aufbau von Multi-Center-Teams folgt einem siebenstufigen Vorgehen:

1. Das „Wozu" ist vielfach nützlicher als das „Warum" zu klären. Das trifft vor allem dann zu, wenn die *Bedeutung* eines Zieles für die Beteiligten zu präzisieren ist, statt nur den Anlass für eine Maßnahme festzustellen. Werden also Projekt- oder Prozessziele definiert, dann sind im ersten Schritt des Multi-Center-Teams die Bedeutungen dieser Ziele für die Beteiligten festzustellen. Dieses Vorgehen ist an die Kontextanalyse angelehnt.

2. Nun arbeiten alle Beteiligten (und Betroffenen, etwa Kundengruppen) unabhängig voneinander einen Katalog von Kernfragen durch. Es empfiehlt sich, dazu maximal fünf bis sechs Gruppen von Beteiligten und Betroffenen einzuladen. Sonst besteht die Gefahr, dass das Multi-Center-Team in den weiteren Schritten an Übersichtlichkeit verliert. Bei einer Bank waren es zum Beispiel die Geschäftsleitung, Produktentwickler, Kreditabteilungen, Competence Center und Marketingstrategen, um in einem wichtigen Marktsegment den Sprung vom „Mittelfeld" zum „Benchleader" zu schaffen. Bei einem Bauunternehmen wurden die Geschäftsleitung, Projekt- und Bauleiter, Führungskräfte des Hoch- und Ingenieurbaus sowie Lieferanten einbezogen, um das Prozess-Controlling auf Großbaustellen zu optimieren. Die Kernfragen sind in dieser Phase der Multi-Center-Arbeit den jeweiligen Aufgaben anzupassen. Sie orientieren sich jedoch grundsätzlich an folgendem Fragegerüst:

> Was, denken wir, bedeutet das Ziel konkret für mich, unser Team, unser Projekt, unsere Arbeit ... ?

> Was sollte, nach unserem Verständnis, das Ziel für die jeweils anderen (Teams, Teilprojekte, Funktionen, ...) bedeuten?

> Wie, glauben wir, können die jeweils anderen (Teams, ...) uns darin unterstützen, das Ziel zu erreichen ?

> Wie, meinen wir, können wir die jeweils anderen (Teams, ...) darin unterstützen, um das Ziel zu erreichen ?

3. Anschließend werden je 3 bis 5 Mitarbeiter aus diesen Teams (Funktionen) eingeladen, um den Prozess des dialogischen Lernens fortzuführen. Dazu sind einige Regeln zu beachten:

(a) Während ein Team seine Ergebnisse vorstellt, „weiterdenkt" und auf die Vorschläge anderer Teams eingeht, sind die anderen Teams in der Zuhörer-Position. Keinesfalls werden sie auf eine beobachtende Fish-Bowl-Perspektive eingeschränkt, im Gegenteil: Ihre Mitverantwortung und ihr aktives Engagement werden sukzessive stärker eingefordert. Allerdings kann ein Team auf Vorschläge der anderen Teams nur eingehen (oder intervenieren), wenn es im Multi-Center-Prozess an der Reihe ist. Denn die Lernprozesse entwickeln sich nicht aus einer Debatte heraus, sondern nutzen systematisch das Vorgehen des dialogischen Lernens.

(b) Des Weiteren ist es nützlich, nach dem No-Paper-Prinzip zu arbeiten. Das heißt, in der Vorbereitung können die Gruppen ihre Überlegungen durchaus schriftlich fixieren und durcharbeiten, aber im Multi-Center-Prozess sollten diese Aufzeichnungen außen vor bleiben und einem echten Dialog weichen. Sonst ähnelt das Ganze zu sehr einer gewöhnlichen Meta-Plan- oder Flip-Chart-Präsentation. Deren Gefahren liegen darin, dass alle Punkte nacheinander „heruntergearbeitet" werden, ohne die wichtigen Aspekte zu modulieren. „No Paper" unterstützt hingegen die Konzentration auf das Wesentliche im Gespräch, außerdem bleibt der Gedankengang besser in Fluss und beweglicher, als wenn papierne Gliederungen die weiterführenden Überlegungen binden. Für manche Teams ist dieses Vorgehen gewöhnungsbedürftig, weil sie sich selbst einem Präsentationszwang unterwerfen und eigenständiges Denken „vor den Augen anderer" lieber vermeiden. Dennoch, gerade die Befähigung zum konsequent eigenständigen Denken – auch vor den Augen anderer – macht den besonderen Wert der Multi-Center-Teams aus. Indem alle Teams lernen, aufeinander Bezug zu nehmen, kommen sie zu qualitativen Lösungen, die durch eine Aneinanderreihung einzelner Präsentationen nicht zu erzielen sind.

4. Jetzt ist die Zeitstruktur zu wägen: Wer bildet den Auftakt für ein Multi-Center-Team, wer schließt es ab? Dazu ist ein Prinzip aus der systemischen Organisationsberatung nützlich: Zuerst stellt dasjenige Team seine Überlegungen (zu den im Punkt zwei genannten Fragen) vor, das an einem Projekt – oder Prozess – beteiligt, jedoch *momentan* damit am wenigsten befasst ist. Anschließend erhalten alle weiteren Gruppen nach dem so genannten „Prinzip der aufsteigenden Betroffenheit" nacheinander die Gelegenheit, (a) ihre Ergebnisse und Erwartungen vorzustellen – und (b) zu den Erwägungen der jeweils vorherigen Gruppen konkret Stellung zu beziehen. Das heißt, diejenige Gruppe, die gegenwärtig am stärksten mit einem Projekt (oder Prozess) befasst ist, kommt im Multi-Center-Prozess als letzte an die Reihe und findet auf diese Weise Gelegenheit, die Vorschläge aller anderen Gruppen zu

hören, zu wägen und zu würdigen. Zugleich ist sie gehalten, auf die Lösungskonzepte all dieser Gruppen Bezug zu nehmen.

5. Sollten die Vorstellungen darüber auseinander klaffen, (a) welche Bedeutung ein Ziel hat und (b) welche Art von gegenseitiger Unterstützung zu leisten ist, sollte eine zweite Runde des skizzierten Multi-Center-Prozedere angesetzt werden. Freilich sind nun die Instruktionen für die Teilnehmer zu ändern, denn die Teams nehmen in der erneuten Runde auf ihre unterschiedlichen Vorstellungen Bezug. Das heißt, sie müssen ihre Lösungsstrategien auf die oben genannten Fragen neu ausrichten. Dieses Prozedere lässt sich wiederholen, bis ein für alle akzeptables Ergebnis gefunden wird. Die praktische Erfahrung legt ein unkompliziertes Vorgehen nahe. Bei mehreren Dutzend Multi-Center-Teams, die ich mit verschiedenen Unternehmen und Branchen durchgeführt habe, waren in keinem Fall mehr als zwei solcher Runden nötig, um Gemeinsamkeiten und Unterschiedlichkeiten aller Teams offen zu legen und verhandelbar zu machen. Ein gewichtiger Vorteil dieses Verfahrens liegt darin, dass hierarchische Beziehungen gleichsam in die Ebene gelegt und auf ihre funktionalen Verflechtungen hin untersucht werden. Das erlaubt, auch hierarchieübergreifende, effiziente Entscheidungs- und Kommunikationspfade zu modellieren und zu modifizieren. Beispielsweise wurde von einem Team beklagt, dass die Geschäftsleitung (die den Multi-Center-Prozess initiiert hatte und selbst daran teilnahm) sich nicht an getroffene Absprachen halte, sondern diese nach eigenem Gutdünken und sehr zur Ineffizienz mancher Projekte immer wieder abändere. Die Vertreter der Geschäftsleitung ignorierten diese Bemerkung jedoch und wurden dann in der zweiten Runde mit der Beobachtung konfrontiert, dass ein Ignorieren dieses Sachverhaltes die Projekte auch nicht weiterbringen werde. Jetzt war dieses Thema – auch in den Augen der Geschäftsleitung – so wichtig und offensichtlich, dass dafür eine Lösung angestrebt werden musste. Indem die wechselseitige Unterstützung auf einem neuen qualitativen Niveau organisiert wurde, wußte die Geschäftsleitung das Projektmanagement ebenfalls konstruktiv zu unterstützen.

6. In dieser Phase bilden alle Teams zusammen ein Plenum. Jetzt verhandeln sie die allgemein akzeptierte, „objektive" Bedeutung des Projektauftrags, sowie ihre wechselseitige Unterstützung und die daran geknüpften Aufgaben. Dazu gehört, Entscheidungs-, Informations- und Kommunikationspfade zu präzisieren und in das Geflecht der Teambeziehungen einzubauen. Das beugt beliebigen, unnötig gestreuten „Mengen" an Kommunikation ebenso vor wie einseitigen oder mangelhaft ausgeprägten Informationsströmen.

7. Schließlich kommt wieder „Papier" ins Spiel (durchaus zur Freude so mancher Mitarbeiter). Diesmal ist sein Einsatz berechtigt, denn die Ergebnisse, deren Umsetzung sowie die Aspekte der wechselseitigen Unterstützung sind zu dokumentieren

und verbindlich zu fixieren. Diese Dokumentationen dienen als wichtige Bausteine für die weiterführende Projektarbeit und helfen, deren „time line" zu gestalten.

Worin unterscheiden sich Multi-Power- von Multi-Center-Teams?

Multi-Power-Teams agieren als eine Sonderform der Multi-Center-Teams. Sie dienen als eine Art „Feuerwehr" der betont schnellen Lösung von Problem-Situationen. Ihr Ziel besteht darin, binnen kürzester Zeit wirksame Problemlösungen zu entwickeln, aus der Umwelt die nötige Unterstützung anzufordern und entsprechende Maßnahmen unverzüglich zu implementieren. Multi-Power-Teams zielen auf schnell umsetzbare Ergebnisse ab. Sie gehen nach dem gleichen Prinzip wie Multi-Center-Teams vor, doch mit dem Unterschied, dass in der Vorbereitungsphase nicht alle betroffenen Teams mit der Problemsituation befasst sind, sondern lediglich das Multi-Power-Team, das zur Lösung eines Problems eingesetzt wurde.

Nach der Vorbereitungsphase lädt das Multi-Power-Team die anderen relevanten Gruppen (deren Vertreter) ein, um ihnen die entsprechenden Fragen und Erwartungen aus Sicht des Multi-Power-Teams zu präsentieren. Dann kann sofort im Anschluss – oder nach einer Phase der Zwischenbewertung – das Plenum einberufen werden, um die gegenseitige Unterstützung beziehungsweise Aufträge zur Lösung des Problems auszuhandeln. Anschließend folgen die Dokumentation und Umsetzung der Ergebnisse.

Bei diesem Vorgehen ist jedoch Vorsicht ist geboten: Multi-Power-Teams sind einfacher als Multi-Center-Teams durchzuführen. Doch sie unterliegen der Gefahr, nicht hinreichend kritisch auf unerwünschte Neben- und Langzeitwirkungen der geplanten Aktivitäten zu achten. Multi-Center-Teams sind dazu besser geeignet. Bei professioneller Durchführung benötigen sie nicht mehr Zeitaufwand, sondern ein höheres Maß an ROM, Konzentration und Übersicht.

Ferner erfordern Multi-Power-Teams einen eher adaptiven, Multi-Center-Teams einen mehr innovativen Problemlöse-Ansatz. Dies ist jedoch im Einzelfall zu prüfen.

Welches Team dient welcher Situation? – Eine Entscheidungsmatrix

In mancher Hinsicht „konkurrieren" Multi-Center- und Multi-Power-Teams noch mit weiteren Formen der Teamorganisation, etwa der Einsetzung von Task-Force-Gruppen oder der Bildung von (teil-)autonomen Arbeitsgruppen. Um je nach Aufgabe und Situatuion die richtige Team-Strategie zu wählen, sind als Entscheidungskriterien (a) die Komplexität der Aufgabe, (b) die Komplexität der Schnittstellen sowie (c) die zeitliche Ausdehnung der Aufgabe und Bindung eines Teams zu beachten. Die Komplexität der

Aufgabe spiegelt die Konsequenzen für die Teamarbeit nach „innen" wider. Diese Sichtweise spielt für die Einschätzung der richtigen Team-Strategie eine ebenso wichtige Rolle wie die Komplexität der Schnittstellen-Koordination und -Kooperation, die (im Sinne des Schnittstellenmanagements) die Konsequenzen der Teamarbeit nach „außen" definiert. Beide Bezugsebenen sind in der folgenden Matrix zusammengefasst:

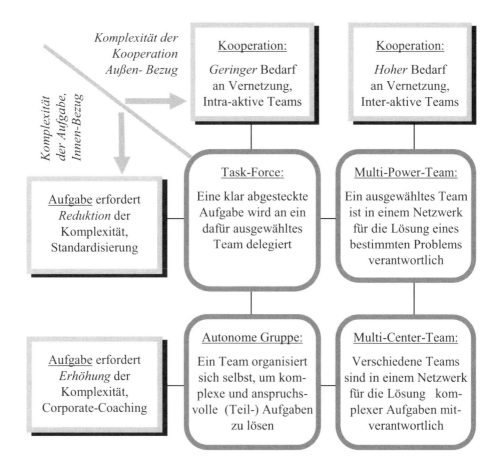

Abbildung 45: Entscheidungsmatrix für Team-Strategien

Über dieses Raster hinausgehend ist die zeitliche Perspektive von Bedeutung, um geeignete Team-Strategien zu formulieren:

♦ Autonome Arbeitsgruppen sind zeitstabil, sie werden vor allem bei der Gestaltung von Produktionsabläufen eingesetzt. Auch Unternehmensberater orientieren sich häufig an diesem Modell, soweit sie in Projekt-Gruppen selbständig an konkreten Aufgaben ihrer Kunden arbeiten.

- Task-Force-Gruppen dienen, ebenso wie Multi-Power-Teams, zur Lösung von eindeutig definierten (meist wenig komplexen), klar abgegrenzten Aufgaben und Problemstellungen. Hinsichtlich der Erfüllung dieser Aufgaben sind sie auf Projektbasis zeitlich beschränkt.

- Multi-Center-Teams werden je nach Herausforderung periodisch wiederkehrend aufgebaut, um in der Regel komplexe Lösungssysteme zu entwerfen oder kontinuierlich zu verbessern.

Virtuelle Kooperation erfordert „selbst-kooperative Kompetenz"

Multi-Center-Teams sind ferner ein hilfreiches Instrumentarium, damit virtuelle Teams sich selbst zu steuern lernen. Je stärker sich die Kooperation von physisch präsenten zu virtuellen Teams verlagert und deren Mitglieder über räumliche Distanzen und Zeitsprünge hinweg zusammenarbeiten, umso schwieriger wird es, diese Teams per „vorgesetzter" Teamführung zu leiten. An ihre Stelle tritt die Befähigung zur Selbst-Steuerung, um auf Dauer exzellente Resultate zu erzielen. Die Befähigung zur Selbst-Steuerung umfasst:

- die *Selbst-Organisation*, um die Struktur der Zusammenarbeit und auch Entscheidungs- und Kommunikationspfade eigeninitiativ zu optimieren,

- das *Selbst-Coaching*, um das Zusammenspiel (selbst in kritischen Projekt-Phasen) systematisch zu verbessern,

- die *Selbst-Führung*, um Aufgaben-, Mitarbeiter- und Delegationsorientierung ins rechte Lot zu bringen und damit die selbst-kooperative Kompetenz zu stärken.

Das Value-Competence-Training bietet – mit Hilfe von Multi-Center-Teams – einen wirkungsvollen Ansatz, die Befähigung zur Selbststeuerung und Eigeninitiative zu fördern und die virtuelle Kooperation zu stärken.

Selbst-führende Teams

Die Fähigkeit von Teams, ihre Zusammenarbeit eigeninitiativ zu optimieren, ist auf zwei Ebenen zu bewerten:

- Wie gut vermag ein Team sich jeweils selbst zu organisieren?
- Wie professionell ist dessen Fähigkeit, in Kooperation mit anderen ein „Team von Teams" zu entwickeln?

Die formale Struktur eines Teams sagt wenig über dessen tatsächliche Effektivität und Effizienz aus, noch über die Qualität der Zusammenarbeit – so wie ein Skelett wenig über die Fitness der Muskulatur eines Organismus verrät. Damit ein Team lernt, sich selbst bestmöglich zu entwickeln, das heißt, seine Kommunikations-, Kooperations- und Koordinationspfade eigenständig zu verbessern, muss es insbesondere die Befähigung zur Selbst-Führung stärken.

Um dem Anspruch zur Selbst-Führung gerecht zu werden, sind einige Überlegungen zum Thema „Führungsstile" angezeigt. Im Rahmen der Selbst-Führung ist es noch wichtiger als bei der Führung durch Vorgesetzte, variable Führungsstile zu erkennen, zu artikulieren und sie im rechten Moment zu aktivieren.

„Kooperative Führung": Ein zwiespältiger Begriff mit Potenzial für Missverständnisse

Die Selbst-Führung bildet ein wichtiges Momentum bei der Gestaltung salutogener Teams. Dabei ist dem Risiko der sprachlichen Konfusion entgegenzuwirken, das die Entwicklung salutogener Teams empfindlich stören würde: In der Praxis entsteht diese Konfusion durch den unterschiedlichen Gebrauch ähnlicher Führungsbegriffe, etwa dem der „kooperativen Führung". Ohne auf die Vielfalt von Führungsmodellen ausführlich einzugehen, möchte ich diesen Aspekt an zwei Klassikern der Führungslehre illustrieren.

Ein Beispiel: Ein Bauunternehmen, das ein optimiertes Prozess-Controlling für Großbaustellen einzurichten sucht, unterstreicht unisono die Notwendigkeit eines „kooperativen" Führungsstils, von den Geschäfts- bis zu den Projekt- und Bauleitern. Weil sich der Begriff der kooperativen Führung längst im allgemeinen Sprachschatz etabliert hat, wird diese Einsicht als überfällig betrachtet, ohne ihre weitere Bedeutung zu hinterfragen. Nun führt ausgerechnet der Wunsch nach kooperativer Führung zu Twistigkeiten und Verstimmungen. Wie das?

Leisten wir uns den Luxus zu fragen, was die Manager vom Bau, die für Projekte im 100-Millionen-Dollar-Bereich und mehr verantwortlich sind, unter „kooperativem Führungsstil" verstehen: So etabliert dieses Führungskonzept ist (und exemplarisch für zahlreiche andere Führungsmodelle steht), so überraschend sind die Ergebnisse, die eine Befragung bei den Bau- und Projektleitern „vor Ort" zu Tage fördert: Mit dem Begriff „kooperativ" werden verschiedene Denkmodelle verknüpft, die auf so mancher Baustelle für reichlich Zündstoff sorgen. Noch deutlicher wird der Dissens, wenn sich die Fragen nicht auf bestimmte Führungsstile (wie dem „kooperativen"), sondern auf komplexere Führungsmodelle (etwa das Modell der „situativen Führung") beziehen. Dann vergrößert sich die Kluft dessen, was die Beteiligten konkret darunter verstehen. Unter anderem taucht immer wieder die Rede vom Generationenkonflikt auf: Manche Alterskohorten verknüpfen mit den Begriffen „kooperativ" oder „situativ" Assoziationen, die von anderen Gruppen so nicht geteilt werden. Was steckt dahinter?

Hinter dem Begiff „kooperative Führung", verbergen sich zwei dominante Modelle, die Führungsgeschichte schreiben. Das in früheren Jahren weitverbreitete Modell des *Managerial Grid* (nach Blake und Mouton) geht von zwei Führungsdimensionen aus: der Aufgaben- und Mitarbeiterorientierung. In dem Modell bedeutet kooperative Führung, auf beiden Achsen hohe Ausprägungen aufzuweisen.

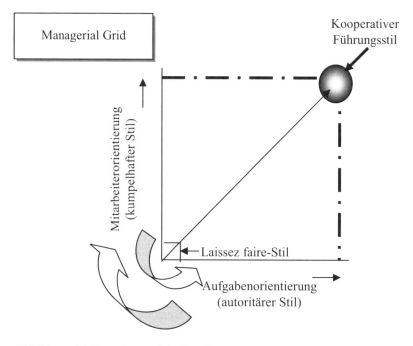

Abbildung 46: Das Verständnis der „kooperativen Führung" im Managerial Grid

Dieses Führungsmodell erlaubt, insgesamt vier Führungsstile zu unterscheiden:

- Autoritär (horizontale Achse, überwiegend leistungs- und aufgabenorientiert),

- Kumpelhaft (vertikale Achse, überwiegend am Wohl der Mitarbeiter orientiert),

- Laissez faire (nichts von beiden), und

- Kooperativ (beide Achsen, sowohl hohe Leistungs- sowie Mitarbeiterorientierung).

Stellt man diesem Grid das weiterentwickelte Führungsmodell von Lutz von Rosenstiel gegenüber, das in den 80er und 90er Jahren zum wesentlichen Führungsmodell avancierte und auf dem weitere Modelle (etwa das Modell der „situativen Führung") aufbauen, dann sind eine Reihe von Unterschieden festzustellen, die sich im Sprachgebrauch unserer Baumanager wiederfinden.

„Kooperation" im Angesicht des Patriarchen

Es ist zu beobachten, dass nachrückende, jüngere Bauleiter eher ein Führungsverständnis im Sinne Lutz von Rosenstiels entwickelt haben, während die etablierten, meist älteren Bauleiter der Philosophie des Managerial Grid anhängen und darin die angestammte Führungskultur im Unternehmen verkörpern. Das Führungsmodell von Rosenstiel hebt sich vom Managerial Grid dadurch ab, dass zu den Führungsdimensionen der Aufgaben- und Mitarbeiterorientierung als dritte Achse die Delegationsorientierung hinzukommt. (Daraus lassen sich dann im Sinne situativer Alternativen acht verschiedene Führungsstile ableiten und nicht nur vier, wie es beim Grid der Fall ist.) Kooperative Führung bedeutet, auf allen *drei* Achsen jeweils hohe Ausprägungen aufzuweisen.

Aufgaben- und Mitarbeiterorientierung allein, ohne Delegationsorientierung, entspricht in diesem Modell hingegen einem „patriarchalischen" Führungsstil. Obgleich nun alle Bauleiter von „kooperativ" reden, stützen sie sich implizit doch auf verschiedene Denk- und Führungsmodelle, die zu unterschiedlichen Verhaltensmustern und mangelndem gegenseitigen Verständnis führen. Auch wenn die skizzierten Unterschiede den pragmatischen Akteuren nicht bewusst sind, setzen hier mannigfache Konflikte an. Oft hilft bereits die bewußte Artikulation dieser Führungsmodelle und -ideen, um den Prozess der Selbst-Reflexion und des Selbst-Coaching in Gang zu setzen und schwelende Differenzen zu überwinden.

Generationenkonflikte erklären

Wenn die beiden Aspekte der „Leistungs"- und „Mitarbeiterorientierung" stark ausgeprägt sind, so das Managerial Grid, handelt es sich um einen optimalen, kooperativen Führungsstil. Viele der älteren Führungskräfte haben dieses Modell über viele Jahre ihres beruflichen Wirkens verinnerlicht. Das sei keineswegs zutreffend, so das „jüngere" Modell von Rosenstiel. Denn nur die Leistung seiner Mitarbeiter zu kontrollieren und sich gleichzeitig um deren Wohl zu sorgen, ohne sie in Entscheidungsprozesse mit einzubeziehen und Verantwortung an sie zu delegieren, gleiche dem Führungsstil eines Patriarchen. Der sagt, wo es langgeht, achtet auf die Resultate, denkt aber nicht daran, eigene Kompetenzen oder Befugnisse abzugeben. Erst wenn jemand zu delegieren lernt, also Verantwortung in die Selbstverantwortung seiner Mitarbeiter überträgt und darin eine ebenso ausgeprägte Orientierung wie auf den beiden anderen Achsen entwickelt, ist von wirklich kooperativer Führung die Rede.

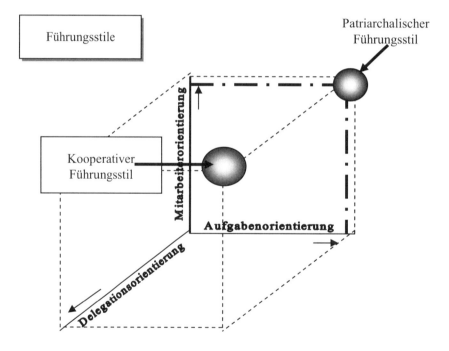

Abbildung 47: Das Verständnis der „kooperativen Führung" nach Lutz von Rosenstiel

In den meisten Organisationen haben die Überlegungen Raum gegriffen, die das Führungsmodell von Rosenstiel bietet. In Zielvereinbarungen, Mitarbeitergesprächen und Förderprogrammen finden sie ihren Ausdruck. Wie aber steht es um Teams, die sich selbst – und selbstverantwortlich – zu steuern und zu führen haben? Was nützt die Aufgaben-, Mitarbeiter- und Delegationsorientierung den *selbst-führenden* Teams? Wie können sich diese selbständig entwickeln und organisieren, ohne die Herausforderungen eines professionellen Führungsanspruches außer Acht zu lassen?

Selbst-Führung: Aufgaben- und Mitarbeiter-Orientierung im Wandel

Fassen wir zunächst die Bedeutung der Führungsdimensionen aus der Sicht von Rosenstiel zusammen und transformieren sie dann zu Instrumentarien, die einen essentiellen Beitrag zur Selbst-Führung von Teams liefern. In diesem Prozess mutieren die Dimensionen der Aufgaben-, Mitarbeiter- und Delegationsorientierung. Ihnen kommt eine andere Bedeutung zu, als dies bei der Mitarbeiterführung durch Vorgesetzte der Fall ist.

1. *Aufgabenorientierung* rückt die Leistung in den Mittelpunkt. Bei der Mitarbeiterführung lauten die Fragen: Wie viel bringen die Mitarbeiter, wie gut sind die Arbeitsergebnisse? Hier ist wie beim Managerial Grid von autoritärem Führungsstil die Rede. Dieser Führungsstil ist anzeigt, wenn kritische Situationen zügig zu bewältigen sind und Lösungen top-down durchgesetzt werden müssen. Bei der Aufgabenorientierung selbst-führender Teams verschwindet der autoritäre Aspekt. Er wird durch den Prozess des ziel- und leistungsorientierten, dialogischen Lernens ersetzt. Zum Beispiel versuchen selbst-führende Teams mit Hilfe von Multi-Center-Prozessen, die einen hohen Grad an Selbst-Organisation und Selbst-Steuerung bieten, für alle Beteiligten die Zielprofile herauszuarbeiten. Die Bedeutung der Ziele und Leistungsanforderungen wird für alle Beteiligten und Betroffenen hinterfragt. Auf diese Weise werden Missverständnisse von Beginn an ausgeräumt und Aufgaben wirkungsvoll umgesetzt.

2. *Mitarbeiterorientierung* achtet auf das Wohl des Personals. Für die Führung von Mitarbeitern heißt das: Wie gut fühlen sich die Mitarbeiter im Unternehmen aufgehoben, was kann für ihr Wohlbefinden getan werden? Das Stichwort lautet „kumpelhafter Führungsstil". Dieser Führungsstil ist bei persönlichen Problemen einzelner Mitarbeitern angezeigt oder zur Unterstützung der Nachwuchsförderung geeignet. Im Rahmen der Selbst-Führung rückt das „Kumpelhafte" der Mitarbeiterorientierung in den Hintergrund. Vielmehr wandelt sich die Mitarbeiterorientierung zu einem Instrumentarium, das die Zusammenarbeit systematisch optimiert und deren Effizienz nachdrücklich fördert. Indem die gegenseitige Unterstützung konsequent verbessert wird, können salutogene Prozesse auf Teamebene stabilisiert und zugleich hohe Leistungsziele wirksam, aber gelassen umgesetzt werden.

3. *Delegationsorientierung* sucht Verantwortung auf Mitarbeiter zu übertragen. Dabei ist abzuwägen, welche Ziele mit diesen vereinbart werden, und wie selbständig sie deren Durchführung gestalten. Ein ausgeprägt delegationsorientierter Führungsstil ist bei selbständigen Mitarbeitern angezeigt, ebenso bei der Übertragung von Aufgaben an eigenständige Profit-Center. Bei selbst-führenden Teams wird die Delegationsorientierung zu einem integralen Bestandteil der wechselseitigen Auftragsklärung, wie sie im Multi-Center-Team in der Plenumsphase erfolgt. Dabei ist zwischen *Delegation, Selbstdelegation und Rückdelegation* zu unterscheiden: Delegation heißt zunächst, die Umsetzung von Aufgaben an andere Teams zu übertragen. Hier liegt die Schnittstelle, über das eigene Teams hinaus ein „Team von Teams" zu bilden. Zugleich liegt es in der Verantwortung solcher Team-Netzwerke, mit der Übertragung von Verantwortlichkeiten auch die Befähigung zur wechselseitigen Unterstützung zu stärken. Darüber hinaus wird ein Team umso besser in der Lage sein, Aufgaben an sich selbst zu delegieren (das heißt, im Netzwerk die Verantwortung zu übernehmen), je mehr das professionelle Selbst-Coaching erlaubt, ideale interne Voraussetzungen eigeninitiativ zu gestalten. Solches qualifiziertes Selbst-Coaching ermöglicht es, an schwächere Teams bislang nicht geleistete Aufgaben rückzudelegieren und deren erfolgreiche Umsetzung zu begleiten. Insgesamt ist festzustellen, dass bei selbst-führenden Teams das Delegationsverhalten eng mit der Befähigung zur Selbst-Verantwortung und zum Selbst-Coaching verknüpft ist.

Nun sind, analog zum Führungsmodell von Rosenstiel, neben diesen prinzipiellen Führungsstilen noch eine Reihe von „Mischformen" zu beobachten. Während die modifizierte Aufgaben-, Mitarbeiter- und Delegationsorientierung ein Team vor allem darin unterstützt, sich selbst zu führen, sind die Mischformen mehr für die Zusammenarbeit von mehreren Teams und die Gestaltung eines „Teams aus mehreren Teams" bedeutsam:

4. *Laissez faire* bedeutet, dass keine der genannten Führungsdimensionen erkennbar ausgeprägt ist. Dieser Führungsstil ist angebracht, wenn ein Vorgesetzter Repräsentationsfunktionen einnimmt, seine Mitarbeiter jedoch besser qualifiziert und selbständig motiviert sind. Ansonsten ist dies ein sehr bedenklicher Stil, der bei selbstführenden Teams allenfalls Ruhepausen charakterisieren dürfte, oder führungsfreie Phasen, wenn gut eingespielte Teams Routinetätigkeiten abwickeln.

5. *Kooperativer Führungsstil* heißt, wie schon angemerkt, dass alle drei Dimensionen stark ausgeprägt sind. Er gilt als optimaler Führungsstil, indem er verschiedene Führungsebenen vernetzt. Allerdings setzt er ein gutes Zusammenspiel aller Beteiligten voraus, unterstützt dieses jedoch auch in einer gewissen Weise. Bei selbst-führenden Teams dient die Befähigung zur eigenverantwortlichen Kooperation als wichtiger Gradmesser für das Personalcontrolling.

6. *Patriarchalischer Führungsstil* bedeutet hohe Leistungs- und Mitarbeiterorientierung, jedoch geringe Delegationsorientierung. Dies gibt Mitarbeitern das Gefühl von Geborgenheit, trotz großer Produktivität, und „entlastet" sie von Verantwortung und Eigeninitiative. Dies ist bei einfachen, wenig anspruchsvollen Arbeiten für die Mitarbeiter bisweilen nützlich, oder wenn diese anspruchsvollere Tätigkeiten noch nicht ausführen können. In der Zusammenarbeit mehrerer selbst-führender Teams kommt diesem Führungsstil jedoch eine ganz andere Komponente zu: Je höher der Grad an Selbst-Delegation ist, mit dem mehrere kooperierende Teams ihre Aufgaben eigenständig annehmen und umsetzen, umso geringer wird ihr Bedarf an wechselseitiger Delegation. Die Delegationsorientierung tritt (außer im Sinne der Selbst-Delegation) in den Hintergrund, die „patriarchalischen" Aspekte der gegenseitigen Ziel- und Leistungsklärung und Unterstützung rücken in den Vordergrund.

7. *Der Mentor-Stil* verbindet hohe Mitarbeiter- und Delegationsorientierung mit geringer Leistungsorientierung. Er charakterisiert im Rahmen der Mitarbeiterführung oft die Funktion des schützenden „Paten" für Nachwuchskräfte, die das Unternehmen kennenlernen sollen, aber noch keine echte Leistungsverantwortung haben. Bei selbst-führenden Teams kann dieser Führungsstil angezeigt sein, wenn in ein bestehendes „Team von Teams" weitere Arbeitsgruppen oder Funktionseinheiten (sprich „neue" Teams) integriert werden. Damit diese zügig an der Umsetzung der Aufgaben mitarbeiten können, ist es nützlich, wenn sie einerseits in einen Multi-Center-Prozess einbezogen werden, um gegenseitige Erwartungen und Zielprofile zu klären, andererseits die gezielte Unterstützung durch ein bereits etabliertes Team vorfinden. Ein Team, das als „Pate" solche Mentorfunktionen übernimmt, hat neben der fachlichen Unterstützung die Aufgabe, ein neues Team mit den Prozessen des Selbst-Coachings und der Selbst-Führung im Netzwerk vertraut zu machen.

8. *Fachliche Förderung* heißt, dass ein Vorgesetzter seinen Mitarbeitern gegenüber eine hohe Leistungs- und Delegationsorientierung zeigt, sich um deren Wohlbefinden (Mitarbeiterorientierung) aber nur nachrangig kümmert. Um zu konstruktiven Ergebnissen zu kommen, setzt dieser Führungsstil Mitarbeiter voraus, die Eigeninitiative entfalten, Aufgaben selbständig übernehmen und ausschließlich nach ihrem Leistungsniveau zu beurteilen sind. Einem Netzwerk von selbst-führenden Teams nützt dieses Prinzip, wenn ihre Kommunikation und Zusammenarbeit „stimmt", also die Kooperation und Koordination zwischen mehreren Teams gut eingespielt ist, zugleich aber die Ziele, deren Rahmenbedingungen, Bedeutungen oder Innovationsgrade sich häufig ändern. Dann werden die Formen der gegenseitigen Unterstützung (Mitarbeiterorientierung) nicht immer aufs Neue zu präzisieren sein, wohl aber die Abstimmung der Zielprofile und des Delegationsverhaltens, das flexible Formen der Selbst- und Rückdelegation miteinschließt.

Die Befähigung zur Selbst-Führung entscheidet über den Wert des E-Commerce

Die skizzierten Dimensionen selbstführender Teams sind für die virtuelle Kooperation und deren Gelingen in überregionalen und globalen Netzwerken von entscheidender Bedeutung. Gleiches gilt für das langfristige Gelingen von E-Commerce-Aktivitäten. Nicht die Bildschirm-Maske, sondern die Professionalität des *Zusammenspiels* aller Beteiligten entscheidet darüber, welcher Anbieter auf Dauer eine glaubhafte Kundenorientierung entwickelt und ein stabiles Vertrauen in die Tragfähigkeit seines E-Business aufzubauen vermag.

Vereinfachte Geschäftsprozesse, die das Internet an der Oberfläche bereitstellt, erhöhen das Wertschöpfungspotenzial, wenn einzelne Firmen im Rahmen ihrer Business-to-Business- oder Business-to-Consumer-Aktivitäten ihre etablierten Geschäfte auf einem hohen Niveau an selbst-steuernder Kompetenz zusammenfassen. Dann dient das Internet kooperierenden Teams als zusätzliches Fenster, um Produktions-, Informations- und Vertriebsabläufe zu verbessern. Das heißt, dass E-Reengineering umso mehr zur Effizienz der Abläufe beiträgt, je besser den beteiligten Teams der Prozess der Selbst-Führung gelingt.

Das hat Konsequenzen für die Bewertung von Unternehmen – sei es aus betrieblicher Perspektive, um für strategische Entwicklungen geeignete Partner aufzuspüren, oder aus persönlicher Sicht, um die Attraktivität von Arbeitgebern zu testen: Langfristig sagt das Niveau der Selbst-Führung mehr über die Entwicklungs- und Wertschöpfungspotenziale eines Unternehmens aus, als deren aktuelle Bilanzen und Auftragsbücher dies leisten könnten. Die Befähigung zur Selbst-Führung stellt eine Meta-Kompetenz dar, die es einem Unternehmen erlaubt, jenseits des derzeitigen Auftragsvolumens mit unterschiedlichsten Herausforderungen souverän umzugehen.

Wie sich vernetzte Teams selbst coachen ...

Der Prozess des Selbst-Coachings vernetzter Teams ist konzeptionell an systemische Verfahren angelehnt, geht in der Praxis jedoch über diese Ansätze hinaus. Dort beobachtet meist ein Coach den Interviewer, wie dieser mit dem Interviewten umgeht, welche Fragen er aufwirft, welche Themen er aufgreift oder übersieht. In bestimmten Intervallen unterbricht der Interviewer das Gespräch mit seinem Klienten, um sich mit seinem Coach zu beraten, wie er – der Interviewer – sein Interview (oder Audit) noch besser gestalten könne. Beim Reflecting-Team wird dazu das Interview meist unterbrochen, damit Interviewer und Coach sich zurückziehen und neue Ansätze für den weiteren Verlauf des Interviews ausloten.

Anders, wenn sich vernetzte Teams selbst coachen. Dann sitzt der Interviewte in aller Regel dabei und hört zu, wenn der Interviewer sich dem Coach zuwendet und mit ihm berät, wie die bisherige Interviewführung verbessert werden könnte. Sowohl dem Interviewer als auch dem Coach bietet dies zugleich die Chance, ihrem Klienten ungewohnte Ansichten nahe zu bringen und ihn zum Zuhören und Mitdenken zu bewegen. Dieser systematische Perspektivenwechsel zwischen Interviewer und Coach erweitert das Repertoire an Lösungsstrategien, zumal der Interviewte als aktiver Zuhörer dabei bleibt und anschließend, wenn sich der Interviewer wieder ihm zuwendet, sondieren kann, was das Coaching-Intervall aus seiner Sicht tatsächlich bringt oder bewirkt.

Diese „doppelte Reflexion" vermag die Qualität eines Interviews (oder Audits) zu steigern. Damit der Nutzen den Aufwand tatsächlich lohnt, sind allerdings zwei Voraussetzungen zu beachten:

Erstens sollte jeder Beteiligte damit zurechtkommen, nicht nur die Perspektiven, sondern auch die Rollen in diesem Prozedere zu wechseln: der Interviewte vom Gesprächspartner zum beobachtenden Zuhörer, der Interviewer vom Auditor zum Ratsuchenden, der Coach vom Berater zum Beobachter. Sonst droht der gesamte Prozess durcheinander zu purzeln wie ein Mikadospiel, dem das falsche Stäbchen entzogen wird. Zweitens ist es wichtig, die Leistungsfähigkeit der systemischen Modelle, die den Hintergrund für diese Vorgehensweisen bilden, selbst in Frage zu stellen, statt sie schematisch abzuarbeiten.

Das Mentor-Team unterstützt die Kunden- wie die Lieferantenteams, damit diese ihre interne Zusammenarbeit als auch ihre Beziehungsstrukturen verbessern (im Sinne des Corporate-Coachings sowie des Customer-Coachings).

Das Mentor-Team sollte dabei nicht als „Partner" der Beteiligten auftreten, weil sonst die übergeordnete Perspektive verloren gehen und es in Konkurrenz zu den anderen Teams geraten könnte. Das würde nicht zur Stärkung, sondern zur Aufsplitterung des Team-Netzwerkes führen. Falls der Kunde in einer Doppelrolle agiert, indem er im Sinne eines Auditing zugleich der Kunde und Coach des Lieferanten ist, sollte er deutlich machen, ob er aus Sicht des Kundeninteresses, als Mentor des Kundensystems oder als Coach des Lieferanten agiert.

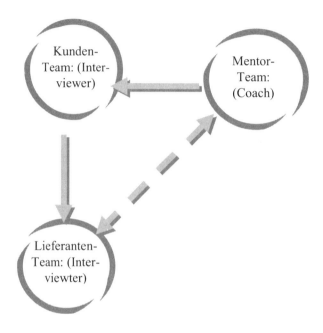

Abbildung 48: Selbst-Coaching von vernetzten Teams

Unzulänglichkeiten des „systemischen" Coachings bedenken

Prinzipiell bietet das skizzierte Vorgehen eine hilfreiche Stütze, um die Kooperation von vernetzten Teams effektiver zu gestalten. Doch so manchen systemischen Ansätzen wohnen Schwächen inne, die es zu überwinden gilt. Sie nutzen den gezielten Perspektivenwechsel, um die Bandbreite verfügbarer Informationen zu erhöhen. Dabei differenzieren sie kaum, ob sie adaptive oder innovative Problemlösestile verfolgen – und welche Problemlösestile aus „Klienten"- (Kunden-) Sicht für eine optimierte Lösung nötig wären. Hinzu kommt, dass systemische Verfahren auf Grund ihres didaktischen Erscheinungsbildes als abwechslungsreich und deshalb attraktiv erscheinen. Sie bewahren ein Unternehmen damit aber nicht vor Klumpenrisiken und aktionistischen Aktivitäten, wenn entsprechende Analysen fehlen. Deshalb schüren populär-systemische Verfahren das Risiko, der Clownerie den Vorzug vor der Strategie zu geben.

Das Beispiel von Mitarbeitern einer Bank mag das illustrieren. Nach einigen Workshops zur „Verhandlungstechnik", die auf systemischen Vorgehensweisen aufbauen, treten sie neuerdings bei ihren Geschäftskunden gern zu zweit auf. Dabei begeben sich die beiden Banker in eine Interviewer-Coach-Position, während der Kunde als Interviewter mit einem der beiden Banker verhandelt, während der zweite „beobachtet" und bei Bedarf (unter Anwesenheit des Kunden) seinem Kollegen gute Ratschläge zur besseren Verhandlungsführung gibt.

So wohlgemeint dieses Vorgehen ist, so mechanisch wird es häufig abgearbeitet – sehr zur Irritation und zum Verdruss des Kunden. Im konkreten Fall war Folgendes passiert: Beide Banker waren offensichtlich Adaptoren, hatten ihren eigenen Problemlösestil aber weder reflektiert noch auf den tatsächlichen (oder zu erwartenden) Bedarf des Kunden hin abgestimmt. Als (verdeckter) Coach ihres Kunden hatte ich die Gelegenheit zu sehen, dass sie ihm einige wenige Ideen und Alternativen offerierten. Doch zu jeder Idee führten sie ihm zahlreiche Details vor. Wozu nutzten sie dann ihre „Coaching-Phasen"? Nun, in diesen Coaching-Phasen wendeten sie noch mehr Details, um gegenseitig mit ihrem Wissen zu glänzen und – aus ihrer adaptiven Sicht – nichts zu übersehen, was den Kunden (ihrer Meinung nach) „interessieren" könnte. Sie leisteten sich diesen „detailorientierten Perspektivenwechsel", obgleich der Industrie-Kunde ausdrücklich einen Überblick über innovative Modelle erhalten wollte, die das Bankhaus von anderen unterscheiden und für ihn attraktiv machen würden.

Das artikulierte er auch im Interview, um seine Verhandlungsposition zu stärken. Leider wussten die Banker darauf nicht einzugehen, weil sie über ihr „systemisch" antrainiertes Prozedere nicht hinauszublicken und ihren Problemlösestil nicht zu variieren vermochten. Ausgerechnet im selben Unternehmen fiel ein weiteres Banker-Duo noch unangenehmer auf. Es „bediente" einen anderen Geschäftsbereich nach dem gleichen Prinzip. Das Kunden-Motiv war ähnlich gelagert und sollte über innovative Möglichkeiten der Zusammenarbeit einen Überblick verschaffen. Hier folgten die beiden Banker augenscheinlich verschiedenen kreativen Ansätzen, die sie selbst jedoch nicht bedachten und mit deren Konsequenzen sie nichts anzufangen wussten. Die Folge: Statt eines konstruktiven Dialogs führten sie den Kunden just während ihres gegenseitigen Coaching-Prozesses einen Disput über unterschiedliche Möglichkeiten und Sichtweisen vor, ohne ihre diversifizierten Ansätze zu integrieren. Ihr gebündeltes Wissen war umfassend, doch ihr Niveau an Selbst-Führung schwach, und so blieb es den Kunden überlassen, davon zu halten, was sie wollten.

Wie professionelle Kunden zum Coach ihrer Berater werden

Natürlich sprach sich dieses Gebaren der Banker herum, nicht ohne eine gewisse Spur der Verwunderung zu hinterlassen. Nicht die Professionalität der Banker, sondern die Irritation der Kunden wurde angesichts dieser Art von „systemischen" Coaching nun zum beherrschenden Thema, wenn das Gespräch auf besagte Bank kam.

Was tun? Zum Glück für die Banker erwiesen sich deren Kunden als die professionelleren Partner. Im Zuge von Multi-Center-Teams wurden die Banker eingeladen, ihre Leistungs- und Beratungsziele aus Kundensicht kennenzulernen. Überdies lernten die Kunden im Value-Competence-Training, wie sie ihre Banker darin unterstützen können, dass diese sich gegenseitig besser als bisher „coachen", um ihren Kunden tatsächlich die erwünschte Dienstleistung zu erbringen. Nun wurden die Kunden zum Coach der Berater, damit diese ihre Beratungsqualität für die Kunden doch noch erhöhen konnten. Auf diese Weise wurden die Banker aus ihrer bis dato „systemischen Denkweise" herausgelöst und in salutogene, selbst-führende Teamprozesse mit ihren Kunden einbezogen. Der Kunde ließ sich auf eine Doppelrolle aus Kundensystem und Mentor-Team ein, um Leistungen des Lieferanten in Empfang zu nehmen und zu verbessern.

Customer-Coaching jenseits der verbindlichen Normen

Das Selbst-Coaching vernetzter Teams zeichnet sich dadurch aus, dass zum Beispiel das Kunden-Team (das dem „Interviewer" oder Auditor entspricht) seine interne Zusammenarbeit optimiert (Self-Auditing), sowie die anderen Teams, etwa die Lieferanten („Interviewte") berät und die Qualität der wechselseitigen Kooperation fördert. Dabei können diese Rollen zwischen den beteiligten Teams je nach Aufgabe wechseln. Dazu dienen Frage- und Moderationstechniken der Kontext- und Auftragsklärung, der Trilogie des Könnens und des Effektoren-Managements. Ein als „Mentor-Team" beauftragtes Team unterstützt dieses Geschehen, indem es das Netzwerk der anderen Teams beobachtet, ähnlich wie in einem Förder-Assessment. Sein Feedback zielt darauf, die jeweils interne Zusammenarbeit der kooperierenden Teams und deren Zusammenspiel zu verbessern. Dies wird zum Teil durch verschiedene Qualitätsnormen (ISO-Normen, Öko-Audits, etc.) abgedeckt, die einen verbreiteten Standard bilden. So stellen etwa die ISO-Standards eine wichtige Grundlage zur Gestaltung erfolgreicher Unternehmensabläufe dar. Doch ist zu bedenken, dass jenseits aller Standards die subjektive Situation eines Betriebes zu würdigen ist, um die nötigen Kern- und Lernprozesse zu definieren. Zum anderen bedarf jeder Standard selbst der Fortentwicklung. Deshalb ist der Schritt vom Nachahmer zum Benchleader auch hier von Bedeutung: Das Customer-Coaching macht bei der Erfüllung eines Standards nicht Halt. Es beachtet stets die besondere Situation des Unternehmens, die spezifische Kundensituation und die Konsequenzen für den Ausbau der Pole- sowie der Lead-Position. Dies bedeutet:

- die bevorzugten und benötigten Problemlöse-Stile sowohl der verantwortlichen Teams als auch der Kunden ins richtige Verhältnis zu setzen,
- die Effektoren sowohl der eigenen sowie der Kundensituation zu würdigen, um die richtigen Maßnahmen zu treffen,
- den Innovationsgrad dieser Maßnahmen einzukalkulieren, um geeignete Lernprozesse im Unternehmen zu initiieren und beim Kunden zu fördern.

Eine weitere Möglichkeit, selbstführende Teams zu unterstützen, bilden lösungsorientierte Skulpturen. Sie erlauben, die Wirksamkeit von Lösungsideen zu visualisieren und die Konsequenzen unterschiedlicher Lösungsstrategien im gesamten Netzwerk sichtbar zu machen.

Anders als dies bei familientherapeutischen Verfahren und deren Pendant in der Teamentwicklung üblich ist, geht es hier nicht um die Konstellation früherer Beziehungen und deren Einfluss auf die gegenwärtige Situation. Vielmehr sind aus der Sicht vernetzter Teams optimale Lösungen für eine Aufgabe (oder Problemstellung) zu eruieren. Das heißt, verschiedene Lösungsentwürfe sind im Team-Netzwerk auf ihre umfassende Tauglichkeit und Akzeptanz zu prüfen. Dieses Vorgehen ermöglicht, Lösungsstrategien im Sinne eines „Gesamt-Optimums" zu modifizieren.

Lösungsorientierte Skulpturen

Mit Hilfe lösungsorientierter Skulpturen werden Teams so im Raum bewegt, dass deren Nähe-Distanz-Beziehungen, ihre interaktive Dynamik und gegenseitige Zu- oder Abwendung sowie einige knappe, aber für die jeweilige Situation charakteristische Aussagen interpretiert werden können. Die Betonung liegt auf „bewegt": Der Grad der Veränderung zwischen einer aktuellen Situation und einer künftigen, optimierten Lösungsoption liefert die zentrale Aussage. Je größer dieser Unterschied ausfällt, umso stärker wird die interpretationswürdige Dynamik und die Bewegung von einem Zustand zum anderen sein. Es geht nicht darum, das sei nochmals betont, die Mitarbeiter eines Teams „aufzustellen" und die Ursachen für deren Beziehungsstrukturen und Befindlichkeiten zu reflektieren. Dieses Verfahren ist wohl populär und dient primär dem Konflikt- und Krisenmanagement. Doch im Sinne salutogener Teams sind andere Entwicklungsschritte wichtiger, um den Krisen und Konflikten erst gar keinen Nährboden zu bieten. Lösungsorientierte Skulpturen liefern dafür einen wertvollen Beitrag (in der englischen Version des Value-Competence-Trainings steht dafür der Begriff Sculptured Solutions). Sie können vielfach eingesetzt werden, um:

- aus Kundensicht den Nutzen und das Design von Produkten zu optimieren,
- mehrere neue oder „fremde" Teams reibungslos in ein Projekt einzubinden,
- variable Strategien für eine bessere Markt- und Kundennähe zu simulieren und
- im Projektmanagement die erforderlichen Initiativen zu modellieren.

Die Arbeit mit Team-Skulpturen

Unabhängig von diesen Themen, folgt die Arbeit mit lösungsorientierten Skulpturen im Team stets einem vierstufigen Vorgehen:

(1) Zunächst wird gemäß der *Ziel- und Aufgabenstruktur* eine Netzwerk-Skulptur modelliert. Sie rückt die Funktionseinheiten (das heißt, deren Personen oder Teams) in den Mittelpunkt, die am meisten mit der Ziel- und Entscheidungsbildung befasst sind. Von diesen ausgehend wird mit allen Beteiligten und Betroffenen eine „Lösungsskulptur" gebildet. Dazu werden interne Strukturen sowie Schnittstellen zu anderen Funktionseinheiten, Lieferanten, Kunden oder Partnern (etwa bei strategischen Allianzen) berücksichtigt und mit Hilfe variabler Gestaltungsmerkmale so entwickelt, wie sie sich auf Grund der antizipierten Lösung abzeichnen.

(2) Dann wird der Aspekt der *Umsetzung* in den Mittelpunkt gerückt. Die Aufmerksamkeit gilt jetzt weniger der Entscheidungsbildung, sondern der Machbarkeit von Lösungen. Unter diesem Blickwinkel (das heißt aus der Sicht der Teams, die in dieser Phase am meisten in der Verantwortung stehen) werden Lösungsalternativen re-arrangiert. Jede Veränderung der ursprünglichen, entscheidungsbasierten Skulptur aus der Phase eins muss begründet, die Unterschiede in der Modifikation klar herausgearbeitet und sichtbar in „Bewegung" gesetzt werden. Diese Bewegung kann durch Nähe-Distanz-Beziehungen, durch veränderte Spannungsbögen zwischen den Beteiligten oder Tempi in der Dynamik angezeigt werden.

(3) Jetzt richtet sich das Augenmerk auf die zu erwartenden *Resultate*. Im Mittelpunkt steht nun der Funktions- und Personenkreis, für den die Ergebnisse am deutlichsten zur Geltung kommen sollen. Diejenigen, die vom Ergebnis einer Lösungsstrategie am meisten profitieren (zum Beispiel externe oder interne Kunden), bewerten aus ihrer Sicht die Qualität der erarbeiteten Lösungsalternativen und re-arrangieren bei Bedarf die Skulpturen erneut. Für deren Veränderungen einer Skulptur gelten die gleichen Instruktionen wie in der vorherigen Phase der „Machbarkeitsprüfung".

(4) Schließlich werden alle Modifikationen im vierten Schritt noch einmal im Hinblick auf Entscheidungsstrukturen, Umsetzung und Ergebnisvalenz bewertet: Welche Veränderungen sind gegenüber den anfänglichen Zielen, Prämissen oder Planungen festzustellen, und wie beeinflussen sie die künftige Zusammenarbeit aller Beteiligten?

Die emotionale Valenz der Lösungen spiegeln

Lösungsorientierte Skulpturen setzen voraus, die Bewegung des Wandels zu interpretieren. Das ist zunächst ein rationaler Prozess. Doch auf Grund der subjektiv empfundenen Veranschaulichung, die jeder Beteiligte im Rahmen der Skulpturarbeit erfährt, vermag er den Anmutungswert und die emotionale Valenz von Lösungen mitabzuschätzen. Dies eröffnet häufig einen deutlicheren Blick auf die „Machbarkeit" und erlebte Qualität von Lösungen, als dies rationale Planungen alleine leisten könnten.

Die Qualität von Lösungen kommt nicht nur in den rational definierten Kriterien zum Ausdruck, sondern mehr noch in deren Akzeptanz, persönlichen Identifikation und Wertschätzung des Nutzens. Für selbst-führende Teams ist es besonders wichtig zu lernen, eine „innere" Akzeptanz und Wertschätzung ihrer Netzwerk-, Entscheidungs- und Lösungsprozesse herzustellen. Das stärkt ihren Zusammenhalt und die Kontinuität der Zusammenarbeit. Wo das nicht gelingt, führt jede Aufgabe zu einer Zerreissprobe, die weder die Teamarbeit noch deren Resultate fördert. Lösungsorientierte Skulpturen bieten deshalb ein brauchbares Werkzeug, damit Lösungsstrategien nicht bloß logisch korrekt sind, sondern auch intuitiv als annehmbar und „geschmeidig" erlebt werden. Für eine Reihe von Anwendungsgebieten erlauben sie, exzellente Ergebnisse herauszukristallisieren.

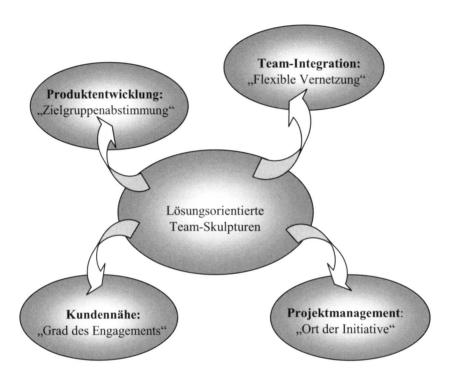

Abbildung 49: Die Anwendungsbreite von lösungsorientierten Skulpturen

Den „Ort der Initiative" bestimmen

Produktentwicklung: Bei der Gestaltung von Produkten wird zunächst deren Funktionalität und Design zu bestimmen sein. Durch die Modulation von Nähe-Distanz-Beziehungen, aber auch durch visualisierte Spannungsbögen können die emotionale Valenz eines Produktes aus der Sicht von Entwicklern und Kunden zum Ausdruck gebracht sowie Verbesserungsoptionen erarbeitet werden. Was ist zu erwägen, so eine der Überlegungen, wenn die (späteren) Kunden eine auf das Produkt bezogene „Akzeptanz"-Skulptur der Produktentwickler re-arrangieren und in ein neues Licht stellen? Was bedeutet dies für weitere Entscheidungs-, Planungs- und Produktionsprozesse? In diesem

Kontext förden lösungsorientierte Skulpturen die Produktoptimierung im Hinblick auf variable Zielgruppen.

Team-Integration: Ein anderes Anwendungsfeld ist die Integration mehrerer „neuer" Teams oder häufiger noch die Integration eines neuen Teams in ein etabliertes Netzwerk aus bereits bestehenden Teams. Dort passiert ja oft das gleiche wie bei der Cliquenbildung von Jugendlichen: Wer draußen ist, hat Pech und stört, wenn er „herein will". Für konstruktive Arbeitsprozesse ist das eine denkbar hinderliche Haltung. Lösungsorientierte Skupturen legen solche Verkrustungen schnell offen und ermöglichen es den Teams, sich bei verändernden Aufgaben neu zu vernetzen und dabei stets ein Optimum an flexiblen Strukturen zu erhalten.

Kundennähe: Allzuoft weden Customer-Relations nach theoretischen Konzepten von „oben nach unten" angeordnet und führen zu schematischen Abläufen – auch im Kundenkontakt. Doch es ist nicht nur die formale Routine, sondern mehr noch die persönlich-reale Kundennähe, die für die Qualität von unternehmerischen Entscheidungen eine wichtige Rolle spielt. Mit Hilfe lösungsorientierter Skulpturen können Entscheidungen und deren Auswirkungen vom Kunden her „rückwirkend" aufgerollt und bis zur Entscheidungsebene der Geschäftsleitung hin modifiziert und optimiert werden.

Projektmanagement: Im Projektmanagement stellt sich immer wieder die Frage nach dem „Ort der Initiative". Welchem Team obliegt das Engagement? Wer hat wann wofür welche Verantwortung?

Allzu viele Projekte versanden oder führen nicht zum erwünschten Erfolg, weil sie rational zwar gut geplant sind, aber den Beteiligten das nötige Engagement und die Eigeninitiative fehlen. Es gilt deshalb, für jeden Projektabschnitt den „Ort der Initiative" hervorzuheben und im Zusammenwirken aller Beteiligten abzubilden. Dies zu veranschaulichen und Akzeptanz für die nötigen Schritte zu schaffen, leisten lösungsorientierte Team-Skulpturen im Projektmanagement.

Checkliste VI: Sculptured Solutions in der Projektarbeit

Zielorientierte Fragen:

- Was soll das Projekt leisten, wie kann unser Team dazu beitragen?

- Wie sollte diese Arbeit erbracht werden, wie können die jeweils anderen Teams dazu beitragen?

- Wann würden wir sagen, sind die Projekt-Ziele zufriedenstellend erreicht?

Diese Fragen sind aus der Perspektive verschiedener Teams zu betrachten, zum Beispiel aus Sicht des Projektteams, Vorstands, Betriebsrats, der Fach- und Querschnittsbereiche. Die zielorientierten Fragen, die jedes Team aus seiner Sicht für das Projekt formuliert, sind durch eine Reihe von unterstützungsorientierten Fragen zu ergänzen:

Unterstützungsorientierte Fragen:

- Wie können die jeweils anderen Teams uns unterstützen?
  („Inbound"-Aspekt)

- Wie, glauben wir, können wir die jeweils anderen Teams unterstützen?
  („Outbound"-Aspekt)

- Wie sollten, nach unserer Meinung, die jeweils anderen Teams sich gegenseitig unterstützen, um das Projekt-Ziel zu erreichen?
  („Zirkulärer" Aspekt, von einem Team ausgehend, oder in Layern angeordnet)

Kapitel VI:

Lineare,
Rollierende oder
Reflexive Meilenstein-Projekte?

Die Koordinaten

des erfolgreichen Projektmanagements:

Handwerkszeug, Controlling und Kultur

Das Projektmanagement

Du wirst staunen,
Welch' Übergänge ich erdachte
Ich ordnete ... die vielen Arten der Seherkraft,
Und gewann aus Träumen, was wahr werden soll

Prometheus (Aischylos)

Die vorangehenden Kapitel haben sich mit dem Projektmanagement bereits aus unterschiedlichen Perspektiven befasst. Etliche der Instrumentarien, die im Zusammenhang damit vorgestellt wurden, gehören nicht zum klassischen Repertoire des Projektmanagements. Aber sie tragen dazu bei, die Projektarbeit zügig auf das Wesentliche zu konzentrieren und deren Leistungsfähigkeit deutlich zu steigern. Dennoch, „the proof of the pudding is in the eating", und deshalb reicht es nicht, den feinen Pudding nur auf den Tisch zu stellen. Soll er bekömmlich sein, so sind im übertragenen Sinn noch einige andere „Zutaten" der Projektarbeit zu beachten. Immerhin dienen Projekte der Realisierung von neuen, originellen oder innovativen Vorhaben, die nicht routinemäßig abgewickelt werden. Deren Ziele sind klar definiert, doch sind in der Regel die Zeit, das Personal, die materiellen und finanziellen Ressourcen limitiert, die für die Umsetzung der Ziele zur Verfügung stehen. Gleiches gilt für projektähnliche Vorhaben, die routinierte Abläufe betreffen, doch in wesentlichen Punkten verbessert werden sollen. Für den Projekterfolg sind deshalb verschiedene Kriterien zu beachten, die das Projekt-Controlling und im Zusammenhang damit das Schnittstellen- sowie das Qualitätsmanagement in der Projektarbeit betreffen.

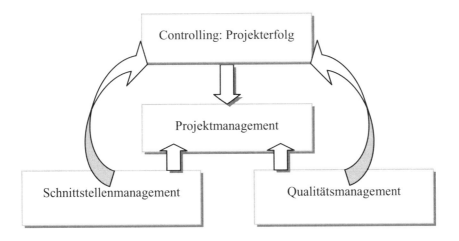

Abbildung 50: Das Management erfolgreicher Projektarbeit

Das Value-Competence-Training widmet sich der Frage, wie der *Erfolg* des Projektmanagements gesteigert und stabilisiert werden kann. Dazu ist das Handwerkszeug der Projektarbeit, wie etwa die Zieldefinition, Projektplanung, Dokumentation und Anwendung von Netzplantechniken eine wichtige Voraussetzung. Diese projektüblichen Managementtechniken gewährleisten jedoch keineswegs den Erfolg der Projektarbeit. Vielmehr bedarf es einer Reihe der bisher skizzierten Instrumentarien, um das Projektmanagement nachhaltig zu qualifizieren. Folgende Übersicht fasst diese Punkte nochmals zusammen:

Erfolgsfaktoren in der Projektarbeit

Um die Effektivität und Effizienz der Projektarbeit zu erhöhen, sind Erfolgsfaktoren zu beachten, die in den Instrumentarien des Value-Competence-Trainings zur Geltung kommen:

- Das Effektorenmanagement, um die Konzentration auf wesentliche Projektziele zu unterstützen. Es nutzt Wirkfaktoren, um Projektaufträge, bestmögliche Lösungsschritte, deren Implementierung und (Self-) Controlling abzuleiten.

- Das Innovatorenmanagement, um erforderliche Lernprozesse in Gang zu setzen, in Verbindung mit einem umfassenden Kreativitätsmanagement, um optimierte Lösungsstile zu aktivieren.

- Die Entwicklung selbst-führender Teams, die ihre Kooperation und Koordination selbständig zu optimieren wissen und den Wert der eingesetzten Ressourcen umfassend zu nutzen verstehen.

- Die Kontextklärung, um den genauen Projektauftrag und dessen Ziel- als auch Kontext-Profile (das heißt die Hauptziele, „Verästelungen" der Unterziele und deren Bedeutung für die Projektpartner) zu bestimmen. Zugleich definiert der Projektauftrag die Qualität aller Haupt- und Teilziele, indem er deren Sach-, Prozess- und Leistungskriterien festlegt.

- Die Auftragsklärung, um Verantwortlichkeiten zu bestimmen.

Präventive oder reaktive Projektkultur –
Vorbereiten oder „Nach-Tarocken"?

All diese Instrumentarien sind nicht erst bei der Durchführung eines Projektes, sondern schon in der Vorbereitungsphase wichtig. Sie entscheiden darüber, ob ein Projekt gleichsam auf dem Niveau einer „Pole-Position" oder unter „ferner liefen" startet. Und sie prägen die *präventive Projektkultur*: Je besser ein Projekt vorbereitet wird, das heißt dessen:

- Kontext und Wirkungsräume,
- wesentliche Einflussfaktoren und
- Innovationsgrad sowie Lernbedarf

ermittelt werden, umso *weniger* Ressourcen und Kosten verbraucht die gesamte weitere Durchführung des Projektes. Je nachlässiger hingegen ein Projekt vorbereitet wird, also auf Kontext- und Einflussanalysen verzichtet oder nur im Sinne einer *reaktiven* Projektführung darauf eingeht, umso *mehr* Ressourceneinsatz und Kosten verursacht die Durchführung des Projektes insgesamt.

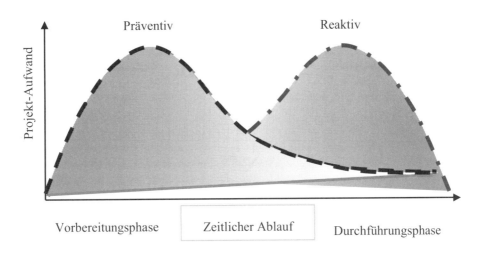

Abbildung 51: Verlaufsmuster der präventiven versus reaktiven Projektkultur

Diese Verlaufskurven beeinflussen das ROM der Projektarbeit: Kann mit einem sparsamen Einsatz an Ressourcen ein Optimum an Ergebnissen erzielt werden, oder bedarf es erheblicher Anstrengungen, um ein paar bescheidene Resultate zu erzielen?

Reaktive Verlaufskurven führen oft zum „Nachtarocken", weil die Unzulänglichkeiten einer hastigen, unüberlegten oder unzureichenden Projektplanung erst in der Durchführungsphase sichtbar werden und zu kostspieligen Korrekturen führen. Auf der anderen Seite ermöglichen präventive Verlaufskurven nicht nur eine wirtschaftliche, kosteneffiziente Durchführung der Projektarbeit, sondern schaffen die Voraussetzungen für ein flexibles, improvisationsgewandtes Vorgehen, weil der Fokus und die Professionalität des Zusammenspiels erhalten bleiben. Abweichungen vom ursprünglichen Projektziel werden viel weniger als „störend" erlebt, sondern souverän ausgeglichen oder sogar als Entwicklungschancen aufgegriffen. Folgende Schritte qualifizieren die Vorbereitung eines Projekts:

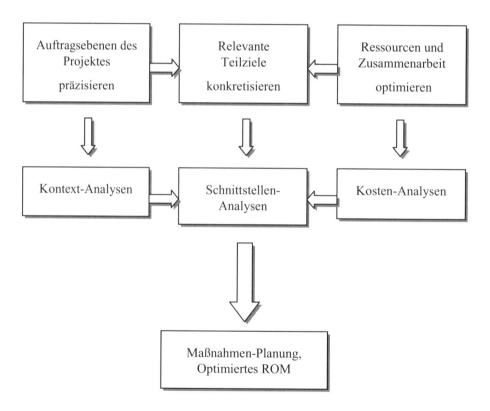

Abbildung 52: ROM in der Projektarbeit

Dabei sind folgende Aspekte zu präzisieren:

Kontext- und Auftragsklärung

- Wer übernimmt für welche Planungs- und Arbeitsschritte Verantwortung?
- Mit Hilfe welcher Teilschritte genau soll das Gesamtprojekt umgesetzt werden?
- Wozu ist ein Teilziel jeweils im Kontext des Gesamtprojektes nützlich?
- Was sind die Sach-, Prozess- und Leistungsziele der Teilprojekte?

Selbst-führende Teams und organisationale Vernetzung

- Wer unterstützt wen, in welcher Arbeitsphase, auf welche Weise?
- Wer ist Promoter („Taktgeber" und Koordinator) der Arbeitsprozesse?
- Wer gilt im Zweifelsfall als „Letztentscheider", und in welcher Funktion?

Effektoren- und Nutzwert-Analysen

- Was sind bei mehreren Alternativen die wirksamsten Maßnahmen?
- Welche Maßnahmen erzielen bei sparsamen Einsatz den größten Effekt?
- Woran lässt sich erkennen – und messen – wie gut die getroffenen Maßnahmen im Sinne des Projektzieles sind?

Derartige Überlegungen unterstützen sowohl die Konzeption des Rahmenstruktur- und Projektstrukturplans, sowie das Ressourcenmanagement und die Implementierung der Ziele. Diese Arbeitsschritte bilden die „harten Faktoren" der Projektarbeit, die es in jedem Projekt zu beachten gilt. Darüber hinaus sind die „weichen Faktoren" zu bedenken, die zum Erfolg der Projektarbeit beitragen. Zu den „weichen Faktoren" zählt die Abschätzung des Innovationsgrades, den ein Projekt mit sich bringt. Er bestimmt den Lernaufwand für die Verantwortlichen. Dabei gilt es, das Tempo unterschiedlicher Teilprojekte ins Lot zu bringen, die Regeln und Rituale verschiedener Teams und Kulturen in eine verträgliche Beziehung zueinander zu setzen, und dafür geeignete Formen der Selbst-Führung, sprich der Kooperation und Koordination zu finden. Folgende Übersicht fasst die Steuerungsebenen der „harten" und „weichen" Faktoren zusammen:

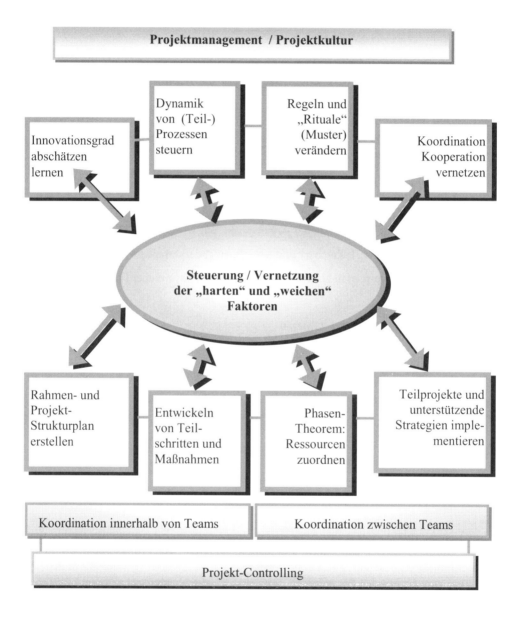

Abbildung 53: Steuerungsebenen des Projektmanagement

Die Zielfindung eines Projektes geht normalerweise vom Optimum aus, das heißt von den bestmöglichen zu erreichenden Ergebnissen. Aber nicht immer können die avisierten Ziele umgesetzt werden, sei es, weil sich Rahmenbedingungen ändern oder weil im Projektverlauf Störungen auftreten, die eine unerwartete Leistungsdichte und Verknappung von Ressourcen nach sich ziehen.

Der Rahmenstrukturplan hilft, derartige Umfeldbedingungen und ihren Einfluss auf die Projektarbeit abzuklären, um Projektziele möglichst planbar umsetzen zu können. So bewertet der Rahmenstrukturplan die Veränderungen, die von außen auf das Unternehmen zukommen und ein Projekt tangieren und auch Einflüsse, die aus dem Unternehmen selbst für ein Projekt entstehen. Das sind etwa rechtliche Änderungen, Qualitätsnormen, steuerliche Aspekte oder ökologische Auflagen, sowie unternehmensinterne Entwicklungen, Regeln und Standards.

Darüber hinaus spiegelt der Rahmenstrukturplan die Änderungen wider, die durch ein Projekt in der Umwelt erst ausgelöst werden. Die Trilogie des Könnens liefert wertvolle Anhaltspunkte, um das Verhältnis von Rahmen- und Projektstrukturplan zu wägen: Sind Rahmenbedingungen zu verändern, um überhaupt zu einer erfolgreichen Projektarbeit zu kommen, welche Initiativen sind dazu aus Umwelt- wie aus Projektsicht nötig, sind sie als Effektoren stabil oder ambivalent, und welche Barrieren sind im Umfeld der Projektarbeit zu bedenken, die es zu überwinden gilt.

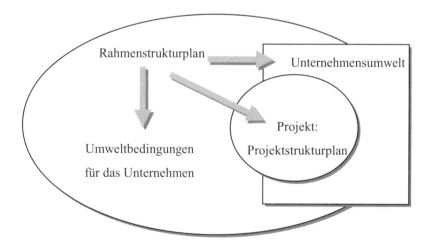

Abbildung 54: Integration von Rahmen- und Projektstrukturplan

Checkliste VII: Projektstrukturen und Controlling

Die Überlegungen, die im Kontext des Rahmenstrukturplans angestellt werden, beeinflussen den Projektstrukturplan in mehrfacher Hinsicht. Neben der Zielklärung entscheidet über die Architektur des Projektstrukturplans, welche Bedeutung ein Projekt in seiner Umwelt jeweils einnimmt. Das begründet, welche Ressourcen eingesetzt werden, wie die Projektergebnisse implementiert werden, und wie demzufolge das Projekt-Controlling auszulegen ist.

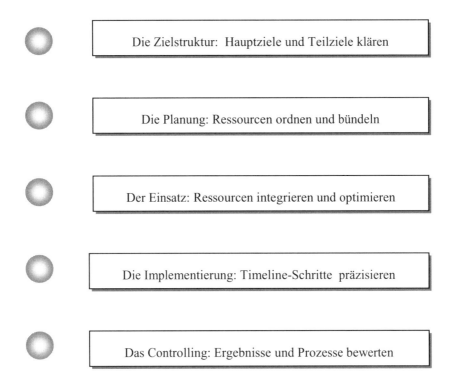

Abbildung 55: Planungsebenen des Projektstrukturplans

Der Projektauftrag beschreibt die Sachkriterien, also das, *was* durch die Ziele de facto erreicht werden soll (zum Beispiel den „Bau einer zweigleisigen Eisenbahnbrücke aus Stahl mit Beton-Fundament"). Außerdem definiert der Projektauftrag, *wie* im Sinne der Prozesskriterien die Ziele erreicht werden sollen (zum Beispiel, ob die Brücke vom federführenden Bauunternehmen selbst oder überwiegend von Subunternehmern erstellt wird). Drittens sind die Leistungskriterien zu würdigen: *Wozu* dient der Bau der Brücke, das heißt, wann werden die Ergebnisse als zufriedenstellend eingeschätzt (zum Beispiel, ob die Brücke als verlustträchtiges „Referenz"-Projekt akzeptiert wird oder für das Bauunternehmen eine existenzielle wirtschaftliche Bedeutung hat). Das *Was*, *Wie* und *Wozu* zu klären, gilt nicht nur für technische Projekte wie den Bau einer Brücke, sondern mehr noch für organisationale Projekte und Prozesse des Wandels. Folgender Fragekatalog unterstützt dieses Vorgehen:

Sachkriterien:

- Was genau soll mit jedem Haupt- und Teilziel erreicht werden?
- Was stellt eine Minimal-, was eine Maximallösung dar?
- Wie soll gestartet werden, mit der Minimal- oder Maximaloption?
- Wann ist der späteste Zeitpunkt für einen „Mini-Max"-Umstieg?
- Wer verantwortet Entscheidungsprozesse zum „Mini-Max"-Wechsel?

Prozesskriterien:

- Auf welche Weise soll ein Ziel / Unterziel jeweils erreicht werden?
- Wie sehen relevante Kommunikations- und Entscheidungspfade aus?
- Welche Rollen, Schnittstellen und Koordinationsregeln sind zu beachten?
- Welche Informations- und Kooperations-Netzwerke sollen gebildet werden?
- Welche Entscheidungspfade gelten im Konflikt- oder Störfall?

Leistungskriterien:

- Wann, bei welchem Leistungsniveau gilt ein Ziel als zufriedenstellend erreicht?
- Was muss als Minimal-Niveau, was sollte als optimales Niveau betrachtet werden?

Mini-Max-Lösungen

Nun ist es nützlich, den Unterschied zwischen „Minimal"- und „Maximal"-Lösungen im Verhältnis zu den verfügbaren Ressourcen herauszuarbeiten und in der Ziel-Definition zu beachten. Beim Brückenbau wird die Bandbreite zwischen diesen Optionen meist geringer ausfallen als bei betrieblichen Reorganisationen. Diese gehen oft von sehr ehrgeizigen Zielen aus und vermögen sie doch nicht zufriedenstellend umzusetzen. Die Fusionen, strategischen Allianzen und innerbetrieblichen Reorganisationen, die dafür als Beispiel stehen, sind Legende. Diese Projekte scheitern meist nicht an der formalen Projektplanung, denn die kann mit Hilfe von Masterplänen und Netzplantechniken nahezu perfekt simuliert werden. Die Risiken liegen vielmehr darin, dass die Folgen eines „Mini-Max-Wechsels" für die Projektarbeit undurchdacht bleiben.

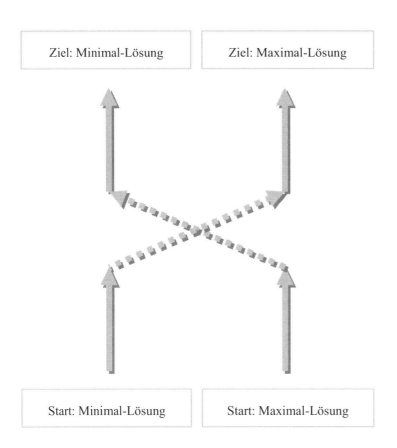

Abbildung 56: Mini-Max-Pfade strukturieren

Hier gilt zu prüfen, wer wann und auf Grund welcher Kriterien über einen Mini-Max-Umstieg entscheidet, und wie dies die Kommunikations-, Kooperations-, Koordinations- und Entscheidungs-„Pfade" im Projekt verändert? Qualifizierte Entscheidungsstrukturen sind gerade dann gefordert, wenn entweder Störungen einen Umstieg von einer Maximal- hin zu einer Minimal-Lösung notwendig machen, oder wenn zusätzliche Anforderungen ein Aufrüsten von einer Minimal- hin zu einer Maximaloption erfordern. Dabei sind die Sach-, Prozess- und Leistungsziele für jede Option durchzuspielen und auch die Kriterien zu bestimmen, die für einen Start aus der „Minimal-Option" mit „Maximierungs-Chance" sprechen. Auf der anderen Seite nimmt der Start aus einer Maximal-Option, die im Projektverlauf zum Minimal-Ziel wechselt, eher den Charakter eines geordneten Rückzuges an. Auch dafür sind die Leistungsaspekte, die unbedingt erreicht werden sollen, zu definieren und gezielt anzusteuern. Sonst wächst das Risiko, in ein konfuses Nebeneinander unkoordinierter Aktivitäten zu schlittern und Klumpenrisiken in die Projektarbeit zu streuen. Nicht zuletzt ist dies Sache des Projekt-Controllings, das mit seinem Geschick im Umgang mit Mini-Max-Lösungen die Projektkultur eines Unternehmens formt. Dazu ist es wichtig, Ist- und Soll-Vergleiche sowohl auf quantitativer als auch qualitativer Basis zu leisten und dafür die jeweils notwendigen Kriterien aus einer umfassenden Wertschöpfungsperspektive zu erarbeiten:

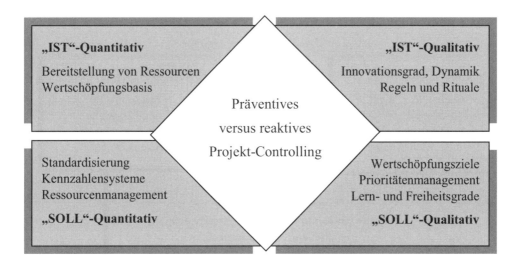

Abbildung 57: Integration von quantitativen und qualitativen „Ist"- und „Soll"-Kriterien

Projekt-Controller in der Rolle des Coaches

Denken Sie an die Controller in Ihrem Unternehmen. Gefallen die sich in der Rolle der grimmigen Revisoren, die so leicht nichts durchgehen lassen, oder liegt ihnen das Coaching am Herzen, das vorausschauende Prozesse zu mehr Effektivität und Effizienz souverän begleitet. Im Projekt-Controlling ist es unabdingbar, die Sach-, Ziel- und Leistungskriterien soweit zu durchdenken, dass sie alle Teilprojekte, also die gesamte Struktur des Projektmanagements erreichen. Ressourcen, die in präventives Projektmanagement, salutogene Teams, integrierte Problemlöse-Stile sowie „maßgeschneiderte" Lernprozesse investiert werden, steigern die Wahrscheinlichkeit des Erfolgs und auch den Gewinn, der aus der Projektarbeit erzielt wird, exponentiell. Neben der Aufbereitung quantitativer Kennzahlen hat das Controlling deshalb einen qualitativen Beitrag zum Coaching der Projektarbeit zu liefern. Ein wichtiger Schritt ist die Entwicklung des selbst-steuernden Prozess-Controllings. Was in der industriellen Produktion, etwa bei der Fertigung von Automobilen, längst etablierter Standard ist, gilt nicht minder für den organisationalen Wandel. Das heißt, neben der Interpretation und Korrektur von Störungen ist die „Coaching-Qualität" des Controllings zu entwickeln, um dessen Frühwarn-Kompetenzen zu verbessern. Je stärker das Controlling die qualitativen Aspekte der Projektarbeit unterstützt, umso mehr ermöglicht das einem Projektteam, bei gleichem Aufwand an Ressourcen eine Maximal- statt nur eine Minimal-Lösung zu erzielen. Zugleich unterstützt dies das Selbst-Coaching und Selbst-Controlling eines Projektteams.

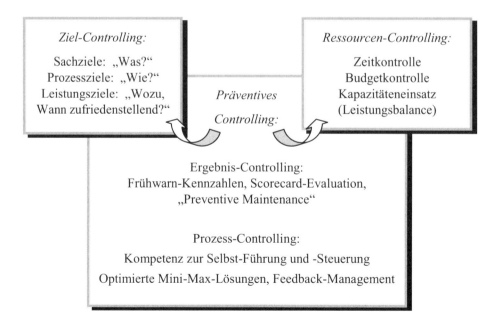

Abbildung 58: Entwicklung des Selbst-Controlling in der Projektarbeit

Erfolgreiche Implementierung –
Das Kalkül der Kommunikation zählt

Eine weitere kritische Phase der Projektarbeit stellt die Implementierung der Projektergebnisse dar. Hier sind zwei Überlegungen, zur strukturellen und zeitlichen Dimension anzustellen:

Wie soll im Unternehmen die Umsetzung der Projektergebnisse erfolgen, per Weisung von „oben nach untern", also „Top-Down"? Oder empfiehlt sich eine Implementierungsstrategie, die an der Unternehmensbasis ansetzt und „Bottom-Up" orientiert ist? Sollte zuerst das Mittelmanagement in die Verantwortung gezogen werden, um die Ergebnisse mit einer „Keilstrategie" ins Unternehmen zu tragen? Ist es angebracht, funktions- und hierarchieübergreifend mehrere Implementierungs-„Zentren" zugleich einzurichten und diese „Multiple-Nucleus"-Strategien als Grundlage für weitere, vernetzte Entwicklungen heranzuziehen? Oder stellt ein Mix aus mehreren Implementierungsstrategien die richtige Vorgehensweise dar?

Für sich betrachtet, ist ein „Top-Down"-Ansatz nötig, um einem Projekt formale Autorität und unzweifelhafte Priorität beizumessen. Der „Multiple-Nucleus"-Ansatz ist hingegen förderlich, um die Partner, die über relevantes Datenmaterial und Wissen verfügen, funktions- und abteilungsübergreifend in ein Netzwerk einzubeziehen und damit ein einheitliches Instrumentarium einer wissensbasierten Projektarbeit schaffen zu können. Außerdem erlaubt dieser Ansatz (der etwa von Multi-Center-Teams favorisiert wird), die Projektplanung zu überprüfen und Mehrfacharbeiten oder -belastungen gegebenenfalls auszuklammern. „Keil-Strategien" nutzen die operativen Kenntnisse des Mittelmanagements und dessen funktionale Integration nach oben und unten. „Bottom-Up"-Strategien stellen bei der Vorbereitung künftiger Entwicklungen einen wichtigen Erfolgsfaktor dar, um Mitarbeiter in Meinungsbildungsprozesse einzubeziehen, Diskussionen anzuregen und im Vorfeld weitreichender Entscheidungen breite Akzeptanz zu schaffen.

Neben diesen Überlegungen rückt eine weitere Fragestellung in den Vordergrund: Soll, jenseits von Top-Down und anderen Strategien, ein Projekt zunächst Pilotcharakter bekommen, indem eine isolierte (Teil-) Aufgabe komplett durchgearbeitet und modellhaft dokumentiert wird, bevor die Resultate in der Serien- beziehungsweise Linienarbeit greifen? Oder sollen die Ergebnisse von einzelnen Teilprojekten und -schritten unmittelbar und auf breiter Front in die Serien- und Linienarbeit integriert werden, während das Projektteam parallel dazu am nächsten Teilziel weiterarbeitet?

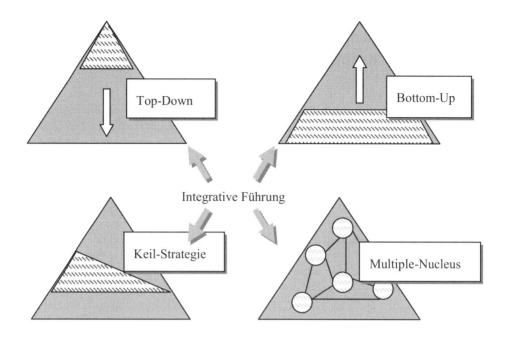

Abbildung 59: Integration verschiedener Implementierungsstrategien

Serielle oder parallele Implementierung?

Darauf eine pauschale Antwort zu geben, wird kaum möglich sein. Es hängt von den Rahmenbedingungen, verfügbaren Ressourcen und – vor allem – kommunikativen Kompetenzen ab, welche Implementierungsstrategie im Einzelfall angezeigt ist. Die zweitgenannte, „parallele" Implementierungsstrategie beschleunigt gegenüber der „seriellen" Implementierung die Projektarbeit, erfordert aber – im Sinne der Trilogie des Könnens –ein wesentlich höheres Niveau an eigenverantwortlicher Projektorganisation, Selbst-Coaching und integrativer Führung. Aus Sicht des Projekterfolges kommt es weniger darauf an, diese „oder" jene Implementierungsstrategie zu wählen, sondern deren Integrationsbedarf zu erkennen und die kommunikative Kompetenz der Verantwortlichen zu fordern, bei Bedarf zu fördern, aber nicht zu überfordern.

Vom Wert der kommunikativen Kompetenz...

Bei der *seriellen* Implementierung wird ein Pilotprojekt zunächst unabhängig von der späteren Umsetzung in der Linie (Serie) erarbeitet. Erst wenn die Ergebnisse des Pilotprojektes zufriedenstellend ausfallen und alle Projektschritte und auch Fehler, deren Präventions- und Korrekturbedarf, sowie nötige Lernprozesse ausführlich dokumentiert sind, werden die Ergebnisse aus dem Pilotprojekt in die Linienarbeit transformiert. Die Vorteile dieses Vorgehens liegen im geringen Ressourcen- und Koordinationsaufwand, den das Projekt verursacht. Für die Ergebnisse zeichnet meist ein Experten-Team verantwortlich, das auch ausführliche Projekt-Dokumentationen erstellt. Die Nachteile dieses Vorgehens liegen in der langen Zeitspanne von der Projektplanung bis zur Umsetzung in der Linie, bisweilen auch im Risiko, dass einzelne Aspekte der Projektarbeit sich erst während der Umsetzung in die Linie als Kinderkrankheiten entpuppen.

Für die *parallele* Implementierung stellt sich das Gefüge von Vor- und Nachteilen anders dar, wie die folgenden Abbildungen zeigen: Die Zeitspanne von der Planung bis zum Projektstart und der Transfer der (Zwischen-) Ergebnisse wird minimiert. Bereits die Teilplanungen (oder Teilergebnisse) werden auf ihre Verträglichkeit in der aktuellen Linienarbeit hin ausgerichtet.

Der Nutzen liegt auf der Hand: Wenn Kinderkrankheiten des Projektes in der Linie auftreten, können sie auf Grund des unmittelbaren Feedbacks und der Abstimmung zwischen Projekt und Linie (beziehungsweise anderen Schnittstellen wie Querschnittsfunktionen) sofort korrigiert werden. Auch eine Neuausrichtung der Projektarbeit ist in diesem Stadium noch möglich. Das sind klare Vorteile. Der Nachteil des parallelen Vorgehens liegt darin, dass Planungs- und Implementierungsphasen sich durchmischen, einen zusätzlichen Ressourcen- und Koordinierungsaufwand beanspruchen, und im Falle mangelnder Disziplin nur viele Köche den Brei verderben. Parallele Implementierungsstrategien führen, wenn sie nicht professionell geführt werden, zu einem Zustand im Projekt, der in etwa mit einer geöffneten und ungesicherten Datei am Computer vergleichbar ist, an der mehrere Personen zugleich herumspielen. Die Absturzgefahr ist dann groß, das gilt im übertragenen Sinn auch für die Projektarbeit.

Parallele Implementierungsstrategien erfordern deshalb, wie schon angesprochen, ein hohes Maß an integrativer Führung, um die Qualität der Kommunikation und vernetzten Information zu fördern. Sonst kann es passieren, dass die Quantität der Information und Kommunikation sprunghaft zunimmt, deren Qualität aber rapide sinkt. Dem ist konsequent entgegenzuwirken, um das hohe Potenzial an Effizienz, das im parallelen Ansatz steckt, nicht zu verlieren.

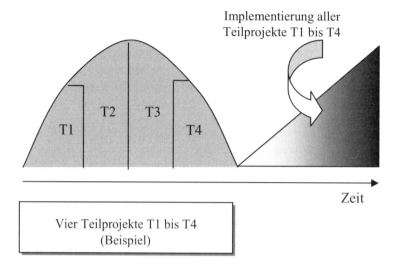

Abbildung 60: Übersicht – Die serielle Implementierung

- Bei der seriellen Implementierung werden zunächst alle Teilprojekte (zum Beispiel „T1" bis „T4") geplant. Erst dann werden die Ergebnisse umgesetzt.

- In der Gesamtplanung werden alle Teilprojekte und deren optimale Vernetzung, Bündelung und Prozessplanung simuliert und dokumentiert.

- Die Prozesse der Projektplanung, Erarbeitung der Projektergebnisse und Implementierung in der Linie (Serie) laufen zeitversetzt ab. Vor der Implemcticrung der Ergebnisse sind alle relevanten Informationen zu dokumentieren und für die Linienarbeit verfügbar sein.

Bei der parallelen Implementierung werden hingegen die Ergebnisse eines Teilprojektes (zum Beispiel T1) unmittelbar in die Projektarbeit übertragen, während zugleich mit dem nächsten Teilprojekt (zum Beispiel Aktivitäten entsprechend der Feinplanung, hier T2) begonnen wird, und so fort.

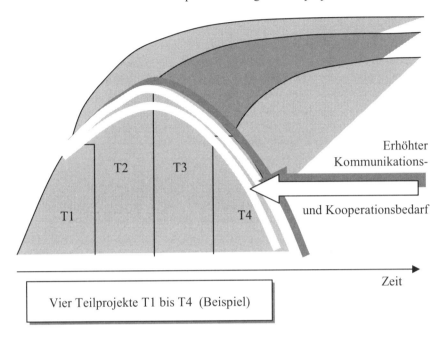

Abbildung 61: Übersicht – Die parallele Implementierung

Bei vernetzten Teilprojekten, insbesondere im Multi-Projekt-Management, ist dieser Implementierungsprozess entsprechend komplexer. Das zieht eine entsprechend hohe Komplexität und Diversifizierung im Multi-Prozess-Management nach sich. Dies führt oftmals zu unterschiedlichen Innovationsgraden und dynamischen Prozessen zwischen den einzelnen Teilprojekten. Die Prozesse der Projektplanung, -durchführung und Implementierung in der Linie laufen eng verzahnt und so zeitnah wie möglich ab. Dadurch vergrößert sich der Kommunikations- und Koordinationsaufwand vor allem an den Schnittstellen zwischen Linie und Projekt. Dies zieht auch eine entsprechend höhere Feedback-Intensität innerhalb der Projektarbeit nach sich.

Die Dynamik der Innovation:
Lineare, rollierende oder Meilenstein-Projekte?

Das bislang skizzierte Handwerkszeug der Projektarbeit – von der Zielfindung zur Implementierung der Projektziele – gehört zu den „Basics", zum Ein-mal-Eins der Projektarbeit. Dies allein bliebe unzureichend, würde das Projektmanagement nicht auch die „weichen Faktoren" miteinbeziehen. Sie betreffen den Innovationsgrad und die Dynamik der Projektarbeit, sowie die Auseinandersetzung mit Regel und Ritualen. Besondere Bedeutung kommt der Abschätzung des Innovationsgrades zu, weil er direkt in die Strukturen und den Aufbau der Projektplanung eingreift.

Dies zu übersehen, führt zu unnötigen Turbulenzen. Der Abbruch eines Projektes in letzter Minute, nachdem ein Großteil der Projektarbeit bereits geleistet wurde, ist dafür ein typisches Indiz. Die mangelnde Auseinandersetzung mit dem Innovationsgrad eines Projektes kann während der Planungs- und frühen Implementierungsphasen leicht überspielt werden. Exzellent ausgearbeitete Masterpläne überspielen derartige Defizite und haben das Potenzial für einen spektakulären Projektstart. Häufig offenbart erst der Transfer in die betriebliche Praxis das Dilemma, dass Linienverantwortliche vom Innovationsgrad eines Projektes überfordert werden, und die Projektverantwortlichen überfordert sind, ihnen den Weg für mehr Akzeptanz und eine erfolgreiche Umsetzung zu bereiten. In dem Fall hat das gesamte Projekt bestenfalls den Wert einer beschäftigungstherapeutischen Maßnahme, bei der man besser nicht nach Verlusten für das Unternehmen fragt – oder sich gar die Mühe macht, diese Verluste dezidiert aufzurechnen, um dem Projektcontrolling künftig auf die Sprünge zu helfen.

Schließlich gilt es nicht nur, die direkten Projektkosten zu kalkulieren, sondern auch die Verluste, die auf Grund der mangelhaften Umsetzung der Ergebnisse entstehen. Dazu kommen indirekt die Verluste, die durch anderweitig liegengebliebene Aktivitäten entstehen, weil dafür keine Ressourcen bereitgestellt werden konnten. Immerhin lassen sich durch ein präventives Projektmanagement, das solche Risiken ausklammert, wenigstens dreißig bis vierzig Prozent der üblichen Projektkosten einsparen und die Wertschöpfung in der Linie zugleich um ein Vielfaches steigern.

Logische versus opportunistische Planung

Wird der Innovationsgrad unzureichend beachtet, dann wird bei seriellen Implementierungsstrategien das Pilotprojekt häufig abgeschlossen, doch der Transfer in die Linie findet nicht mehr statt. Das Projekt kommt über die Experimentalphase nicht hinaus. Bei parallelen Implementierungsstrategien fällt die charakteristische Symptomatik dieses

Dilemmas anders aus: Der Transfer von einigen Teilergebnissen wird zeitlich immer wieder hinausgezögert, während leichter zu implementierende Teilprojekte schon mal vorgezogen werden, ohne dass dies aus Sicht des logischen Projektaufbaus zwingend und logisch wäre. Das heißt, das Projektmanagement kippt aus der logischen in eine opportunistische Planung. Diese orientiert sich zunehmend an den momentan machbaren Zielen einzelner Teilprojekte, während die strategische Zielsetzung des Gesamtprojektes immer mehr in den Hintergrund rückt. Solches Vorgehen hilft auf Dauer bestenfalls den Verantwortlichen, ihr Gesicht zu wahren, aber keineswegs dem Unternehmen, sich professionell zu profilieren.

Die „Innovatorenanalyse" (siehe zweites Kapitel) bildet ein Instrumentarium, um den Innovationsgrad von Projekten abschätzen zu können. Sie setzt eine konzentrierte Auseinandersetzung mit der gesamten Projektstrategie voraus, weil sie als integraler Bestandteil des Effektoren-Managements deren gesamte Effektivität und Effizienz hinterfragt.

Wie beeinflusst der Innovationsgrad die Projektstruktur?

Für eine erste, grobe Abschätzung des erforderlichen Projektaufbaus ist es hilfreich, mit den Projektverantwortlichen die wesentlichen Haupt- und Teilziele festzulegen und deren Vertrautheit im Umgang mit diesen Zielen festzustellen. Der Innovationsgrad ist zum einen eine objektive Größe, die das Urteil mehrerer unabhängiger Projektverantwortlicher zusammenfasst. Zum anderen zählen subjektive Erfahrungen und Erwartungen, die Verantwortliche mit einem Projektziel assoziieren.

Wenn ein Team sich mit einem Projektthema noch nie befasst hat, aber für dessen Umsetzung verantwortlich ist, dann liegt für dieses Team der subjektive Innovationsgrad hoch – ungeachtet der Tatsache, wer sich sonst bereits erfolgreich mit dieser Thematik auseinandergesetzt haben mag. Diesem Umstand ist in der Projektplanung Rechnung zu tragen: Für dasselbe Ziel wird bei einem unerfahrenen Team die Projektplanung anders zu organisieren sein als bei einem Team, das bereits ähnliche Themen umgesetzt hat und mit der Materie vertraut ist.

Als Faustregel gilt: Je vertrauter der Projektauftrag für ein Team ist, umso linearer kann die Projektplanung ausfallen. Je neuartiger (innovativer) der Projektauftrag für ein Team ist, umso wichtiger wird es, an die Projektplanung eine reflexive Meilensteinstruktur anzulegen.

Was bedeuten lineare, rollierende und reflexive Meilenstein-Planung?

Lineares Projekt

Für die lineare Konzeption gilt, dass der gesamte Projektablauf inklusive der Grob- und Feinplanung von Beginn an durchgehend vorbereitet wird. Dieses Design ist übersichtlich und gut kalkulierbar. Kommt es zu Abweichungen vom Projektplan, werden sie als Störungen interpretiert und korrigiert. Der Nachteil dieser Projektplanung liegt in der geringen Flexibilität. Außerdem können Lernprozesse, die sich auf Grund einzelner Projektschritte ergeben, in den nachfolgenden Phasen kaum integriert weden. Oft wirken sie gar als störend, obgleich sie die Projektergebnisse unterstützen könnten.

Rollierendes Projekt

Das rollierende Design legt ebenso wie der lineare Aufbau die Teilschritte (-ziele) fest. Die Feinplanung erfolgt jedoch von Etappe zu Etappe. Dadurch entstehen innerhalb der einzelnen Teilschritte höhere Flexibilität und Offenheit gegenüber Lernprozessen. Die Planbarkeit des Ressourceneinsatzes nimmt jedoch ab, ebenso die Kalkulierbarkeit des Gesamtprojektes.

Reflexives Meilenstein-Projekt

Ein Meilenstein-Projekt intensiviert die Grundstruktur des rollierenden Designs. Es definiert die Haupt- und Teilziele, jedoch werden von Beginn an Zeitpunkte beziehungsweise inhaltliche Abschnitte markiert, an denen ein *systematisches Feedback* über:

- die Richtigkeit der ursprünglich geleisteten Annahmen und der daraus abgeleiteten Ziele,
- die Logik der vereinbarten Teilschritte,
- ihre Erreichbarkeit und
- die zu erwartenden Ergebnisse

geleistet wird. Das ist Bestandteil eines Meilenstein-orientierten, reflexiven Entscheidungsprozesses. Sollte sich herausstellen, dass manche Annahmen falsch waren oder die Ziele durch deren Reflexion eine neue Bedeutung erfahren, verändert dies die Projektarbeit. Auf diese Weise können Lernprozesse leicht integriert werden, auf der anderen Seite ist es schwierig, die tatsächlich nötigen Ressourcen für das Gesamtprojekt zu kalkulieren. Die Optimierung der Projektarbeit stützt sich bei diesem Meilensteinorientierten Ansatz weniger auf quantitative, sondern mehr auf qualitative Controlling-Kriterien. Insbesondere dem Prozess-Controlling kommt hier große Bedeutung zu.

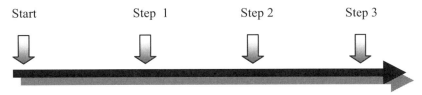

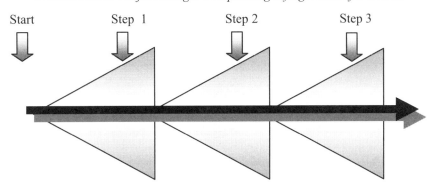

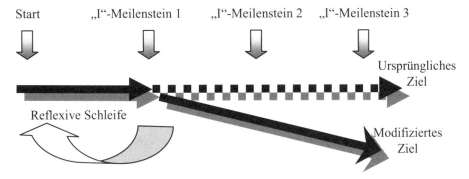

Abbildung 62: Das Projektdesign in Abhängigkeit vom Innovationsgrad

Für den Projekterfolg ist es wichtig, dass bei dieser auf Innovation ausgerichteten, Meilenstein-orientierten Planung die Zeitpunkte und Kriterien bestimmt werden, um mit Hilfe reflexiver Schleifen eine Zäsur zu setzen und den weiteren Projektverlauf zu evaluieren. Das beugt unnötigen Verzögerungen in der Projektarbeit vor. Denn wenn eine Neubewertung der Projektarbeit erst als Reaktion auf enttäuschende Zwischenergebnisse vorgenommen wird, gefährdet das häufig den Projekterfolg. Das geschieht meist, wenn der Projektverlauf irrtümlich linear geplant wurde, weil dessen Innovationsgrad nicht bewertet wurde. Oder, schlimmer noch, wenn dessen fixe Strukturen ein vermeintliches Gegengewicht zur Verunsicherung bilden soll, die ein innovativer Projektauftrag bei den Beteiligten auslöst. Eine lineare Projektplanung gewinnt auf diese Weise an psychohygienischer Bedeutung, doch sie wird damit weder der Aufgabe des Projektzieles noch dem damit assoziierten Innovationsgrad gerecht.

Lineares und reflexives Projektdesign verknüpfen

Lineare, rollierende und reflexive Projektplanungen schließen sich nicht gegenseitig aus, sondern können miteinander kombiniert werden. Ein technisches Beispiel – die Einführung neuartiger Materialen beim Interieur von Fahrzeugen – mag das illustrieren. Die erste Etappe dieses Projektes vom Start bis zum ersten Meilenstein erfolgt linear, weil das erste Teilziel „Marktforschung und Bewertung der Kundenakzeptanz" für die verantwortlichen Akteure ein vertrautes Terrain darstellt. Dann aber geht es um Tauglichkeitstests der Materialien unter Extrembedingungen. Hier ist ein zweiter Meilenstein zu setzen, um deren Eigenschaften kennen zu lernen. Nachdem diese bekannt sind, oder bereits parallel zur ersten Meilenstein-Phase wird als weiteres Teilprojekt die Konzeption einer Produktionsanlage vorbereitet. Deren Aufbau erfolgt rollierend, das heißt, deren Grobplanung gibt wichtige Zwischenschritte vor, während die Feinplanungen von Schritt zu Schritt, in Abhängigkeit von den Testergebnissen aus dem Teilprojekt zwei erfolgen. Der anschließende Testlauf entspricht wieder einem linearen Vorgehen, bevor die Produktion in Serie geht.

Dieses technische Beispiel stellt einen Mix verschiedener Projektdesigns dar, die auf einer seriellen Implementierung aufbauen. Der Serienfertigung geht ein Pilotprojekt voraus. Das Prinzip, verschiedene Projektdesigns zu integrieren, lässt sich analog auf Projekte der Organisationsentwicklung übertragen. Eine serielle Implemetierung bedeutet dort, in einem ausgewählten Unternehmensbereich die avisierten Projektziele umzusetzen und zu dokumentieren, bevor andere Unternehmensbereiche damit konfrontiert werden. Bei einer parallelen Implementierung werden schon die ersten Teilergebnisse eines Projektes in verschiedenen Unternehmensbereichen umgesetzt, sodass mit Abschluss des Projektes auch die Ergebnisse praktisch überall in der Linienarbeit eingeführt sind.

Der serielle beziehungsweise parallele Aufbau eines Projektes inklusive der Bündelung von Teilprojekten, deren logische Verknüpfungen und personelle Verantwortlichkeiten, werden in einem Netzplan dargestellt. (Auf Software-Programme, die Projektnetzpläne unterstützen, möchte ich hier nicht eingehen, denn sie werden in der Projektarbeit üblicherweise vorausgesetzt). Folgende Abbildung gibt deshalb lediglich als Übersicht ein grobes Bild der Netzplan- und Verantwortungsmatrix wieder. Die Projektplanung bildet alle Teilprojekte auf der Zeitachse ab. In die Definition der Teilprojekte werden erforderliche Aktivitäten integriert, Aufgaben delegiert und verantwortliche Teams autorisiert.

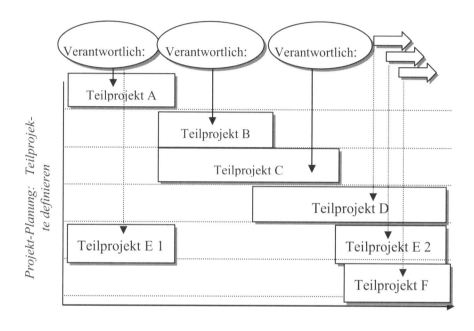

Abbildung 63: Übersicht der Netzplan- und Verantwortungsmatrix

Die Netzplantechnik bildet das Grundgerüst für die Entwicklung eines umfassenden Time-line-Konzeptes. Der wesentliche Unterschied zwischen Netzplantechnik und Time-line-Konzeption liegt darin, dass der Netzplan zunächst die Teilprojekte und erforderlichen Aktivitäten auflistet und in eine formal-logische Ablaufstruktur bringt, während die Time-line-Konzeption das „Wie" hinterfragt, umsowohl für die Minimal- sowie die Maximal-Option die einzelnen Projektschritte möglichst effektiv und effizient zu organisieren.

Checkliste VIII: Die Integration der Time-Line

Die Time-Line geht vom Projekt-*Start* und -*Ziel* gleichzeitig aus, nicht ausschließlich vom Projekt-Start. Sie nimmt den erfolgreichen Abschluss einer Projektarbeit vorweg und definiert davon ausgehend, was Schritt für Schritt zu tun ist, um das avisierte Ziel zu erreichen.

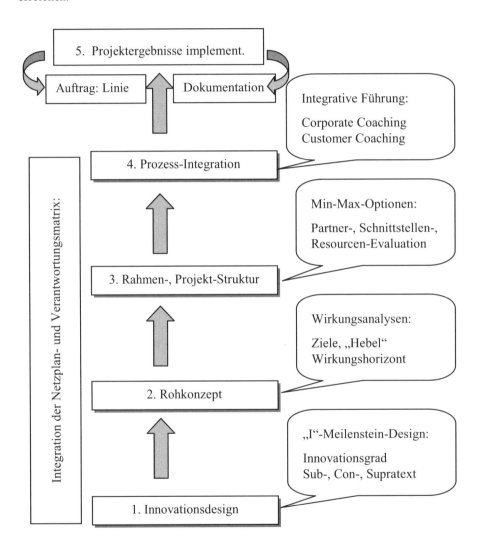

Abbildung 64: Entwicklungsschritte der Time-line-Konzeption

Mit Hilfe dieser Überlegungen wird die gesamte Projektstruktur optimiert. Das heißt, alle relevanten Überlegungen, die zum Erfolg des Projektmanagements beitragen und über die Ablaufplanung hinausgehen, werden mit der Time-line-Checkliste erfasst. Die Wertschöpfung und Wirkungen, die auf der Ebene der einzelnen Teilprojekte – oder Meilensteine – erzielt werden, lassen sich zusätzlich steigern, indem vom Projektstart bis zum Transfer in die Linie (Projektabschluss) jeweils das Schnittstellenmanagement, die gegenseitige Unterstützung und die Lösungen unvorhergesehener Schwierigkeiten systematisch optimiert werden. Dazu dienen wiederum Multi-Center- und Multi-Power-Teams, die im Sinne des Qualitätsmanagements für die Projektarbeit eine systematische Fehlerprävention ermöglichen.

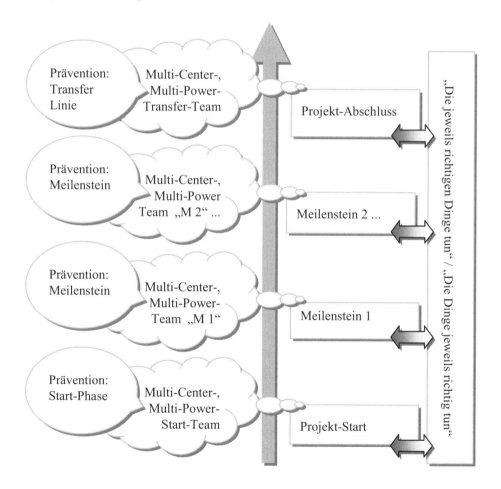

Abbildung 65: Die einzelnen Teilprojekte systematisch optimieren

Spielarten des Wandels: Gradmesser für intelligente Lösungen

Der Prozess des Wandels ist in den meisten Fällen nicht mit einem singulären Projekt zu bewerkstelligen, sondern stellt ein komplexes Projekt-Netzwerk dar. Wohl dient das „Change Management" als Gesamtüberschrift, doch es bedarf vieler Maßnahmen in verschiedenen Funktions- und Aufgabenbereichen, um strategische Erfolge nachhaltig zu sichern. Dies betrifft die Leistungsentfaltung, den Geschäftswert und die Kundenzufriedenheit.

Das Globalziel des Change Managements ist mit dem Ansatz des Value-Competence-Trainings vergleichbar: Es gilt, in wesentlich kürzerer Zeit wesentlich bessere Ergebnisse zu erzielen, als das gemeinhin der Fall war. Ganz im Sinn des Wortes geht es um das Wesentliche, und darum, dass bessere Ergebnisse nicht zu Lasten späterer Entwicklungen gehen. Hier ist anzumerken, dass in der Regel intelligente Lösungen, die ökonomische Entwicklungen mit sozialer und ökologischer Verträglichkeit zu verbinden wissen, auf Dauer zu mehr wirtschaftlicher Wertschöpfung führen. Denn das Training, das im Co-Management solcher Entwicklungen liegt, stellt auch für die Lösung innerbetrieblicher Probleme ein höheres Qualitätsniveau bereit, als dies bei einseitigen Lösungsansätzen der Fall ist.

Project-Assessment

Ein professionelles Projektmanagement ist der Motor solcher Entwicklungen – und zugleich ein Gradmesser, um deren Qualität zu erfassen. Auch die Professionalität des Change Managements wird nicht an einem einzelnen Projekt festzumachen sein, wohl aber an der Summe der Projekte, die dem unternehmerischen Wandel gewidmet sind. Das Projektmanagement hat deshalb zwei Funktionen: Es dient als Motor des Wandels, und zugleich als diagnostisches Instrumentarium, um die Qualität dieses Wandels sowie die Wahrscheinlichkeit des Gelingens abzuschätzen.

Vergleicht man zu diesem Zweck die Time-line-Konzepte von unterschiedlichen „Projekten des Wandels", dann zeigt sich schnell, ob ein Unternehmen „fit" ist, das heißt verschiedene Projektdesigns – vom linearen bis zum reflexiven Meilenstein-Design – einzusetzen und auf den Innovationsgrad einzelner Aufgaben hin abzustimmen weiß. Oder ob es lediglich die gleiche, immer wiederkehrende Vorliebe für ein und dasselbe Projektdesign kund tut, das sich dann wie ein Faden durch den gesamten Prozess des Wandels zieht, ohne Rücksicht auf die erforderliche Innovationsdynamik, die mit variablen Aufgaben verknüpft ist. Prozesse des Wandels führen nicht automatisch zu Erfolg. Das präventive Projekt- und Qualitätsmanagement ist deshalb unverzichtbarer Bestandteil des erfolgreichen Change Managements. Dazu die geeigneten Fähigkeiten zu entwickeln und eigenverantwortlich einzubringen – das ist beim Change Management der Punkt, an dem das Value-Competence-Training einhakt. Damit der unternehmerische Wandel gelingt, genügt es nicht, die Vielzahl gängiger Begriffe, die unter dem Label der Veränderung laufen, zu adoptieren. Vielmehr ist auf zwei Entwicklungsschritte größter Wert zu legen:

- Erstens, dass die Projekte, die den Zielen des Wandels dienen, in sich selbst effizient und wirksam sind – anstatt in oberflächlicher Manier viele Ressourcen zu binden und wenig zu erreichen.

- Zweitens, dass der erzielte Nutzen substantiell ist. Es kann ja nicht akzeptiert werden, dass Projekte des Change Managements bisweilen Prozesse hinterlassen, die noch uneffektiver und verkrusteter sind als bisher, deren Kommunikation zwar „anders", aber noch bürokratischer abläuft, und dass Mitarbeiter den Spaß an der Arbeit verlieren, weil der Wandel deren Kooperationsbereitschaft zerreißt und durch aktionistisches Gebaren ersetzt.

Solche Entwicklungen gleichen dem Abraum, der beim Schürfen nach Gold anfällt. Und nicht jeder „Change Manager", der in Goldgräberstimmung aufbricht, um sein Unternehmen zu verändern, legt eine Goldader frei. Oft fällt neben ein paar bescheidenen Nuggets jede Menge Schutt an. Statistiken zeigen auf, dass eine Vielzahl von Change-Management-Projekten nicht oder erst nach langatmigen Verzögerungen zu den erhofften Ergebnissen führt. Diese trübe Erfahrung kann sich ein Unternehmen im Interesse des Geschäftswertes und der Kunden ersparen, indem es die Projekte des Change Managements kritisch auf den Prüfstein stellt. Das bedeutet, sie im ersten Schritt zu bilanzieren und im zweiten Schritt mit Hilfe einer *Time-line des Wandels* zu optimieren. Dabei lauten die ergiebigsten Goldadern auch beim Change Management „Fähigkeit zur Selbst-Führung" und „Entwicklung von salutogenen Teams".

Die Qualität der Prozesse des Change-Managements ist nicht leicht zu messen. Denn Projekte des Wandels entfalten häufig den Charakter einer Hochglanzbroschüre, die zunächst viele Versprechungen bereithält. Wie zügig und wirksam die Ziele, die damit verbunden sind, dann tatsächlich umgesetzt werden, hängt davon ab:

- welche Problemlöse-Stile ein Unternehmen einsetzt, um Veränderungen voranzutreiben,
- welche Unternehmens- und Teamkulturen sich dahinter verbergen, und
- wie sich diese in der Kultur des Projektarbeit widerspiegeln.

Eine weitere Studie im Umfeld der oben zitierten Unternehmenskommunikation belegt, dass manche Organisationen ein ausgesprochen adaptives Change Management vollziehen, während die Veränderungen anderer Firmen den Eindruck von innovativen Loopings hinterlassen. Manche Unternehmen verraten ein Relais-artiges Wechseln zwischen den beiden Stilen. Mit solch unterschiedlichen Ansätzen zum Change Management verbinden sich divergierende Vorstellungen, was Prozesse des Wandels überhaupt leisten sollen. Außerdem gehen damit verschiedene Chancen und Risiken und auch variable Leistungsniveaus einher, um den Wandel voranzubringen.

„Paradigm Shift": Serielles Change Management

Ein verbreitetes Modell für Veränderungen ist der so genannte „Paradigm Shift". In der Praxis bedeutet das, ein Bezugssystem durch ein anderes zu abzulösen und „alte" Werte, Verhaltensmuster und Belohnungssysteme möglichst durch „neue" zu ersetzen. Das neue Bezugssystem mag noch Elemente des alten enthalten, bietet aber einen Rahmen, in dem das vorherige Modell grundsätzlich keinen Platz mehr findet. So gründlich, wie zuvor das alte Bezugssystem etabliert wurde, wird nun das neue implementiert. Für den Paradigm Shift ist charakteristisch, dass meist nur *ein* bestimmtes Bezugssystem im Mittelpunkt steht, das konsequent ausgebaut wird, ohne auf Interferenzen von anderen Bezugssystemen zu achten. Kippt das alte Bezugssystem, weil es (aus welchen Gründen auch immer) nicht länger haltbar ist, wird künftig konsequent nur noch in das neue Bezugssystem investiert.

Diese Form des Change Managements signalisiert die Vorliebe von adaptiven Unternehmenskulturen für klar umrissene Entwicklungen. Deren Ziele, Themen und Details sind eindeutig definiert. Change Management wird dahingehend verstanden, dass der Status quo sich ändert, aber nur, um sich auf einem neuen, höheren und wiederum eindeutig beschreibbaren Level erneut einzupendeln. In diesem Wandlungsprozess verändern sich durchaus die Bezugssysteme und deren Inhalte. Doch die *Kultur des Wandels* repräsentiert nach wie vor denselben adativen Problemlöse-Stil, der bereits im früheren Bezugssystem zu beobachten war und auch künftig kaum anders in Erscheinung treten wird.

Die Vorteile des Paradigm-Shift liegen auf der Hand: Wenn ein neues Paradigma erst einmal akzeptiert wird, kann eine Organisation mit diesem Change-Management-Ansatz die Potenziale, die im neuen Bezugssystem stecken, schnell, gründlich und im Detail für sich nutzbar machen. Allerdings wird ein Unternehmen, das auf diese Art versucht, den Wandel zu gestalten, nur selten zu den Benchleadern gehören. Dieses Vorgehen ist ein typisches Merkmal des Benchmarker, der erst dann agiert, wenn er ein hinreichend glaubwürdiges Vorbild erkennt, dessen Entwicklung er dann auf seine Situation transformiert.

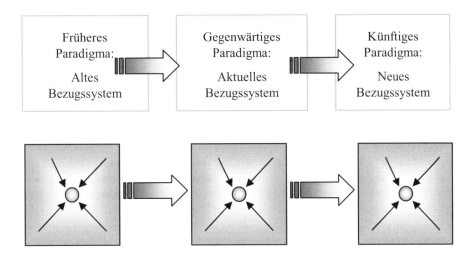

Abbildung 66: Adaptiver Wandel

Adaptiver Wandel verschenkt die Pole-Position

Ein Benchmarker verschenkt mit diesem Ansatz jedoch oft den Wert, den der erste auf dem Markt für sich geltend macht. Das ist jedoch nicht der einzige Nachteil, der an dieses Vorgehen geknüpft ist: Die Art und Weise einer Firma, Veränderungen einzufädeln, verrät vieles über deren Kultur. So wird bald sichtbar, dass das serielle Change Management häufig mit einer linearen Projektarbeit und all den damit verbundenen Vor- und Nachteilen korreliert.

Bei einer Reihe von Organisationen führt das zu internen Verwerfungen, weil deren Change Management der Idee nach bedeutet, etablierte Grenzen zu überwinden. Gerade das kann mit linear konzipierten Projekten jedoch kaum geleistet werden, denn die Integration neuer Lernprozesse geht mit Hilfe dieses Ansatzes zu schwerfällig vonstatten.

Die Folge sind langatmige Prozesses des Wandels, die unter anderem Etikett wieder und wieder angegangen werden. „Unter der Oberfläche" bleiben etablierte Muster, Strukturen und Regeln gültig, um den alten Zusammenhalt noch so lange wie möglich zu gewährleisten. Das kann sich solange hinziehen, bis die formalen Autoritäten des früheren Bezugssystems den neuen, jedoch gleichermaßen etablierten Autoritäten des künftigen

Bezugssystems weichen müssen. Meist ist dafür ein Personenwechsel an der Führungsspitze, manchmal auch ein verändertes Belohnungssystem charakteristisch.

Bisweilen ist noch ein weitaus bedenklicheres Risiko des adaptiv geprägten, seriellen Change Managements zu beobachten. Es besteht darin, dass die Ziele des Wandels bald wieder so weit eingeschränkt werden, wie sie mit Hilfe des vertrauten linearen Projektmanagements gerade noch bedient werden können. Damit schaffen es die Verantwortlichen nicht, die Grenzen des alten Paradigmas tatsächlich zu überwinden. Vielmehr bleibt das alte Paradigma erhalten, nur die Prioritäten innerhalb dieses Paradigmas werden umgeschichtet. Rhetorisch wird das natürlich als „Change Management" verkauft, und ist es in gewisser Weise ja auch. Schlimm wird es für ein solches Unternehmen dann, wenn das alte Paradigma auf Grund veränderter Markt- oder Umweltkonstellationen tatsächlich ausgereizt ist. Dann kommt es zu chaotischen Turbulenzen, oder das Unternehmen wird erhebliche Verluste einfahren, mit der Gefahr, vom Markt zu verschwinden.

Das mag, in Anlehnung an die SHELL-Studie von de Gueys (die Lebensalter und -fähigkeit von Organisationen thematisiert) mit erklären, warum die Lebensdauer mancher Unternehmen so archaisch kurz ist. Sie überdauern mit ihrem bevorzugt linearen Projektdesign bestenfalls einen intra-paradigmatischen Wandel. Von der Integration diversifizierter Anforderungen sind sie ebenso überfordert wie entfernt. Das Management of Diversity ist ihre Stärke nicht. Wenn es ihnen allerdings gelingt, ihre etablierten Bezugssysteme grundsätzlich zu erneuern, werden sie darin schnell zu Profis, auch wenn sie in diesem Bemühen nur selten zu den Spitzenreitern gehören.

„Paradigm Enrichment": Paralleles Change Management

Die Benchleader, die den Wandel vorantreiben und am Leben halten, zeichnen sich gerade durch jenes Management of Diversity aus. Bei diesen Unternehmen ist seltener ein lineares, sondern häufig ein reflexives, Meilenstein-orientiertes Projektdesign zu beobachten, das unterschiedliche Bezugssysteme kontinuierlich zu integrieren sucht. Das zeigt sich besonders bei Prozessen des Wandels. Fast könnte man sagen, dass in diesen Organisationen das Change-Mangement nicht zum Stillstand kommt, nur das Tempo wie bei einer Achterbahn manchmal rasant beschleunigt und dann wieder etwas gemächlicher wird. Ein Paradigm Shift ist nur insofern zu erkennen, als mehrere Bezugssysteme abwechselnd stärker priorisiert werden als andere. Das heißt, die Prioritäten verlagern sich im Wechselspiel unterschiedlicher Bezugssysteme – oder werden parallel dazu durch neue ergänzt. Man kann hier von einem Enrichment der Projektarbeit sprechen.

Dem konsequenten Wechsel von einem Paradigma zum anderen, wie er beim seriellen Change Management zu beobachten ist, steht beim innovativen Ansatz ein gewisses „Vor- und Zurückschwingen" variabler Bezugssysteme gegenüber. Das äußert sich darin, dass das parallele Change Management wohl ein neues Bezugssystem priorisiert, aber die Lösung für ein anstehendes Problem oft in Verbindung mit Ideen aus früheren Bezugssystemen kombiniert. Deren Potenzial mag früher noch gar nicht ausgelotet worden sein und kommt erst jetzt, in Verbindung mit einem neuen Bezugssystem, zum Tragen. Das Projektmanagement solcher paralleler Wandlungsprozesse ist entsprechend reflexiv und Meilenstein-orientiert. Definierte Ziele werden immer wieder aus der Sicht veränderter Bezugssysteme neu interpretiert.

Häufig lautet das Motto für diese Art des Wandels: „Der Weg ist das Ziel". Damit geht das Risiko einher, dass sich die Ziele auf dem Weg stets weiter verändern, noch bevor die erste Etappe erreicht wurde. So wie in jeder russischen Puppe eine weitere steckt, eröffnet sich beim innovativen Change Management mit jedem neuen Meilenstein ein zusätzlicher, der bisher noch nicht gesehen wurde. In gewisser Weise mäandern solche Unternehmen durch die Landschaft denkbarer Entwicklungen, ohne sich in diesem Prozess je eindeutig festzulegen. Ihre betriebliche Effizienz bleibt dabei nicht selten auf der Strecke oder wird vom nächsten Reorganisationsschub wieder ausgehöhlt.

Daran knüpft sich noch eine andere Gefahr des Change Management: Wenn mehrere Bezugssysteme gleichzeitig aufrecht erhalten und wechselweise priorisiert werden, kann daraus ein Prozedere entstehen, das sich alsbald im Kreis dreht. Dies ähnelt durchaus der Beschreibung von Karl May, in der eine Karawane die Wüste zu durchqueren glaubt und sich nach Tagen an derselben, alten Stelle wiederfindet. Derartige, als „innovativ" empfundene Prozesse des Change Management verleiten dazu, erst ein Bezugssystem vorzuziehen und das andere zurückzustellen, dann das andere aufzubauen und das erste in den Hintergrund zu rücken, dann noch ein weiteres hinzuzufügen, um schließlich wieder das erste zu entdecken, usw.

Auf diese Weise bleibt der Prozess des Wandels ständig aktiv, ohne dass sich wirklich neue Entwicklungen herauskristallisieren. Was dann als Change Management angepriesen wird, ist wenig mehr als ein Spiel mit wiederkehrenden Moden.

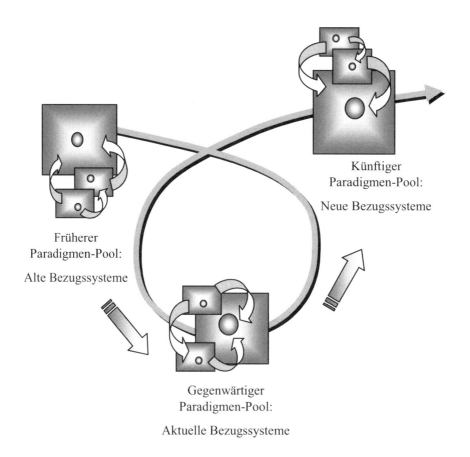

Abbildung 67: Innovativer Wandel

Dass der entscheidende Vorteil in der Integration beider Change-Management-Ansätze liegt, ist offensichtlich. Das schließt die Fähigkeit mit ein, heterogene Problemlöse-Stile und Kulturen ebenso verbinden zu können wie die dafür geeigneten Projektdesigns. Wenn die Führungskompetenz sich nicht in der Lage sieht, auf deren nachdrückliche Integration hinzuwirken und ein entsprechend professionelles Projektmanagement aufzuziehen, ist noch eine dritte Spielart von Wandlungsprozessen zu beobachten, die des „Paradigm Swing".

„Paradigm Swing": Oszillierendes Change Management

Für die Betroffenen darf der Paradigm Swing als die abwechslungsreichste Variante des Change Managements angesehen werden. Die Achterbahn-Loopings des innovativen Wandels werden abgelöst von grundsoliden Implementierungsphasen im jeweils neuen Bezugssystem. Doch auch das währt nicht zu lange, und mit einem wieder neuen Paradigma kommen der alte Schwung und multiple Bezugssysteme zurück. So kann eine Organisation zwischen beiden Modellen hin- und herschwingen, ohne „adaptiv" einzuhaken noch sich zu lange „innovativ" im Kreise zu drehen. Auf diese Weise kommt es gelegentlich zu *Effizienz-Schüben* (in den adaptiven Phasen des Change-Management), dann wieder zu *Experimental-Schüben* (in den innovativen Phasen des Change-Management).

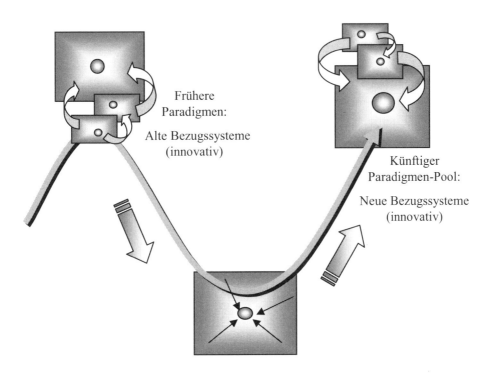

Abbildung 68: Alternierender Wandel

Zunächst scheint diese Flexibilität eine glückliche Voraussetzung für die Unternehmensentwicklung zu sein. De facto schaukelt dieses Vorgehen die Risiken des Change Managements aber auf – vor allem, wenn die Effizienz in kritischen Phasen vernachlässigt wird oder die Öffnung hin zum experimentellen Wandel im falschen Moment einsetzt. Dieses oszillierende Change Management wirkt durch seinen Schwung zunächst attraktiv, das Relais-artige Auf und Ab erweist sich im Hinblick auf die strategische Zielsetzung jedoch oft als unkontrolliert.

Das Spannungsfeld, das in dieser Form des Change Mangements liegt, tritt besonders zu Tage, wenn mehrere Unternehmen (etwa im Rahmen einer Fusion oder Strategischen Allianz) aufeinanderprallen, die dem quantifizierbaren Portfolio nach geeignete Partner zu sein scheinen, aber in ihren Problemlöse-Stilen ebenso wie im Change- und Projektmanagement ein unterschiedliches Verständnis mitbringen.

Der gemeinsam vorgetragene Veränderungswille pendelt dann bald zwischen adaptiven und innovativen Prozessen des Wandels, je nachdem, wer in welchem Teilprojekt das Sagen hat. Dieses Oszillieren repräsentiert all die Dilemmata, die schon beim Thema Kreativität erörtert wurden – mit entsprechend negativen Konsequenzen für die Unternehmen: Stagnation des gesamten Prozesses, erhöhte Fluktuation und Verlust der besten Köpfe.

Den genannten Risiken entgegenzuwirken, ist eine weitere Aufgabe der integrativen Führung und der Selbst-Führung aller beteiligten Projektteams. Der Sinn des Change Managements besteht nicht nur darin, die aktuellen Probleme zu bewältigen (das könnte auch mit Hilfe eines probaten Konflikt- und Krisenmanagement geleistet werden), sondern die künftige Entwicklung des Unternehmens zu formen und neuartigen Chancen den Weg zu bahnen.

Wenn das gelingt, ist der Weg ist eine erfolgreiche Gestaltung der Zukunft frei.

Kapitel VII:

Die Zukunft erkennen
bewerten
gestalten

Scenario-Learning

Strategische Führung

und Karriere-Management

Die Zukunft ermessen – ein Kompetenzkriterium

Art is search, not final form.
      Eugene Vahtangov

Zutreffende Zukunftsanalysen bedeuten das größte Wertschöpfungspotenzial für eine Organisation, indem sie Fehlinvestitionen vorbeugen und Gewinnzuwächse langfristig sichern. Eine wirkungsvolle, aktive Auseinandersetzung mit der Zukunft setzt jedoch voraus, dass Rahmenbedingungen, organisationale Entwicklungen und die Qualifizierung von Führungskräften und Mitarbeitern in Einklang gebracht werden. Das klingt wie eine Binsenweisheit und zieht doch eine Reihe von Fragen nach sich, auf die eine Antwort zu finden nicht immer leicht ist:

- Wie sieht die Zukunft aus, in fünf, fünfzehn oder fünfzig Jahren?
- Wie unterscheiden sich die Szenarien der Gegenwart von denen der Zukunft?
- Was sind geeignete Mittel, um sie zuverlässig zu eruieren?
- Was genau ist dann zu entscheiden, zu planen und zu tun?
- Welche Schritte sind heute zu ergreifen, um auch in der Zukunft nicht ein Nachahmer, sondern ein Benchleader zu sein, der aus der Pole- und Lead-Position zu handeln weiß?

Diese Fragen berühren gleichermaßen die strategische Planung einer Organisation und die Karriereentwicklung ihrer Mitarbeiter – freilich nicht im Sinne von Positionen, sondern von Kompetenzen. Das Value-Competence-Training unterstützt diesen Prozess, indem es sich mit Prozessen und Instrumentarien auseinandersetzt, um die Fragen nach der Zukunft eines Unternehmens besser beantworten und die nötigen Schritte ergreifen zu können:

Erstens sind *valide Informationen* über die Zukunft zu gewinnen. Das ist Voraussetzung, um wirksame Entscheidungen treffen und Fehlentscheidungen vorbeugen zu können.

Zweitens ist der Prozess der *Zukunftsbewertung* in sich effektiv und effizient zu gestalten. Wenn das Erarbeiten von zukunftsrelevanten Informationen auf langatmige Prozedere hinausläuft, ist dies ein bedenkliches Signal. Denn als Faustregel gilt, dass die Effektivität und Effizienz, die den Evaluierungsprozess selbst auszeichnen, sich im Wertschöpfungszuwachs widerspiegeln. Der Grund dafür ist offensichtlich: Endlos vorbereitete, vagabundierende Zukunftsprognosen sind meist Ausdruck einer mangelnden zukunfts-„führenden" Kompetenz. Sie resultieren bestenfalls in geringen Wertschöpfungssteigerungen. Kompetente Zukunftsanalysen führen dagegen sowohl zu straffen Bewertungsprozessen als auch zu erheblichen Wertsteigerungen.

Drittens ist die Bewertung der Zukunft so zu organisieren, dass relevante Informationen nicht nur erarbeitet, sondern zugleich für das *künftige* Wissensmanagement zur Verfügung stehen.

Wie das Wissensmanagement falschen Prognosen vorbeugt

Die Evaluation der Zukunft als Wissensmanagement – dies bedeutet, die Zukunft als wichtigstes Investitionsforum eines Unternehmens zu begreifen. Es gibt kaum kostspieligere Risiken, als im Hinblick auf künftige Entwicklungen von irrelevanten Vorstellungen auszugehen oder falschen Prognosen aufzusitzen. Die Zukunft zutreffend zu bewerten, ist deshalb ein elementares Kompetenzkriterium. Es kommt in seiner Bedeutung dem professionellen Projektmanagement oder der kooperativen Mitarbeiterführung mindestens gleich, vielleicht ist es sogar noch wichtiger. Denn so manche Unternehmen vernachlässigen ihre zukunftsorientierten Kompetenzen, indem sie künftige Entwicklungen lediglich aus der Sicht des aktuellen Tagesgeschäfts heraus betrachten. Oder sie überlassen deren Bewertung externen Experten und adoptieren deren Empfehlungen unhinterfragt. Selbst wenn diese Empfehlungen und Vorgaben sich als brauchbar erweisen, geben die Verantwortlichen im Unternehmen damit wichtige Kompetenzen aus der Hand. Das mindert ihr eigenständiges Führungs- und Fähigkeitsprofil und schwächt überdies den Wert, den ein Unternehmen aus einem zukunftsorientierten Wissensmanagement ziehen kann.

Die Aufgabe eines *zukunftsorientierten Wissensmanagements* besteht weniger im Sammeln und Ordnen von bereits verfügbarem Wissen, sondern darin, dasjenige Wissen zu erzeugen, das gegenwärtig noch nicht verfügbar, für die erfolgreiche Gestaltung der Zukunft jedoch unerlässlich ist.

Sich erfolgreich mit der Zukunft auseinanderzusetzen, bedeutet stets, neben materiellen und monetären insbesondere Kompetenzgewinne zu erzielen. In Nachhinein bestätigen sich diese durch richtige Entscheidungen und langfristig profitable Investitionen. Doch wie kann im Vorfeld ermittelt und überprüft werden, was die richtigen Entscheidungen für die Zukunft sind?

Erneut kann das Controlling davon nicht unberührt bleiben. Es besteht darin, die *Qualität* der Zukunftsbewertung und der daraus abgeleiteten Entscheidungen zu sichern. Des Weiteren ist zu prüfen, ob künftige Entwicklungen zutreffend bewertet und daraus die richtigen Schlüsse und Maßnahmen abgeleitet werden. Dem kommt die Aufgabe zu, möglichen Fehlinvestitionen vorzubeugen, die durch falsche Zukunftsprognosen hervorgerufen werden. Es hat zu gewährleisten, dass verantwortliche Führungskräfte und Mitarbeiter:

- die Kompetenzen für eine adäquate Auseinandersetzung mit der Zukunft entwickeln
- und entsprechend gefördert werden.

Das zu leisten, ist in erster Linie ein eigenverantwortlicher Prozess, der in manchen Organisationen ein gehöriges Maß an Courage und Eigeninitiative verlangt. Manchmal erfordert dies sogar, sich gegen einfältige Beratungskonzepte von außen zu behaupten und die Qualifikation von Beratern und ihren Ideen ohne Ansehen der Person auf den Prüfstein zu stellen. Welches Risiko geht von Beratern aus?

Was tun früh-adaptive Berater?

Dass eine souveräne Zukunftsbewertung nicht immer gelingt, hat mehrere Ursachen.

Ein verbreiteter Grund liegt darin, dass sowohl Manager als auch deren Berater sich gerne voreilig auf eingeschränkte „Techniken" zur Bewertung der Zukunft einlassen. Die Folge: Massive Investitionen in Fehlprognosen. Die zeitweilige Misere etwa am „Neuen Markt" oder falsch eingeschätzte Bedarfsentwicklungen im Mobilfunk- oder Chipgeschäft sind selbstredende Beispiele dafür, ebenso die immensen Verluste, die Anleger wie Unternehmen dabei einstecken mussten. Die Ursache dafür ist weniger ökonomischer sondern psychologischer Natur: Nicht nur Manager, sondern häufig auch Berater ziehen gerne diejenigen Techniken zur Zukunftsbewertung heran, die sie einmal gelernt haben und deshalb bevorzugt anwenden. Selbst dann, wenn sich deren Annahmen offensichtlich als nicht zutreffend erweisen, stehen sie noch zu ihrem Vorgehen. Das lässt eher eine kognitive Dissonanz vermuten als eine echte Neugierde an künftigen Entwicklungen. „Kognitive Dissonanz" meint, dass die Neigung, Fehlentscheidungen im Nachhinein schönzureden, größer ist als die Bereitschaft, die Ursachen eines falschen Entscheidungsverhaltens zu reflektieren und daraus zu lernen.

Das Beispiel eines Konzerns, der in den Jahrzehnten vor dem „Fall der Mauer" hauptsächlich von Rüstungsaufträgen gelebt hat, mag das illustrieren. Dessen Manager hatten ebenso wie deren etablierte Berater stets auf so genannte Delphi-Techniken gesetzt, mit dem Resultat, dass sie noch Mitte der achtziger Jahre von der lukrativen Weiterentwicklung dieses Geschäftsbereiches ausgingen. Die von ihnen bevorzugte Delphi-Technik zieht zur Analyse der Zukunft verschiedene Experten zu Rate, deren gemeinsamer Nenner mit Hilfe mehrerer Schritte herausgefiltert wird. Dieser gemeinsame Nenner dient als „zentrale Tendenz" und Entscheidungsgrundlage für weitere Investitionen. Abweichende Meinungen werden in dem Prozedere als Außenseiter-Positionen verworfen.

Im genannten Fall waren die Experten die Berater selbst, und die Manager fügten sich der von ihnen angeblich ermittelten Tendenz. Auf Grund ihrer (einseitigen) Analysen rieten die Experten, mehr in diesen Geschäftsbereich zu investieren. Das wäre nichts Unrühmliches, hätte nicht zeitgleich ein Politikwissenschaftler in einem Vortrag just jene Manager darauf aufmerksam gemacht, dass eine Reihe von Indizien auf alternative Szenarien hinweisen und einen Zusammenbruch des damaligen Ostblocks ebenso wie den Fall der Mauer in den nächsten zehn bis fünfzehn Jahren mit hoher Wahrscheinlichkeit erwarten ließen.

Die Reaktion der verantwortlichen Manager? Helle Empörung und der kategorische Verweis des Referenten aus dem Unternehmen, weil die Manager – wörtlich – „doch nicht die Zeit hätten, sich künftig nochmals einen solchen Blödsinn anzuhören". Verhaltenes Gelächter auch bei den etablierten Consultants, weil deren Delphi-Ansatz ja eine eindeutige (wenn auch, wie sich später herausstellte, fehlgeleitete) Beratungsstrategie nahelegte. Zunächst festigte dieser Vorfall jedoch ihre Stellung als „Experten" und versprach ihnen weiterhin eine profitable Kooperation. Überdies wussten sie selbst zum damaligen Zeitpunkt nichts mit den Scenario-Ansätzen jenes „Außenseiters" anzufangen, waren sie doch nur auf die Anwendung ihrer „Delphi"-Techniken getrimmt worden. Und neugierig darauf einzugehen, wagten sie nicht, hätte ihnen dies seitens des Kunden doch als Schwäche ausgelegt werden können.

Die Folgen für das Unternehmen? Ein unvorhergesehener, katastrophaler Einbruch des gesamten Geschäftsbereiches, ein Absacken in die tiefroten Zahlen und Massenentlassungen auf breiter Front. Denn die Mauer fiel nicht zehn, sondern schon zwei Jahre später. Doch niemand aus dem Management war darauf vorbereitet, nicht einmal gedanklich, und keiner wagte beizeiten in alternative Szenarien und Geschäftsstrategien zu investieren.

Warum Consultants nur selten zu den Benchleadern gehören

Was ist den Consultants vorzuhalten? Nun, aus ihrer eigenen Sicht haben sie nach bestem Wissen gehandelt und sich dabei für Top-Profis gehalten. Dennoch vermochten sie aufgrund ihrer eigenen Zukunftsanalyse nicht, das von ihnen betreute Unternehmen in eine *künftige* Pole-Position zu heben und in diesen Prozess die Rolle eines Benchleaders zu leisten. Was die Consultants lediglich vermochten, war dem Unternehmen einige Strategien an die Hand zu geben, um in dem damals etablierten (aber von der sich abzeichnenden Geschichte schon überholten) Bezugsrahmen zum profitabelsten Unternehmen aufzusteigen – mit katastrophlen Folgen für die Firma.

Was war die Stärke des vermeintlichen Außenseiters? Er wusste zum damaligen Zeitpunkt eine andere Form der Zukunftsbewertung – das Scenario-Management – heranzuziehen, das in Management- und Beraterkreisen noch wenig poulär war: Dieses Scenario-Management hat sich seit dem Fall der Mauer auf breiter Front durchgesetzt. Dessen Prinzip stellt den Delphi-Ansatz auf den Kopf, indem es von verschiedenen Zukunftsoptionen ausgeht und Außenseiter-Perspektiven geradezu provoziert. Im Vergleich vieler Zukunftsalternativen sucht es diejenigen Maßnahmen zu erkennen, die für möglichst viele Szenarien eine optimale Investition darstellen. Es geht hier also nicht um die „richtige Zukunft" wie bei der Delphi-Technik, sondern angesichts vieler Möglichkeiten um die Auswahl der „richtigen Maßnahmen". Vielen Managern in der besagten Firma öffnete dieses für sie unerwartete Ereignis die Augen, wie riskant der Glaube an eine einseitige, zentrale Tendenz der Zukunft sei. Selbst manche Berater haben dazugelernt und wissen mit Zukunftsprognosen mittlerweile differenzierter umzugehen. Das ist nicht selbstverständlich, denn entgegen ihrem liebevoll gepflegten Image als „Innovatoren" neigen Berater dazu, erst dann Entwicklungen voranzutreiben, wenn dafür bereits eine gewisse Resonanz im Markt erkennbar ist.

Aus diesem Grund sind Berater nur selten Benchleader, die bereit sind, Neuentwicklungen gegen den Widerstand etablierter Bezugssysteme durchzusetzen. Meist erweisen sie sich als „früh-adaptive" Benchmarker, die aktuelle (in manchen Chef-Etagen bereits akzeptierte) Veränderungsprozesse aufgreifen und im Sinne einer adaptiven Perfektionierung weiter systematisieren. Damit können sie kaum die tatsächlichen Benchleader bedienen, wohl aber das Gros der nach Chancen suchenden Benchmarker und Nachzügler. Das charakteristische Merkmal von Nachzüglern ist oftmals, bei solchen Prozessen die Verantwortung von sich weg zu delegieren, um für etwaige Fehlentscheidungen nicht geradestehen zu müssen – in der Hoffnung, dass es mit Hilfe der Consultants dazu erst gar nicht kommt. Deshalb ist es das besondere Verdienst der Berater, attraktiven Neuentwicklungen ein wesentlich größeres Momentum zu verleihen, um Impulse des Wandels durch alle Branchen und Unternehmen zu transportieren, als dies die Benchleader alleine je leisten könnten. Darin, und weniger im Benchleading selbst, ist der Wertbeitrag der meisten Consultants zu suchen.

Die Crux der Personalentwickler: Substituierte statt substantielle Verantwortung

Der zweite Grund für eine unzureichende Zukunftsbewertung ist bei den Personalentwicklern zu suchen. Deren Selbstwahrnehmung besteht oftmals darin, sich als Querschnittsfunktion zu begreifen, die für eine reibungslose Abwicklung des operativen Geschäfts zu sorgen hat. Dagegen fühlen sich die Personalentwickler in vielen Fällen nicht für die strategische Planung und Führung des Unternehmens mitverantwortlich. Meist rechnen sie diese Verantwortung dem Aufgabenfeld der Geschäftsleitung und nicht ihrem eigenen Aufgabenfeld zu.

Formal mag das richtig sein, doch die negativen Konsequenzen dieser Haltung lassen eine Organisation leicht ins Abseits trudeln. Denn „zukunftsorientierte Kompetenzen" und den geschickten „Einsatz geeigneter Instrumentarien" führen einige Personaler erst gar nicht als ihr Aufgabenfeld an, geschweige denn die Befähigung, ein zukunftsweisendes Controlling aufzubauen. Damit können sie entsprechende Kompetenzen weder selbst bereitstellen, noch deren Entwicklung verlässlich unterstützen. Das nämlich würde voraussetzen, dass sich die Führungs- und Personalentwickler selbst mit den Fragen der strategischen Zukunftsplanung vertraut machen – und mehr noch, dass sie die verfügbaren Instrumentarien mit künftigen Herausforderungen ihres Unternehmens in Beziehung setzen und die Verantwortlichen darin „fortbilden". Ihr Auftrag wäre es, die Führungskräfte und Mitarbeiter für den Aufbau solcher Kompetenzen zu qualifizieren und darauf hinzuwirken, dass diese vom Controlling in der richtigen Weise begleitet werden. Also wäre auch das zukunftsorientierte Controlling zu supervidieren und bei Bedarf in der angemessenen Form zu coachen.

Ist es nun zuviel verlangt, das Controlling des „zukunftsorientierten Controllings" durch die Führungs- und Personalentwickler zu forcieren? In manchen Fällen bedauerlicherweise schon. Die reale Personalarbeit folgt bisweilen einem schlichteren Pfad. Greifen wir nochmals das Beispiel des technischen Dienstleisters auf, dessen Personalentwickler bereits durch ihre „Märchen für Erwachsene" für Furore unter den Führungskräften sorgten. Nun war ihr Auftrag, ein Konzept zur organisationalen „Fitness for Business" zu entwerfen. Die Manager sollten darauf vorbereitet werden, dem Unternehmen auf den globalen Märkten eine herausragende Spitzenposition zu verschaffen. Ein Anspruch, mit dem sich die adressierten Führungskräfte durchaus gerne identifizierten, der ihren persönlichen Zielen entsprach, und der ihrem Chef die Chance zum Sprung in die übergeordnete Konzernzentrale geboten hätte.

Doch wie soll das Unternehmen in die Zukunft geführt werden? Wie sind die Führungskräfte für diese Aufgabe zu qualifizieren? Wie können die Personalentwickler sich selbst für das zukunftsorientierte Controlling dieser Initiativen qualifizieren? Dafür die persönliche Verantwortung einzulösen, wagten die besagten Personaler nicht. Mit den vielfältigen Möglichkeiten einer souveränen Zukunftsarbeit waren sie kaum vertraut, und die Entwicklung solcher Kompetenzen an sich zu ziehen und eigeninitiativ voranzutreiben, schien ihnen ein zu heißes Pflaster zu sein. Stattdessen wiesen sie diese Verantwortung von sich und delegierten sie an „die Geschäftsleitung" zurück – so als würde diese eine qualifizierte Fortbildung ersetzen.

Dieser Vorgang hatte bemerkenswerte Folgen, denn die skizzierte, „aufgespaltene Verantwortung" erlaubte es den Personalern, sich auf das zurückzuziehen, was sie vermeintlich am besten konnten: einige Events zu inszenieren, und damit die Führungskräfte zu motivieren. Wenn denen, so das unverhohlene Kalkül, die Workshop-Woche genug Spaß bereite, würden sie sich freundlich äußern und den Personalern ein schönes Erfolgserlebnis bescheren. Für diese Arbeit besonders talentierte Trainer sollten das „Fitness"-Programm zum Laufen bringen: Montags und dienstags einige rasante gruppendynamische Übungen mit Selbsterfahrung, mittwochs beim Outdoor-Training ein Snow-Raft bauen oder mit dem Jeep über eine Wippe balancieren, donnerstags und freitags den „Stand der Dinge" in Kleingruppen erarbeiten und per Business-Theater den jeweils anderen vorführen. Etwas verklausuliert, wurde das Ganze als Maßnahme zur Kunden-, Dienstleistungs- und Prozessorientierung interpretiert.

Applaus den Personalentwicklern, und eine satte Leistungszulage im Bonussystem.

Doch manches entwickelte sich anders. Zunächst beruhigten die Personalentwickler mit ihrem Vorgehen ihre eigene Angst vor der substantiellen Verantwortung. Immerhin konnten sie ihre „eigene Verantwortung gegen wohlinszenierte Trainings eintauschen", wie es ein Mitarbeiter aus ihrem Umfeld formulierte. Eine Mischung aus Lolly-Kultur und motivationalen Events schien ihnen hilfreich zu sein. Jedenfalls war dies geeignet, ihre persönliche Verantwortung für das Unternehmen von sich zu schieben und zu substituieren.

Der Chef als Bauernopfer

Solche Events wären als „Begleitmusik" für strategisch relevante Prozesse akzeptabel, um das Prozedere didaktisch abwechslungsreich zu gestalten, aber darauf das Hauptaugenmerk zu lenken wurde der Herausforderung in keiner Weise gerecht. Letztlich wurde der Ansatz nach unternehmerischen Erfolgskriterien gewogen – und vom Vorstand als „zu leicht" befunden. Denn die Zukunftsentwicklung stellt ein ernstgemeintes Ziel des

Gesamtkonzerns dar. Sich mit ein paar Events aus der persönlichen Verantwortung zu stehlen hebt die Mitverantwortung für die Zukunft des Unternehmens nicht auf. Als Fazit waren die Ideen der Personalentwickler nicht geeignet, um das Unternehmen auf künftige Herausforderungen und dessen Führungskräfte auf diese Aufgabe vorzubereiten. Anders als die Personaler konnte sich der verantwortliche Bereichsleiter nicht hinter einem Modell der „substituierten" Verantwortung verstecken. Er musste der Konzernleitung im Hinblick auf seine substantielle Verantwortung Rede und Antwort stehen – und von seinem Chefposten gehen, während die Personaler im buchstäblichen Sinne des Wortes „verantwortungs-los" blieben und ohne Blessuren davonkamen. Übertragen auf ein Schachspiel, hätte deren substituierte Verantwortung die Prioritäten auf den Kopf gestellt: Leichter wurde der König geopfert als ein Bauer nach vorne bewegt.

Wie ist dieses Unternehmen aus dieser Situation heraus nun weiterzuführen? Die Fach- und Führungskräfte werden die Personaler darin zu unterstützen haben, dass die sie – die Führungskräfte – künftig besser als bisher unterstützen können. Ein Prozess des dialogischen Lernens, bei dem der innerbetriebliche Kunde dem Lieferanten als Coach zur Seite steht.

Folgende Überlegungen mögen dafür nützlich sein:

- Wie sind die Zukunftskompetenzen der Führungskräfte zu fördern?
- Wie kann die Personalentwicklung an dieser Aufgabe künftig mitwirken?
- Welche Instrumentarien sind geeignet, um die Zukunft zu bewerten?
- Welche „Leistungsmerkmale der Zukunft" gehen damit einher?
- Welcher methodische Ansatz liefert die besten, das heißt für die Zukunft des Unternehmens relevanten Informationen?

Die „Kristallkugel" des Managements:
Was bringt die Zukunft, was ist zu tun?

Analysiert man die Kriterien, die Manager zur Bewertung künftiger Herausforderungen überzufällig oft heranziehen, lassen sich drei Merkmalsgruppen unterscheiden. Diese Gruppen sind als Cluster mit den Begriffen:

- Paradigm Structure,
- Risk and Coping Strategy und
- Goal Setting

zu überschreiben. Diese drei Cluster ergeben zusammengefügt einen dreidimensionalen Raum – eine Kugel oder, einfacher dargestellt, einen Würfel. Des Weiteren fällt auf, dass jedes Cluster zwei Pole aufweist, indem es entweder zahlreiche Inhalte und Themen subsummiert (bildlich gesehen also in die Breite streut), oder sich auf einzelne Themen und Inhalte (und sich damit auf einen Punkt) konzentriert. Daraus lässt sich ein dreidimensionales Raster zur Bewertung der Zukunft und der nötigen Schritte ableiten. Es fasst die genannten Cluster mit ihren jeweiligen Polen in einem Modell zusammen (siehe nachfolgende Abbildung).

Wie kann dieses Bewertungsraster nun eingesetzt werden, um die *Qualität* zu evaluieren, mit der Führungskräfte sich mit der Zukunft auseinandersetzen?

Ziehen wir die Manager des wehrtechnischen Unternehmens nochmals als Beispiel heran. Welche Zukunftsmerkmale schienen ihnen eine verlässliche Orientierung zu bieten?

An welchen Leistungsmerkmalen richteten sie ihre Zukunftsbewertung aus?

Nun, ihr ehemals etablierter Bezugsrahmen schien ihnen auch der künftig Maßgebliche zu sein. Er vermochte ihre betriebswirtschaftlichen und politischen Sichtweisen zu vereinen. Darauf konzentrierten sie sich, ohne andere, divergierende Entwicklungen ins Kalkül zu ziehen. Ihre *Paradigm Structure*, die sie mental wie faktisch in diesem Prozess offenbarten, ist eindeutig als *centralized* zu charakterisieren.

Zugleich war ihre *Risikowahrnehmung* in hohem Maße *fokussiert*. Bei der Betrachtung der Zukunft erkannten sie lediglich in den technologischen Herausforderungen den Brennpunkt der Risiken, die ihre Arbeit tangierten und mit denen sie sich auseinandersetzten. Sie versuchten erst gar nicht, Bewältigungsstrategien für weitere „Risikofelder" zu eröffnen, etwa um die Chancen ihrer Technologien in zivilen Märkten auszuloten und dazu alternative, organisationale Entwicklungen zu initiieren.

Beim „Goal Setting" war schließlich zu beobachten, dass ihre strategische Planung auf das (homogene) Ziel der Marktdurchdringung mit vorhandenen technischen Produkten hinauslief. Die Manager suchten keine heterogenen Ziele zu implementieren, um sich etwa mit Hilfe strategischer Allianzen technologische Alternativen zu verschaffen, oder einen Transfer ihres Wissens für andere Anwendungsbereiche zu forcieren.

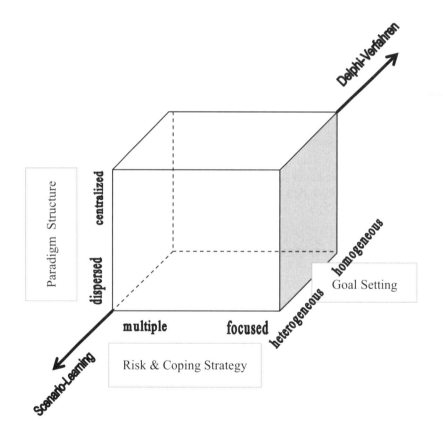

Abbildung 69: 3-D-Raster zur Bewertung von Zukunftsanalysen

Akzeptiert man das Leistungsprofil, das diese Manager an ihre Zukunftsbewertung anlegten und mit ihren Beratern teilten, rechtfertigt es tatsächlich den Einsatz von Delphi-Techniken. Denn die Kombination aus zentralisiertem Bezugssystem, fokussierter Risikowahrnehmung und homogener Zieldefinition spricht eindeutig für die Anwendung des von ihnen favorisierten Verfahrens. Freilich ist zu fragen, ob diese Manager das Leistungsprofil künftiger Anforderungen überhaupt richtig definiert und das passende Instrumentarium ausgewählt hatten, um den zu erwartenden Herausforderungen wirksam zu begegnen?

Jener Referent, dessen Ansichten die Manager so vehement von sich wiesen, konfrontierte sie mit einem grundsätzlich anderen „Leistungsprofil", um sich dem Thema Zukunft zu nähern. Dessen Perspektivenwechsel einzunehmen waren sie nicht gewohnt. Sein Blickfeld erlaubte ihnen nicht länger, aufgabenspezifische und politische Sichtweisen im etablierten Sinne zu bündeln, sondern konfrontierte sie mit einer Reihe von auseinanderdriftenden Bezugssystemen – im politischen wie im geschäftlichen Sektor. Darüber hinaus forderte er die Manager auf, sich um weitere, weniger fokussierte Risiken zu kümmern. Konkret sollten sie sich aus seiner Sicht weniger um technologische als um organisationale Entwicklungen bemühen, damit das Überleben des Unternehmens unter den veränderten Annahmen gesichert werden könne. Dazu würde es aber nicht genügen, sich auf homogene Ziele zu versteifen. Vielmehr müssten die Manager in stärkerem Maße heterogene Ziele verfolgen, um ihr Know-how einzusetzen, zum Beispiel zur Entwicklung alternativer Produkte, und dies durch den Aufbau geeigneter Marketing- und Vertriebssysteme unterstützen.

Diversity geht vor Complexity

Die Leistungsmerkmale, die zur Bewertung der Zukunft von beiden Seiten bemüht wurden, hätten hinsichtlich der Cluster „Paradigm Structure", „Risk and Coping Strategy" und „Goal Setting" kaum unterschiedlicher ausfallen können. Im skizzierten Fall ist davon auszugehen, dass das Scenario-Management dem Unternehmen bessere Zukunftschancen eröffnet hätte, als die Delphi-Technik dies zu leisten vermochte. Ist deshalb das Scenario-Management der Delphi-Technik grundsätzlich überlegen? Diese Frage wird häufig angeführt, um das „richtige Instrumentarium" zur Zukunftsbewertung darzulegen. Darüber hinaus konkurrieren noch weitere Instrumentarien wie Open Space-Methoden und Trendanalysen auf dem Zukunftsmarkt, ohne dass geklärt wäre, unter welchen Voraussetzungen diese Instrumentarien jeweils die besseren Ergebnisse erzielen. Zusammenfassend ist festzustellen, dass es keine „besseren" Instrumentarien per se gibt, um eine qualifizierte Analyse künftiger Entwicklungen zu leisten. Vielmehr kommt es – gemäß der jeweiligen Herausforderung – darauf an, die verschiedenen Instrumentarien zu beherrschen und der Aufgabe entsprechend richtig einsetzen zu können.

In der Praxis hängt die Evaluation der Zukunft häufig von den subjektiven Erfahrungen der Verantwortlichen ab. Ob deren Annahmen zutreffen, gerät bisweilen mehr zu einer Frage des Zufalls als der methodischen Kompetenz. Die Manager jenes Rüstungskonzerns bevorzugten eine eindeutige Reduktion der Komplexität, statt sich mit (aus ihrer Sicht) „ausschweifenden" Themen herumzuschlagen. Und wären die Personalentwickler des oben zitierten, technischen Dienstleisters in derselben Situation gewesen, hätten sie vermutlich weder dem Delphi- noch dem Scenario-Management, sondern dem „Open Space"-Prozedere den Vorzug gegeben. Denn Open Space-Verfahren operieren gerne mit gruppendynamischen Prozessen, um Problemsichten und Lösungen zu bündeln. Das Spiel mit der Gruppendynamik wäre dem Geschmack dieser Klientel sicherlich entgegengekommen.

Um nun die Evaluation der Zukunft weniger dem Spiel des Zufalls zu überlassen, sind:

- umfassende Kenntnisse aufzubauen, die der Umgang mit verschiedenen Zukunfts-Instrumentarien erfordert, und auch
- geeignete Entscheidungsgrundlagen zu entwickeln, um zuzuordnen, welche Instrumentarien für welche Aufgaben heranzuziehen sind.

Um die Nützlichkeit dieser Instrumentarien aus einer Art Vogelperspektive zu beurteilen, ist zu prüfen, ob im Zuge künftiger Entwicklungen ein höherer oder geringerer Grad an *Diversity* zu erwarten sein wird. „Diversity" markiert die Vielfalt, die sich auf relevante Bezugssysteme, Risiken und Ziele bezieht. Je geringer der Grad an „künftiger Vielfalt" ist, umso eher ist eine zentralisierte, fokussierte und homogene Leistungsstruktur künftiger Entwicklungen angezeigt. Das legt den Einsatz von Delphi- (und verwandten) Techniken nahe, um verlässliche Informationen über die Zukunft und brauchbare Maßnahmen zu erzeugen. Wenn aber, wie im skizzierten Beispiel, auf die Unternehmensentwicklung vielfältige politische, wirtschaftliche und andere Faktoren Einfluss nehmen, ist die künstliche Reduktion der „Diversity" geradezu kontraproduktiv. Je höher der Grad an „künftiger Vielfalt" ausfällt, umso bedeutsamer ist es, den künftigen Entwicklungen eine multiple und heterogene Leistungsstruktur zu Grunde zu legen. Dann bedarf es vor allem Scenario-orientierter Prozesse, um diese Entwicklungen kompetent zu beherrschen.

Hingegen ist die *Komplexität*, deren Beachtung bei zukunftsorientierten Diskussionen gern gefordert wird, weniger geeignet, um valide Informationen über die Zukunft zu erzeugen. Denn auch singuläre Bezugssysteme – im angeführten Beispiel die technologische Entwicklung – können in sich ein hohes Maß an Komplexität entfalten. Diese kann mit der Delphi-Technik durchaus abgebildet werden, ohne deren homogene Zielstruktur aufzugeben.

Was leisten die Instrumentarien der Zukunftsbewertung?

Das 3-D-Raster erlaubt, die Leistungsfähigkeit all derjenigen Instrumentarien abzuschätzen, die zur Analyse und Bewertung künftiger Entwicklungen eingesetzt werden. Manche dieser Management-Instrumente werden gewissen Herausforderungen gerecht, während sie für andere Aufgaben kaum zufriedenstellende Aussagen liefern. Deshalb ist zu klären, welches methodische Vorgehen eine künftige Aufgabe jeweils am besten bedient und vorbereitet. Diese Zuordnung ist nicht statisch zu betrachten, denn alle Instrumentarien können in ihrer Anwendung variieren. Doch sollten deren besondere Leistungsprofile nicht verkannt werden, um über die Zukunft zutreffende Informationen zu generieren.

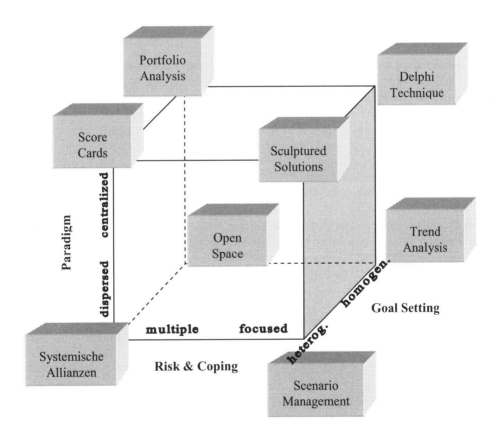

Abbildung 70: Was Zukunfts-Instrumentarien leisten

Im Folgenden will ich die Instrumentarien der Zukunftsbewertung kurz skizzieren und entlang des 3-D-Rasters auf ihre Tauglichkeit hin erörtern. Dabei weisen alle Instrumentarien besondere Leistungsmerkmale auf, die man vergleichen, aber nicht gegeneinander aufwiegen kann. In der Praxis kommt es darauf an, die Leistungsfähigkeit dieser unterschiedlichen Ansätze gezielt zu nutzen. Zu Beginn möchte ich die Delphi-Technik würdigen, um dann – mit aufsteigender Tendenz hin zum Management of Diversity – die verschiedenen Instrumentarien bis zum Scenario-Learning (im Sinne der Bildung systemischer Allianzen) zu erläutern. Als erste (Referenz-)Schnittebene auf dem 3-D-Raster dient die homogene, als zweite Schnittebene die heterogene Zielstruktur. Die Instrumentarien mit vornehmlich homogener Zielstruktur sind auf der „Rückseite", diejenigen mit heterogener Zielstruktur auf der „Vorderseite" des Würfels zu finden.

Alle Instrumentarien können auf unterschiedlichen Abstraktionsniveaus angewandt werden. Sie taugen zur Bewertung der Zukunft einer Branche ebenso wie einer Organisationen, eines Geschäftssegments, Teams oder individuellen Karrierepfades. Die Aussagen, die auf höheren Abstraktionsebenen gemacht werden, dienen als Orientierung für die anschließenden Entwicklungsschritte auf Bereichs- oder Teamebene, oder für die Konzeption des Karrieremanagements und der Personalentwicklung. Dabei wird die Evaluation der Branche meist mit einer Vielzahl von Einflussgrößen konfrontiert, die es mit Hilfe des Effektoren-Managements zu sondieren gilt, während das Karriere- und Personalmanagement mit seinen Lern- und Coaching-Prozessen den Sockel bildet, auf dem die Realisierung künftiger Entwicklungen gründet.

Das Delphi-Management

Das Delphi-Management ist dem gleichnamigen Orakel nachempfunden. Wer über die Zukunft Bescheid wissen will, befragt das Orakel und erhält hoffentlich zutreffende Auskunft. Mit ähnlichen Hintergedanken werden, wie schon angedeutet, bei der modernen Delphi-Technik die Expertenmeinungen zur Bewertung der Zukunft strukturiert.

In *Phase 1* äußern mehrere Experten ihre unterschiedlichen Meinungen über die Entwicklung der Zukunft, bezogen etwa auf die Chancen einer Branche, eines Unternehmens oder Unternehmenszweiges. Entsprechend ihren Mutmaßungen schlagen sie außerdem vor, was ihrer Auffassung nach unternommen werden sollte.

In *Phase 2* werden diese Experten mit den Meinungen der jeweils anderen Experten konfrontiert. Sie sind aufgefordert, gegenseitig Stellung zu beziehen und darzulegen, warum sie sich in gewissen Punkten den anderen Experten anschließen oder ihnen widersprechen.

Dieses Prozedere wiederholt sich in *Phase 3* mit den nun vorliegenden Gutachten in analoger Weise. Es kann mehrfach durchgeführt werden, bis in *Phase 4* eindeutige Übereinstimmungen im Meinungsbild festgestellt werden. Auf dieser Grundlage wird dann in *Phase 5* eine gemeinsam getragene, *zentrale Tendenz* herausgearbeitet. Sie dient als Entscheidungskorridor für weitere Aktivitäten und Investitionen.

Eine Expertenmeinung, die sich in dieses Prozedere nicht einfügen oder der zentralen Tendenz nicht zuordnen lässt, wird ignoriert oder als Minderheitsmeinung verworfen. Delphi-Techniken ermöglichen einen Handlungsrahmen, der die Komplexität der Zukunft, die zu erwartende Diversity und die Anzahl alternativer Management-Aktivitäten reduziert. Wenn die erwartete „zentrale Tendenz" der Zukunft von gegenwärtigen Bedingungen erheblich abweicht, lösen gerade Delphi-Techniken extreme, ja rigide Veränderungsprozesse aus. Die implizite Annahme, dass sich nichts wesentlich ändern werde, wie am Beispiel des Rüstungskonzerns illustriert, folgt ebenfalls der Delphi-Technik, doch dieser Fall ist atypisch und nimmt eine Art Sonderrolle im Delphi-Management ein. Denn meist werden von den Experten eine Reihe von Veränderungen gegenüber der Gegenwart antizipiert und setzen entsprechend harte Korrekturen in Gang. Das kann zum Beispiel passieren, wenn ökonomische Strategien durch ökologische Strategien nicht ergänzt, sondern ersetzt werden. Sollte es nach einer Weile wieder zum „Rückschlag" – im doppelten Sinn des Wortes kommen – führt das Pendulum alternierender Delphi-Strategien bei der Entwicklung des Gesamtsystems zu erheblicher Ineffektivität und Ineffizienz.

Für Delphi-Techniken ist die adaptive Form des Wandels, also das serielle Change Management charakteristisch. Sie finden vor allem im „Paradigm Shift" ihren Niederschlag und ersetzen ein Bezugssystem durch ein anderes, um darin erneut konsequent, konzentriert und implementierungsstark aufzutreten – mit allen Vor- und Nachteilen, die dieser Art des Wandels anhaften. Sollten sich die Delphi-Annahmen, die angesichts künftiger Entwicklungen getroffen werden, als richtig erweisen, wird dies schon bald positive Ergebnisse zeitigen. Im Fall einer Fehlprognose kommt es allerdings zu den größten Fehlinvestitionen, weil das Delphi-Prozedere den Spielraum für Alternativen weitgehend ausgeblendet.

Nützlich sind Delphi-Techniken, wenn auf Unternehmensebene ein Bezugssystem definiert ist – etwa in der Konsolidierungsphase zwischen Veränderungsschüben – und in dessen Rahmen mit Hilfe der strategischen Planung die Prioritäten zu bestimmen sind. Deren strategischer Nutzen liegt auf der Hand: In solchen Konsolidierungsphasen finden Delphi-Techniken ihre Berechtigung, denn das permanente In-Frage-Stellen von Bezugssystemen führt zu noch weniger Effektivität des Change Management. Delphi-Ansätze stellen deshalb ein brauchbares Instrumentarium zur Gestaltung von Konsolidierungsphasen dar. Auch für das kurz- und mittelfristige Karriere- und Personalmanagement sind Delphi-Ansätze nützlich. Ausgehend von den Eckdaten der strategischen Unternehmensplanung erlaubt dieses Prozedere, den künftigen Personal-Entwicklungsbedarf einzugrenzen: Die Eckdaten definieren das unternehmerische (Delphi-) Scenario, von dem künftig auszugehen ist. Daraus lassen sich eindeutige Aussagen über innerbetriebliche Bezugssyteme, Risiko- und Copingstrategien sowie Zielprofile ableiten. Diese können mit Hilfe des skizzierten Delphi-Prozedere in klare Aussagen zur Personal- und Führungsentwicklung transformiert werden. Außerdem hilft dieses Vorgehen, konkrete Karriereschritte für Führungskräfte im operativen Management zu konzipieren. Auf diese Weise unterstützen Delphi-Techniken entsprechende Coaching-Maßnahmen. Darin sind sie den Trend-Analysen überlegen, die weniger präzise Aussagen liefern.

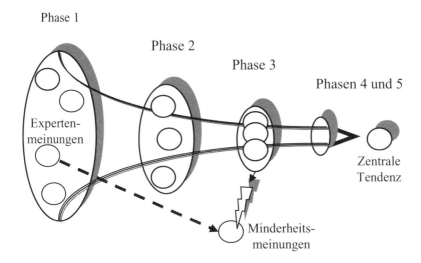

Abbildung 71: Reduktion der Komplexität – die Delphi-Technik

Die Trendanalyse

Trendanalysen berücksichtigen zunächst verschiedene Bezugssysteme (dispersed paradigm structure), um Zeitströmungen zu erfassen und daraus, ähnlich wie die Delphi-Technik, verallgemeinerbare Trends abzuleiten. Zugleich orientieren sich Trendanalysen meist an eindeutig definierten (homogenen) Zielen, die zum Beispiel wirtschaftlicher oder ästhetischer Natur sind, wie sie in der Mode oder im Produktdesign zum Ausdruck kommen. Damit ist in der Regel auch ein begrenzter (fokussierter) Risikohorizont verknüpft.

Im Rahmen der Organisationsentwicklung spielen Trendanalysen für das Benchmarking eine wichtige Rolle, um bei gängigen Entwicklungen im Markt mitzuhalten. Die Etikettierung von Produkten mit Öko-Labels aller Art, oder deren Pendant in den Good-Will-Erklärungen der Unternehmensleitbilder, sind Beispiele für solche Trendanalysen. Ihnen gehen selten eigenständige Zukunftsanalysen voraus, noch werden bei den meisten Unternehmen damit ernsthafte Anstrengungen zum Benchleading verknüpft. Auf der anderen Seite kann es sich kaum ein Unternehmen leisten, sich dieser Facette der öffentlichen Meinungsbildung zu entziehen.

Trendanalysen setzen nicht unbedingt langfristige, bisweilen aber recht heftige Prozesse des Change Managements frei. Ist eine bestimmte „Welle" erst einmal als „Trend" erkannt, wird es auf breiter Front viele Nachahmer geben, die sich darauf einlassen. Sonderformen der Trendanalyse sind zum einen die Extrapolation von Entwicklungen, zum anderen deren zyklische Analysen. Extrapolation bedeutet, die Erfahrungen (beziehungsweise Datenreihen) aus der Vergangenheit heranzuziehen und mit Hilfe von geeigneten Algorithmen in die Zukunft zu projizieren. Auch zyklische Schwankungen lassen sich mit diesen Verfahren kalkulieren und nach gewissen Wahrscheinlichkeitsregeln prognostizieren.

Die Fähigkeit, mit Trends sensibel umzugehen sowie deren Wertschöpfungspotenzial umfassend zu eruieren, bildet den Grundstein des Portfolio-Managements.

Das Portfolio-Management

Das Portfolio-Management ist keine „Zukunftstechnik" im engeren Sinne, wie sie etwa die Delphi- oder Scenario-Techniken verkörpern. Sie stellt eher eine Zusammenschau von Daten und Prognosen dar, die (je nach methodischem Ansatz) auf vielfältige Weise ermittelt werden. Doch wird das Portfolio-Management auch als Zukunftsinstrumentarium eingesetzt, um nach bestimmten Rastern wie strategischer Ausrichtung, Marktpotenzial und anderen Kriterien den künftigen Wert einer Geschäftsstrategie zu bestimmen.

Die Leistungsmerkmale künftiger Entwicklungen, die dem Portfolio-Management zu Grunde liegen, gründen auf klar definierten Bezugssystemen (centralized paradigm structure), wie zum Beispiel der Produktivität oder Abschätzung des Marktpotenzials. Auch die Zielstrukturen werden in der Regel homogen gebündelt, um das größtmögliche Wertschöpfungsvolumen auszuloten. Allerdings sind mit diesem Vorgehen meist unterschiedliche (multiple) Risiko- und Bewältigungsstrategien verknüpft: Wie, so wäre zu fragen, ist etwa mit Geschäftszweigen zu verfahren, die nicht den Star-, sondern den Cash Cow- oder gar Auslauf-Positionen zuzurechnen sind? Welche Maßnahmen sind nötig, um deren Lebenszyklen im Spannungsfeld von Investition und De-Investition, Wertschöpfung und Kundenservice optimal zu strukturieren? Wie sind deren schnelle und langsame Wachstums-, Halte- und Schrumpfungsphasen zu steuern, welche Anforderungen erwachsen daraus an Führungs- und Mitarbeiterkompetenzen?

Der besondere Wert des Portfolio-Managements liegt darin, verschiedenartige Entwicklungsströme parallel zu positionieren und sie mit einem homogenen Bezugs- und Zielsystem zu konfrontieren, um sie auf diese Weise vergleichen und auf ihre künftige Entwicklung hin abschätzen zu können. Dabei werden variable Risikofaktoren erfasst und ins Kalkül gezogen – eine Öffnung hin zum Management of Diversity.

Open Space

Ein ganz anderes Naturell der Zukunftsbewertung zeichnet die Open Space-Verfahren aus. Dabei handelt es sich um eine Konferenzmethode, die es erlaubt, akute Probleme und künftige Entwicklungen gleichermaßen zu strukturieren und geeignete Lösungen zu finden. Die Open Space-Methode bietet einen nach allen Seiten offenen, flexiblen Ansatz der Zukunftsbewertung und erlaubt, Interessen und Ideen aus verschiedenen Bezugssystemen (dispersed) einzubringen. Dabei werden häufig multiple Risikoebenen und Bewältigungsstrategien angesprochen. Gruppendynamisch gesteuerte Prozedere erlauben schließlich, die Fülle der Vorschläge auf einige Hauptthemen (homogenious goals) zu konzentrieren. Dieses Vorgehen ist dem Prinzip der Speakers Corner vergleichbar: Jeder, der ein Thema vorbringen will, hat dazu in einer ersten Runde Gelegenheit. In den folgenden Phasen setzen sich die attraktivsten Themen – oder Redner – durch und gruppieren immer mehr Teilnehmer um sich. Andere Redner geben ihre Anliegen auf, wenn sie nicht auf entsprechende Resonanz stoßen, und gliedern sich den populären Prozessen ein. Auf diese Weise werden schließlich zu einigen wenigen, doch dringlichen Problemstellungen Lösungen erarbeitet. Die Teilnehmer an der Open Space-Konferenz sollten bereit sein, diese Lösungen mitzuverantworten.

Wenn es darum geht, akute sowie schwelende Probleme und Konflikte aufzugreifen und zu bereinigen, birgt die Open Space-Methode eine Reihe von Vorteilen: Schwachstellen im Unternehmen werden mit Nachdruck benannt, und wenn der Lösungswille erst ein gewisses Momentum erreicht, sind sie auch nicht mehr totzuschweigen. Überdies können durch eine geschickte Moderation selbst für knifflige Themen geschickte Lösungen erarbeitet und durchgesetzt werden. Weitergehende Entwicklungen der Organisation erhalten dadurch eine bessere Ausgangsposition, weil lähmende Blockaden ausgeräumt sind.

Als Instrumentarium zur Zukunftsbewertung und strategischen Planung eignen sich Open Space-Konferenzen jedoch nur bedingt, selbst wenn sie bisweilen diesen Anspruch erheben. Zum einen analysieren sie weder konsequent die unterschiedlichen Einflussfaktoren, wie dies Delphi- oder Scenario-Techniken leisten, noch bieten sie Referenzkriterien wie das Portfolio-Management, um den Wert künftiger Entwicklungen systematisch zu vergleichen. Der Informationswert zukunftsorientierter Open Space-Verfahren hängt allzuleicht vom Geschick und der Attraktivität einzelner Redner ab, sich und ihre Ansichten in Szene zu setzen, um darauf investitionskritische Entscheidungen zu gründen. Außerdem erhöht dieses Vorgehen auf Grund seiner Gruppendynamik das Risiko, mächtige, aber schwer zu beeinflussende Effektoren zu ignorieren und stattdessen in leicht beeinflussbare, aber wirkungsschwache Indikatoren zu investieren. Gut moderiert, können Open Space-Konferenzen als Vorlage für weitergehende Scenario-Analysen dienen, um Erwartungen an künftige Entwicklungen sichtbar zu machen.

Das Scenario-Management: Intra-Paradigmatisches Lernen

Das Scenario-Management sucht die aktuellen wie künftigen Einflussgrößen systematisch zu bewerten, um Entwicklungsströme zu kalkulieren und die richtigen Maßnahmen abzuleiten. Dazu geht es zunächst auf unterschiedliche Bezugssysteme (dispersed) ein. Dann prüft es den Einfluss dieser Bezugssyteme auf ein aktuelles Bezugssystem, zum Beispiel die Entwicklung des Energiemarktes und des Tourismus in den nächsten zehn bis zwanzig Jahren und deren Konsequenzen für die Luftfahrtindustrie. Dieses Vorgehen berücksichtigt eine Reihe von (heterogenen) Zielen, die mit solchen Veränderungsprozessen einhergehen. Dennoch bleibt der Fokus der Risiko- und Bewältigungsstrategien erhalten. Das heißt, in diesem Beispiel bildet die „Luftfahrtindustrie" den Mittelpunkt des Geschehens, etwa um ein Unternehmen im globalen Wettbewerb zu positionieren oder einen neuen Geschäftszweig zu implementieren. Die nötigen Lernprozesse werden an dem Bezugssystem ausgerichtet, das im Mittelpunkt der strategischen Entwicklung steht. Im konkreten Fall wäre die Frage zu beantworten, welche Lernprozesse in den nächsten Jahren in der Luftfahrtindustrie zu leisten sind, um mit den zu erwartenden Herausforderungen Schritt zu halten. Obgleich verschiedene Bezugssysteme ins Kalkül gezogen werden (sprich Energiewirtschaft und Tourismus), werden die Lernprozesse doch auf das aktuelle, „interne" Bezugssystem hin ausgerichtet (Luftfahrtindustrie). Das intra-paradigmatische Lernen rückt bei diesem Instrumentarium deshalb in den Vordergrund .

Um dies zu leisten, bedient sich das Scenario-Management mehrerer Schritte: Zunächst werden die Einflussgrößen der aktuellen Situation analysiert. Eine Effektoren-Analyse liefert differenzierte Informationen zum Ist-Zustand. Dann werden im nächsten Schritt die Szenarien eröffnet, die alternative „Zukünfte", deren Entwicklungschancen und Bedingungen simulieren. Anders als bei der Delphi-Technik wird nicht versucht, die wahrscheinlichste Zukunft herauszufiltern. Vielmehr werden für alle relevanten, denkbaren Zukünfte – oder Szenarien – die Einflussgrößen eruiert. Bei sehr vielen denkbaren Zukunfts-Optionen wird mit Hilfe einer Plausibilitätsanalyse deren wahrscheinliche Relevanz gewichtet, um die Übersicht zu behalten. Dennoch werden Optionen mit geringer

Plausibilität nicht sofort eliminiert, sondern als Extrem-Szenarien aufgegriffen, um selbst für den unwahrscheinlichen Fall ihres Eintretens gewappnet zu sein.

Das Scenario-Screening simuliert dann, dass die Zukunftsoptionen bereits Gegenwart seien. Für jede dieser Optionen werden nun deren besondere Einflussgrößen bestimmt, die denjenigen der „jetzt aktuellen" Gegenwart gleichen mögen oder davon abweichen. Oft tauchen neue Einflussgrößen auf, die „früher" (das heißt, in der aktuellen Gegenwart) keine Rolle spielen. Andere Faktoren, die „früher" wichtig waren, verschwinden in den simulierten Szenarien der Zukunft (sprich in der künftigen Gegenwart), oder büßen dort ihren dominanten Einfluss ein.

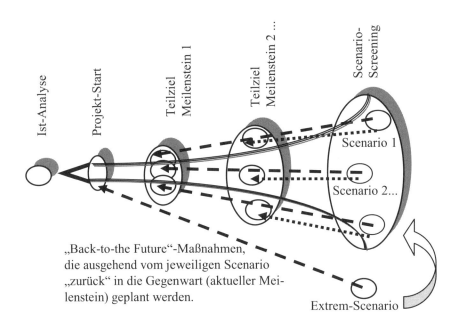

Abbildung 72: Management of Diversity – die Integration multipler Szenarien

Im Scenario-Screening stehen die verschiedenen Szenarien der Zukunft nebeneinander, jedes davon mit seinem spezifischen Effektoren-Profil. Das erlaubt, für jedes dieser Szenarien nun die bestmöglichen Maßnahmen abzuleiten, um die richtigen Schritte im Sinne der „künftigen Gegenwart" zu initiieren. Dem Management of Diversity kommt eine zentrale Bedeutung zu, weil sowohl in der aktuellen wie künftigen Gegenwart variable Bezugs- und Zielsysteme zu integrieren sind.

Das Scenario-Management legt reflexive, vernetzte Meilenstein-Projekte nahe. Beim Projektstart werden die gegenwärtigen Einflussgrößen des Ist-Scenarios berücksichtigt. Davon ausgehend sind variable Projektziele zu verfolgen, um diversen Szenarien der Zukunft gerecht zu werden. Wollte man jedoch alle diese Projektziele umsetzen, würden viele davon ins Leere laufen, denn viele der Zukunftsoptionen treffen wahrscheinlich nicht ein. Ein solches Vorgehen wäre unökonomisch, weil es auf lange Zeit eine Menge an Ressourcen für nicht wahrscheinliche Zukünfte binden würde. Da aber nicht sicher ist, welche Zukünfte eintreten, soll deren Vielfalt erhalten (und nicht wie bei der Delphi-Technik ausgeblendet) werden. Um nun auf der einen Seite das Potenzial vielfältiger Zukunftsalternativen und ihrer Chancen zu erhalten, auf der anderen Seite in die richtigen Maßnahmen zu investieren, bedarf es zwei weiterer Schritte:

- Alle Maßnahmen, die für die Zukunfts-Szenarien jeweils definiert wurden, werden jetzt daraufhin geprüft, ob sie für die jeweils anderen Szenarien ebenfalls sinnvolle (Teil-)Ziele darstellen. Dieser Schritt wird durch Prozesse des dialogischen Lernens beschleunigt: Die Vertreter eines Scenarios wägen ab, ob ihre Projektvorschläge für andere Szenarien bedeutsam sind, und ob Projektvorschläge, die für andere Szenarien konzipiert wurden, brauchbar erscheinen, um auch das eigene Scenario zu unterstützen.

- Mit Hilfe des wechselseitigen Abgleichs werden anschließend diejenigen Projektziele und Maßnahmen herauskristallisiert, die für die meisten der aufgeworfenen, künftigen Szenarien wirksam sind. Die Schnittmenge von szenarienübergreifenden Aktivitäten zu erkennen, erlaubt, das Scenario-Management effektiv und effizient zu gestalten. Es erlaubt, in die „richtigen" Maßnahmen zu investieren, auch wenn die reale Zukunft noch nicht ersichtlich ist. Anders als bei Delphi-Verfahren geht man hier nicht davon aus zu wissen, welches künftige Scenario tatsächlich eintritt. Doch mit Hilfe des skizzierten Verfahrens ist es möglich, aus einer Vielzahl von Alternativen diejenigen Maßnahmen zu ermitteln, die aus der Perspektive der meisten Szenarien „richtig", das heißt wirksam sind. Diese werden in konkrete Projekte übersetzt. Die Vielfalt der Szenarien wird dabei nicht reduziert, doch die Anzahl der Schritte zu deren Umsetzung optimiert.

Aus strategischer Perspektive geht dieses Zukunftsinstrumentarium mit einem parallelen, (das heißt innovativen, bisweilen auch oszillierenden) Change Management einher, das an die Stelle des „Paradigm Shift" ein „Paradigm Enrichment" stellt. Deshalb sind Prozesse des Wandels, die auf dem Scenario-Management aufbauen, meist elastischer und weicher als Veränderungen, die auf Delphi-Techniken gründen. Letztere führen durch ihre Projektdynamik entweder zu marginalen Korrekturen, weil lediglich die Prioritäten innerhalb eines Bezugssystems umgeschichtet werden – oder sie lösen grundsätzliche, bisweilen abrupte oder gar rigide Veränderungen aus, weil alte Bezugssysteme durch neue kompromisslos ersetzt werden.

Das Scenario-Management integriert hingegen die Potenziale, die in etablierten Bezugssystemen stecken, mit neuen, die erst erarbeitet werden müssen. Insofern können zum Beispiel die Ergebnisse einer Delphi-Technik, die von Experten ermittelt wurden, auch in das Scenario-Management einbezogen werden. Ein Delphi-Scenario stellt dann eines unter mehreren Szenarien dar. Selbst die Mutmaßung, dass alles so bleiben würde wie gewohnt, wie dies im oben zitierten Beispiel des rüstungstechnischen Unternehmens der Fall war, ist beim Scenario-Management nur eine Option von vielen Alternativen, die die Zukunft bieten mag. Für den Erhalt des Status quo wären dann ebenso geeignete Maßnahmenbündel zu erarbeiten und im wechselseitigen Abgleich auf ihren szenarienübegreifenden Nutzen hin zu überprüfen.

An die Führungs- und Personalentwicklung stellt das Scenario-Management hohe Ansprüche, indem es Forderungen nach „Vielfalt", „Effektivität" und „Beschränkung aufs Wesentliche" verknüpft. Gelingt dies, sind herausragende Ergebnisse und ein hohes Wertschöpfungsniveau zu erzielen. Gelingt es jedoch nicht, birgt das Scenario-Management mehr als andere Instrumentarien die Gefahr einer diffusen strategischen Führung. Eine schwach ausgebildete Personalentwicklung wird sich mit der Anwendung von Delphi-, Trend- oder Open Space-Verfahren leichter tun, weil hier der Aspekt der Moderation im Vordergrund steht. Im Gegensatz zu analytischen Verfahren erlauben Moderationstechniken, die Informationen zur Zukunft auf unterschiedlichem Niveau zu organisieren. Die Metaplan-Techniken – um ein Beispiel zu nennen – erlauben es, Informationen auf jedem beliebigen Reflexionsniveau zu bündeln. Bei Bedarf werden sie einem hohen Engagement der Beteiligten ebenso gerecht, wie sie es auf der anderen Seite zulassen, wichtige Themen lediglich nach den subjektiven Vorlieben der Beteiligten zu „punkten". Geschickt moderierte Präsentationen ermöglichen es, in eine substituierte Verantwortung ausweichen, wenn die substantielle Verantwortung die Beteiligten überfordert. Das Scenario-Management geht demgegenüber konsequent analytisch vor und erlaubt, im Gegensatz zu Meta-Plan-Techniken, kein zufriedenstellendes Abflauen des Niveaus. Während beim Moderieren selbst das „Punkten" noch ganz nett sein kann (ohne freilich substanzielle Ergebnisse zu erzielen), setzt das Scenario-Management ein hohes Niveau an engagierter Auseinandersetzung mit der Thematik voraus.

Ein Unternehmen, das sich der Unterstützung einer fähigen Führungs- und Personalentwicklung sicher sein kann, wird mit diesem Vorgehen den größten Gewinn erzielen, sowohl im Hinblick auf das aktuelle Ressourcenmanagement sowie auf den künftigen

Geschäftswert. Aus Sicht der Karriereentwicklung dienen Scenario-orientierte Coaching-Prozesse dazu, Führungskräfte auf den Umgang mit komplexen Unternehmensentwicklungen vorzubereiten und ihnen das entsprechende persönliche Rüstzeug an die Hand zu geben.

Sculptured Solutions

Isoliert angewendet, stellen die (in Kapitel V vorgestellten) lösungsorientierten Skulpturen keine analytischen Instrumentarien zur Bewertung der Zukunft dar. In Verbindung mit anderen Instrumentarien entfalten sie darin jedoch einen bemerkenswerten diagnostischen Wert. Das Prinzip der „lösungsorientierten Skulpturen" besteht darin, aus der Sicht der Initiatoren (oder Verantwortlichen) eines Projekts optimale Lösungen zu modellieren, um im nächsten Schritt in die Rolle der *künftig* Beteiligten und Betroffenen zu wechseln – seien es Partner, Kunden oder andere Funktionseinheiten im Unternehmen – und damit die Qualität der avisierten Lösungen zu überprüfen. Dies führt bei Bedarf zu einem *Re-Modelling* der lösungsorientierten Skulptur, bis eine umfassend optimierte Lösung Gestalt annimmt. Diese gibt Aufschluss, wie – aus einer zukunftsbezogenen Perspektive gleichsam rückblickend in die Gegenwart – aktuelle Lösungsansätze zu modifizieren sind, um den künftigen Anforderungen und Erwartungen tatsächlich gerecht zu werden. Sculptured Solutions erlauben, die Bedeutung von Zielen aus unterschiedlichen Perspektiven (heterogeneous) darzustellen. Dadurch kann bei allen Beteiligten eine hohe Akzeptanz erreicht werden. Damit dieses Vorgehen jedoch strukturiert bleibt und nicht in zu viele Teilaspekte zerfällt, sollten sowohl Bezugssysteme als auch Risikoebenen eindeutig (centralized, focused) definiert werden. Sonst läuft die Arbeit mit lösungsorientierten Skulpturen Gefahr, chaotisch auseinanderzudriften und an Aussagekraft einzubüßen.

Im Sinne der Führungs- und Personalentwicklung ist darauf zu achten, dass der Prozess nicht in eine Art „Familienaufstellung" auf Team- oder Organisationsniveau abgleitet. Sonst mutiert das skizzierte Vorgehen zum Konflikt- und Krisenmanagement oder zur Beziehungspflege, wie es bei therapeutisch motivierten Interventionen angebracht ist. Ein Umdrehen von Sculptured Solutions in „Familien"-, Beziehungs- oder Teamaufstellungen führt dazu, die Konfliktthematik wieder an erste Stelle zu setzen und darüber die Qualität zukunftsorientierter Analysen aus dem Auge zu verlieren. Aus Sicht des Value-Competence-Trainings sollten Maßnahmen zur Konfliktbewältigung einem zukunftsorientierten Lösungsprozess untergeordnet werden. Optimierte Lösungsstrategien wirken oft von alleine konfliktlösend, indem sie die Bildung salutogener Teams unterstützen.

Score Cards

Balanced Score Cards sind, für sich betrachtet, ebenfalls kein genuines Instrumentarium, um künftige Entwicklungsströme zu ermitteln. Sie sind vielmehr ein brauchbares Werkzeug, um Zielvereinbarungen auf allen funktionalen und hierarchischen Ebenen abzubilden und deren Wechselwirkungen sowie Umsetzungsgrade in knapper Form mess- und sichtbar zu machen. Score Card-Systeme basieren in der Regel auf definierten Bezugssystemen (centralized), etwa um die Liefer-Performance zu verbessern und den Ansprüchen nach zeitoptimalen Abläufen und Fehlerminimierung nachzukommen. Multiple Risiken (etwa der Mitarbeiterqualifizierung oder Kompetenzen der Zulieferer) und entsprechend heterogene Ziele sind zu bedenken.

Score Cards sind vor allem nützlich, um Verbesserungen im operativen Geschäft zu beschleunigen und dieses Bemühen aufgabenspezifisch zu steuern. Außerdem unterstützen Score Cards den Blick „aufs Ganze". Das dient wiederum dem Prozess-Controlling, für das letztlich alle Mitarbeiter mitverantwortlich sind. Ferner sind Score Cards geeignet, um den Wandel von Prioritäten vorzubereiten. Des Weiteren sind Score Cards hilfreich, allen Beteiligten die Begrifflichkeiten, die der Wandel mit sich bringt, zügig nahe zu bringen.

Im Rahmen der Führungs- und Personalentwicklung ist zu bedenken, dass die suggestive Wirkung von Score Cards tückisch ist: Auf Grund der darin festgelegten Vorgaben tendieren Mitarbeiter dazu, die Auseinandersetzung mit künftigen Entwicklungen für erledigt zu halten. Das täuscht, denn so wertvoll Score Cards zur Unterstützung operativer Ziele sind, so wenig nützen sie, um Organisationen auf neuartige, strategisch relevante Herausforderungen vorzubereiten. Der Wert von Score Cards liegt vor allem im adaptiven Change Management, das sich der Optimierung bestehender Systeme und ihrer Re-Evaluation widmet. Das legt „adaptive Innovationen" nahe und erlaubt gleichsam die Optimierung der Route, die zum bekannten Ziel führt, aber keine Neuausrichtung auf bislang unbekannte Herausforderungen.

Gerade die Führungs- und Personalentwicklung sollte sich nicht von der operativen Dringlichkeit gefangen nehmen lassen, die den Balanced Score Cards innewohnt. Mit anderen Worten, werden innovationsorientierte Bemühungen umso bedeutsamer, je erfolgreicher sich Balanced Score Cards in einem Unternehmen durchsetzen. Denn beide Ansätze bilden Gegenpole, die es zu integrieren gilt. Wenn sich das Gleichgewicht einseitig zu Gunsten von Score Card-Systemen verschiebt, wächst das Risiko, in etablierten und optimal strukturierten Bezugssystemen auf Dauer zu verkrusten.

Systemische Allianzen: Triple-Win-Strategien

Die Entwicklung von systemischen Allianzen baut zunächst auf dem Scenario-Management auf. Sie nutzen ähnliche methodische Schritte, mit einem wesentlichen Unterschied: Neben verschiedenartigen Bezugssystemen – etwa mit ökonomischen, ökologischen und sozialen Herausforderungen und deren heterogenen Zielen umzugehen – gilt es, auch deren verschiedene Risiken und alternative Bewältigungsstrategien in Einklang zu bringen.

Das Management of Diversity ist auf die verträgliche, präventive Vernetzung verschiedener Szenarien auszurichten. Diese bilden die Kernstruktur von systemischen Allianzen, die nicht nur Wertschöpfungs-„Ketten" für einzelne Branchen oder Organisationen, sondern Wertschöpfungs-„Netzwerke" für alle relevanten Interessengruppen optimieren. Ihr Arbeitsprinzip baut auf den „Trojanischen Pferden" des Effektoren-Managements auf: Wie sind die Effektoren aus unterschiedlichen Bezugssystemen zu nutzen, um nicht nur in einem, sondern in allen relevanten Bezugssystemen an Wert zu gewinnen? Die Entwicklung von Städten oder ganzen Regionen mag dafür als Beispiel dienen. Es genügt nicht, einen Sektor, etwa den ökonomischen, auf Kosten der anderen zu optimieren. Vielmehr sind Lösungen so auszurichten, dass sie für alle relevanten Bezugssysteme einen echten Gewinn bedeuten.

Um diesem Anspruch zu genügen, reichen „Win-Win"-Konzepte in der Regel nicht hin. Sie zeichnen sich allzu oft durch Kompromisse zwischen verschiedenen Interessengruppen aus. Kompromisse sind aber meist nur eine gangbare, nicht die beste Option. Und je komplexer das Interessengefüge ist, umso schwieriger sind Kompromisse zu erzielen. Gibt es dazu eine Altenative? Triple-Win-Strategien bauen darauf, dass alle relevanten Interessengruppen – seien es ökonomische, ökologische und soziale – einen Wertzuwachs erfahren. Das gleiche Prinzip ist für komplexe Organisationen bedeutsam, wenn sie nicht nur Lieferanten-Kunden-Beziehungen beachten, sondern auf die Optimierung vielschichtiger Netzwerke von partnerschaftlichen Unternehmen und multiplen Competence Centern ausgerichtet sind.

Die Lernprozesse finden hier nicht nur in einem, sondern in allen Bezugssystemen statt. Im Vordergrund steht das inter-paradigmatische Lernen. Als Beispiel seinen einige Überlegungen angemerkt, die etwa im Rahmen der regionalen Entwicklung von Bedeutung sind:

- ♦ Welche Lernprozesse lösen ökonomische Entwicklungen – etwa die Globalisierung von Märkten – im sozialen und ökologischen Umfeld aus?

- Welche Lösungsstrategien qualifizieren ökologische Entwicklungen, um wirtschaftliche und gesellschaftliche Prozesse einer Region zu stimulieren statt zu blockieren?

- Welche sozialen Entwicklungen fördern die ökonomische sowie ökologische Effektivität?

Triple-Win-Strategien können ebenso auf das innerbetriebliche Projekt- und Prozess-Management eines Unternehmens angewandt werden. Hier wäre zu fragen:

- Wie verändern neue Rahmenbedingungen eines Unternehmens das Projekt- und Prozess-Management? Welche präventiven Maßnahmen sind erforderlich, um einem Projekt auch unter veränderten Rahmenbedingungen einen „Boden des Gelingens" zu bereiten?

- Was bedeutet das Fusionieren von Organisationen für deren kulturelle, wirtschaftliche und soziale Integration?

- Welche Risiken sind künftig zu beherrschen, wenn sich das Unternehmen vom Benchmarker zum Benchleader entwickelt?

- Was bedeutet Benchleading, wenn es nicht nur in einem einzelnen (ökonomischen) Bezugssystem, sondern in einem Netzwerk unterschiedlicher Bezugssysteme zur Geltung kommen soll?

Übersetzt auf die Aspekte des Karriere-Coachings ist schließlich zu überlegen:

- Worin unterscheiden sich dann künftige Kompetenzprofile von den gegenwärtigen?

- Was ist seitens der Personalentwicklung zu bedenken, um Mitarbeiter auf diese Schritte vorzubereiten?

- Wie beeinflusst das deren weitere Karriereplanung, worin sind wesentliche Unterschiede festzumachen?

Die Historie des Qualitätsmanagements mag diesen Zusammenhang illustrieren. Jahrzehntelang wurde das Thema „Qualität" in fast allen Unternehmen hervorgehoben und mit Hilfe verschiedener Maßnahmen, von der gediegenen technischen Verarbeitung a`la Made in Germany über Total Quality Management (TQM) bis hin zu kontinuierlichen Verbesserungsprozessen auf allen Ebenen (KVP) vorangetrieben. Dennoch werden zahlreiche Regionen, die den wirtschaftlichen Kokon für ihre Unternehmen bilden, am Ende dieser Periode mehr denn je mit Fragen der Umweltbelastung oder des sozial bedingten Flucht- und Migrationsverhaltens konfrontiert.

Wie kann es sein, dass ausgerechnet die jahrzehntelange, intensive Beschäftigung mit dem Thema „Qualität" zu solch harschen Langzeit- und Nebenwirkungen führt?

Die Antwort liegt nahe: Qualitätsmanagement wurde vielerorts auf das einsilbige, ökonomische Paradigma der Kosteneffizienz getrimmt. Das ist legitim, doch es bleibt die Frage offen, ob in diesem Vorgehen tatsächlich die intelligenteste Variante begründet ist, um zu einem wirksamen Kostenmanagement beizutragen. Ein multifokaler Ansatz, der systemische Allianzen miteinschließt und an verschiedenen Brennpunkten – den ökonomischen, ökologischen und sozialen – zugleich ansetzt, beugt unerwünschten Neben- und Langzeitwirkungen vor *und* führt zugleich zu besseren Strategien des Kostenmanagements. Denn erfolgreiches Kostenmanagement ist nichts anderes als der Ausdruck einer souverän beherrschten Effektivität und Effizienz. Und die wird sowohl durch professionelles Effektoren-, Team- und Kreativitätsmanagement als auch durch Scenarioübergreifendes Lernen am besten unterstützt. Damit dies gelingt, sind mehrere Schritte zu beachten:

(1) In der Ist-Analyse werden für variable Bezugssysteme deren Wirkfaktoren ermittelt. Der *Trojan Horse*-Prozess erlaubt, die Effektoren mehrerer Bezugssysteme – zum Beispiel einer Region oder einer komplexen Organisation – zu integrieren und deren Wechselwirkungen abzuschätzen. Lernprozesse werden offenkundig, um vernetzte Lösungen erfolgreich zu gestalten.

(2) Im zweiten Schritt sind verschiedene, auch unwahrscheinlich anmutende Szenarien ins Kalkül zu ziehen. Dies kann politische, soziodemografische und andere Entwicklungen betreffen. Hier ist von längerfristigen Zeitspannen auszugehen, denn das schafft mentalen Abstand und eine größere Diskussionsbreite. Mehrere Teams teilen sich diese Arbeit. Eine Gruppe arbeitet dann zum Beispiel am ökonomischen Bezugssystem, indem sie dessen Entwicklung aus der Sicht der verschiedener Szenarien beleuchtet. Eine andere Gruppe arbeitet etwa am sozialen Bezuggsystem im Hinblick auf den Einfluss der gleichen Szenarien.

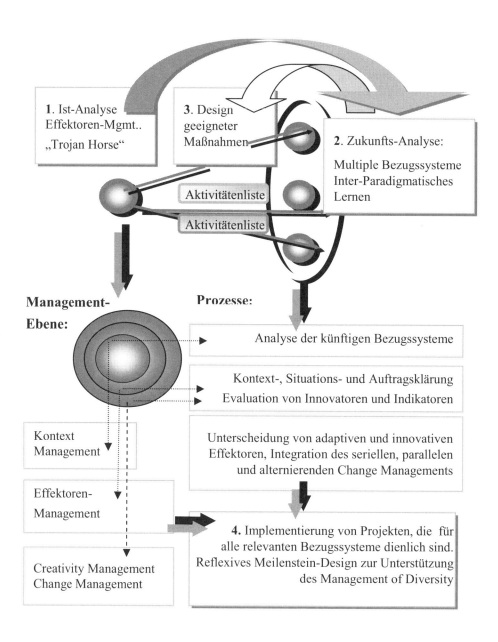

Abbildung 73: Entwicklungsphasen von systemischen Allianzen

Mit diesem Vorgehen erhält man ein Geflecht von Wirkfaktoren, das sich über alle relevanten Bezugssysteme und Szenarien ausdehnt und deren Wechselwirkungen abbildet. Es verdeutlicht, wie sich die Effektoren sowie deren künftige Beziehungen wandeln.

(3) Diese Wirkfaktoren und ihre Wechselwirkungen greifen in längerfristige Projekte ein. Eine auf die Zukunft bezogene Kontext-, Situations- und Auftragsklärung hilft zu klären, welche Schritte nötig sind, um aus der Sicht aller wesentlichen Bezugssysteme die optimalen Lösungen herauszufiltern.

(4) Im Anschluss werden Maßnahmen definiert, um den identifizierten Bezugssystemen und Szenarien, dem Wechselspiel ihrer Einflussgrößen und den veränderten Kontextbedingungen gerecht zu werden. Je nach Resultat ist das Change Management zu modifizieren:

(a) Wenn verschiedene Bezugssysteme einer Organisation (Gleiches gilt auch für die Entwicklung einer Region) bewertet werden und deren Effektoren sich kaum überlappen noch Wechselwirkungen zeigen, ist ein paralleles Change Management anzuraten. Das ermöglicht, heterogene Problemlöse-Stile und auch unterschiedliche Team- und Projektkulturen einzubinden und sogar konträre Bezugssysteme zu verknüpfen. Allerdings führt das zu einem komplexen, Meilenstein-orientierten Projektmanagement, das umsichtig und Schritt für Schritt entwickelt werden sollte, um nicht an Wirkung und Durchschlagskraft einzubüßen.

(b) Überlappen sich hingegen bei zahlreichen Bezugssystemen einer Organisation (Region) deren Effektoren, und sind darüber hinaus starke Wechselwirkungen zu beobachten, dann dürfte ein adaptives, seriell angelegtes Change Management günstiger sein, um den nötigen „Paradigm Shift" durchzusetzen. Der Vorteil ist, sich mit diesem Vorgehen auf eindeutig definierte Ziele zu konzentrieren und sie mit großer Effizienz implementieren zu können – ein klares Plus für das Projekt-Controlling und dessen Ressourcen-Management.

All die skizzierten Instrumentarien der Zukunftsbewertung, von der Delphi-Technik über Trend-Analysen und Sculptured Solutions bis zum Scenario-Management und der Bildung systemischer Allianzen, setzen ein eigeninitiatives Scenario-Learning voraus: die Befähigung, diese Instrumentarien den jeweiligen Herausforderungen entsprechend einzusetzen. Das gilt für die strategische Führung ebenso wie für das persönliche Karriere-Management. Die Instrumentarien der Zukunftsbewertung stehen denn auch am Anfang, nicht im Abschluss an eine Entwicklung. Sie bestimmen die weiteren Ziele, Projekte und Maßnahmen. Damit sie erfolgreich greifen und zügig umgesetzt werden können, sind jedoch all diejenigen Kompetenzen einzulösen, die im Prozess des Value-Competence-Trainings geschildert werden.

Karriereplanung – der Weg in die Eigenverantwortung

Zukunftsbewertung bedeutet stets, persönliche Entwicklungsziele mit einzuschließen. Die Rolle des High Value Agent ist nicht statisch, vor allem nicht, wenn es um die professionelle Gestaltung seiner Zukunft sowie der des Unternehmens geht. Statt vorgefertigte Karrierepfade zu verfolgen, bedeutet insbesondere das Scenario-Learning, sich mit Entwicklungsströmen auseinanderzusetzen und diejenigen Schritte zu initiieren, die dem persönlichen Management of Diversity am besten gerecht werden. Das kann von außen kaum geleistet werden. Es setzt vielmehr ein hohes Maß an Eigenverantwortung voraus, um individuelle Fähigkeiten zu fördern und mit Prozessen der Organisationsentwicklung zu verbinden. Erst dann, wenn diese Eigenverantwortung und -Initiative erbracht wird, kann die Förderung seitens des Unternehmens zur Wirkung kommen.

Karrieremanagement bezieht sich auf das Spannungsfeld zwischen persönlichen Entwicklungsbedürfnissen und Herausforderungen, die das Unternehmen zu bieten vermag. Im Kontext des Value-Competence-Trainings wird dieser Thematik Raum gegeben, weil das Zukunftsmanagement ohne Karriere-Management unzureichend bliebe. Dabei kommt es weniger auf Positionen, sondern auf Potenziale, Fähigkeiten und Lernprozesse an. Statt allgemeine Vorbilder in ihren Karrierebestrebungen nachzuahmen, zählt die eigenständige Auseinandersetzung mit den Anforderungen, die der gesellschaftliche Wandel ebenso mit sich bringt wie das Bemühen, technologisch wie organisational zum Benchleader zu avancieren.

Ein Team von High Potentials hatte in einem Elektronik-Konzern eine solch duale Aufgabe zu meistern: Sie sollten einige Projekte aufgreifen und erfolgreich implementieren, die bisher von anderen Abteilungen wegen unzureichender Ergebnisse abgebrochen wurden. An die High Potentials wurden von der Geschäftsleitung höchste Erwartungen gerichtet: Sie sollten diese Projekte binnen Jahresfrist mit überdurchschnittlichen Erfolgen abschließen, um erstens die Lieferperformance zu steigern, zweitens wieder ein attraktiver Partner der Kunden zu werden und drittens eine entsprechend hohe Positionierung im Markt zu erzielen. Sie mussten, um diesen Zielen zu genügen, hervorragende Ergebnisse zeitigen, ungewöhnliche Projektstrategien entwickeln und ihr eigenes Kompetenz- wie Karriereprofil auf den Prüfstein stellen.

Die Grundlage für erfolgreiches Projektmanagement unter harten Bedingungen war schnell gebildet: Effektoren-, Dalton- und Innovatoren-Analysen machten die neuralgischen Punkte der Projekte deutlich, die früher zu deren Scheitern geführt hatten. Außerdem legten die Analysen offen, dass bisher unabhängig von den Aufgaben stets adaptive Lösungsstrategien begünstigt wurden. Dieses Vorgehen entsprach der tradierten Unternehmenskultur. Versuche, mit Hilfe innovativer Problemlöse-Strategien zu alternativen

Ideen und Lösungen zu kommen, führten zu heftigen Konflikten und wurden schnell als „verletzend" interpretiert. Was manchen in dieser Gruppe auf den ersten Blick als Affront vorkam, verriet bei genauerem Hinsehen deren mangelnde Befähigung, sich außergewöhnlichen Aufgaben zu stellen, dazu heterogene Problemlöse-Stile zu integrieren und salutogene Teams zu formen.

Die Unternehmensleitung war sich dieser Problematik mittlerweile bewusst und suchte mit straffen Zielvorgaben gegenzusteuern, aber auch mit der Herausforderung an die High Potenzials, etablierte Kompetenz- und Karriereprofile kritisch zu überdenken. Die schwierigen Projekte souverän zu meistern, diente als objektives, äußerlich sichtbares Prüfkriterium, um den jüngsten Anforderungen zu genügen. Die High Potentials sollten lernen, ihr Karriereprofil als Kompetenzprofil zu begreifen und auf hohem Niveau zu festigen. Das würde sie für künftige Aufgaben der Unternehmensführung qualifizieren.

Karrierekultur im Wandel

Das Scenario-Learning eignet sich als Einstieg, um die Kompetenz- und Karriereentwicklung in eigener Sache auch eigenverantwortlich zu lenken. Dabei sind die Grundfesten der Karrierekultur in einem Unternehmen zu bedenken: Wer wird – aus Sicht des Unternehmens – für verantwortungsvolle Leitungsaufgaben bevorzugt? Wer hat aus der Sicht unterschiedlicher Szenarien das Zeug, sich als High Value Agent zu qualifizieren, der sein Unternehmen in die Pole-Position steuert und dann in der Lead-Position führt?

Sind es die sicherheitsorientierten Mitarbeiter, die lieber in einem Umfeld arbeiten, das ihnen gewisse Garantien und Standards bietet? Sind es die Aufwärtsstrebenden, die sich in jedem Fall bemühen, eine hierarchisch höherwertige Position zu erreichen? Oder werden Mitarbeiter begünstigt, die sich weniger um Posten und Sicherheiten kümmern, sondern am liebsten eigene Fähigkeiten und ihr Wissen ausspielen? Welche Chancen erhalten Mitarbeiter, die bevorzugt autonom arbeiten, ihre Ergebnisse gerne selbst verantworten und sich von Weisungen durch Vorgesetzte lieber distanzieren? Werden, unabhängig von diesen Kriterien, eher Mitarbeiter mit Führungsaufgaben betraut, die das Unternehmen von der Pike auf kennen und sich der Firma gegenüber als loyal erweisen? Oder setzt man auf kosmopolitische Naturen, die schon so manche Branchen und Betriebe kennengelernt haben und breitgefächerte Erfahrungen einbringen? Während diese Überlegungen durchgespielt werden, ist noch eine weitere Beobachtung von Interesse: Welche Karrierekultur war bisher maßgeblich? Bahnt sich ein Wandel an, etwa von der Sicherheitsorientierung hin zur Fähigkeits- und Wissensorientierung? Wenn ja, in welche Richtung zielt er im konkreten Fall? Gibt es bereits Beispiele, an denen dieser Wandel festzumachen ist, oder handelt es sich um eine Art Neubeginn? Wer ist daran beteiligt, wer davon betroffen? Was bedeutet dies für die Würdigung von Mitarbeiter-Potenzialen?

Scenario-Learning in eigener Sache

Diese Beobachtungen bilden die Schnittstelle zwischen der Unternehmensentwicklung und dem Scenario-Learning in eigener Sache. Es fordert die Bereitschaft zur Eigenverantwortung in doppelter Weise heraus: Erstens ist abzuwägen, wohin das Unternehmen künftig steuert. Daraus sind selbständig die richtigen Schritte abzuleiten, statt ausschließlich „höheren Weisungen" zu folgen. Zweitens sind – wiederum selbständig – die nötigen Lernprozesse zu initiieren, um diesen Wandel bestmöglich zu steuern.

Es gilt, aus den Szenarien der Unternehmensentwicklung Szenarien für die eigene Entwicklung abzuleiten. Einige Fragen sind dazu dienlich. In kurzen Zügen spiegeln sie den gesamten Bogen des Scenario-Learnings wider:

- Welche Einflussgrößen sind (aus meiner persönlichen Sicht) maßgebend, wenn das eine oder andere Scenario eintritt?

- Welche Effektoren habe ich besonders zu beachten, und wie prägen sie den Kontext, in dem ich mitwirken will?

- Was wird im Sinne der Trilogie des Könnens – Rahmenbedingungen zu gestalten, Initiativen zu ergreifen und die wechselseitige Unterstützung zu fördern – konkret von mir erwartet?

- Wie verändern sich relevante Bezugssysteme und deren Wechselwirkungen, und welche Möglichkeiten sehe ich, an diesen oder jenen Entwicklungen mitzuwirken?

- Welche Aktivitäten habe ich konkret im einen, welche im anderen Scenario zu erbringen?

- Wie definiert dies meine künftigen Aufgaben – und welche Partner unterstützen mich bei der Auftragsklärung, um diese Aufgaben souverän zu erfüllen?

- Welche meiner Aktivitäten dienen verschiedenen Szenarien und Entwicklungsströmungen zugleich?

- Wo lohnt es sich besonders – für mich wie das Unternehmen – Engagement zu entfalten und Energie zu investieren, um die richtigen Aktivitäten zu initiieren?

- Wie soll ich diese Aktivitäten angehen, linear durchstrukturiert und auf einige wesentliche Ziele konzentriert, oder reflexiv und meilenstein-orientiert, um während des gesamten Entwicklungsprozesses nach verschiedenen Seiten hin offen zu bleiben?

- Welche Lernprozesse sind erforderlich, um diesen Herausforderungen aktiv zu begegnen und nicht reaktiv von ihnen überrollt zu werden, und wer kann mich darin am besten unterstützen?

Selbst-Coaching

Wenn es darum geht, Mitarbeiterpotenziale langfristig zu entwickeln und individuelle Karrierepfade zu sondieren, unterstützen Fragen dieser Art die Führungs- und Mitarbeitergespräche. Dazu sind die subjektiv relevanten Effektoren zu ermitteln, die mit der persönlichen wie betrieblichen Entwicklung verknüpft sind.

Eine selbstkritische Dalton-Analyse bewahrt davor, in der Auseinandersetzung mit der Zukunft in Aktionismus zu verfallen, der künftige Potenziale verpuffen lässt, statt sie zu fördern. Vielmehr sollten persönlich relevante Lernprozesse angestoßen werden, auch wenn sie bisweilen die Grenzen der Behaglichkeit sprengen. Das Scenario-Learning fördert – als Instrument des Selbst-Coaching – die Befähigung, sich selbst, ein Team und die Organisation in die Zukunft zu führen. Es qualifiziert Führungskräfte langfristig gesehen als Benchleader, die relevante Zukunftsentscheidungen treffen können und aus der Pole-Position zu starten wissen. Auf diese Weise bildet das Scenario-Learning einen wichtigen, persönlich verankerten Baustein zum High Value Management. Es verzahnt persönliche Entwicklungen (Leadership Value) mit denen eines Unternehmens (Corporate Value) und der Kunden (Customer Value). Dies unterstützt die strategische Führung und bedeutet, wenn es um die Entwicklung von Karrierepfaden geht, die Befähigung einer Führungskraft zum High Value Agent.

Gewinnen – ein schöpferischer Prozess

Die Prozesse des High Value Managements sind darauf ausgerichtet, umfassende Spitzengewinne zu erzielen. Voraussetzung dafür ist, den Begriff der „Wert-Schöpfung" ernst zu nehmen. Diese stellt, ganz im Sinne des Wortes, einen schöpferischen Prozess dar. Der steht in seiner Bedeutung dem Begriff des „Ab-Schöpfens" diametral entgegen: Nicht das Ausnutzen, sondern das gestaltende Wirken zeichnet gewinnträchtiges und intelligentes ökonomisches Handeln aus. Um diese Kunst der Wertschöpfung zu formen, gilt es für ein Unternehmen nicht nur die „Top Ten" der Spitzenkräfte zu gewinnen, die auf dem Markt verfügbar sind, sondern mehr noch den Großteil seiner Führungskräfte und Mitarbeiter auf ein Niveau zu heben, das diesen gleichkommt – indem sie eine souveräne, wertbewusste Haltung und ein ausgeprägtes Engagement zum Benchleading entwickeln, das sowohl mit couragierter Gelassenheit als auch zukunftsorientierten Kompetenzen gepaart ist. Aus dieser Sicht ist es das Markenzeichen des High Value Agent, Management-Prozesse in einem schöpferisch-kreativen Sinne zu qualifizieren und so deren Anteil an der Wertschöpfung wesentlich zu steigern. Darauf sind die im Buch vorgestellten Instrumentarien ausgerichtet: Sie sind Meta-Instrumentarien, die einen übergeordneten Blickwinkel zur Bewertung von Führungs- und Management-Prozessen einnehmen und so das „Gelingen" zahlreicher Aufgaben unterstützen. Diese Prozedere erlauben es einer Führungskraft, aus einer breiten Palette von Management-Tools die für eine Aufgabe jeweils richtigen herauszufiltern und zu kombinieren. Dies erhöht den substanziellen Gewinn für ein Unternehmen, weil dieses auf relevante Entwicklungen setzen kann und nicht von „Mode"-Erscheinungen in der Management-Praxis abhängig wird. Vor allem stellt dieses Vorgehen hohe Ansprüche an Lern-, Führungs- und Coaching-Prozesse, um dauerhafte Spitzengewinne zu erzielen.

Des Weiteren kommt dem vorausschauenden Engagement des High Value Agent eine Schlüsselrolle zu, weil nicht nur komplexe unternehmerische Prozesse, sondern auch die Vielzahl der beteiligten Partner und Kunden differenzierte Strategien des Gewinnens und Gelingens erfordern – ohne dabei den klaren Fokus des wertorientierten Handelns zu verlieren. Simple „Win-win"-Ansätze – wie sie für zwei Verhandlungspartner charakteristisch sind – reichen dazu in vielen Fällen nicht aus. Deshalb berührt die Trilogie des Könnens das (Multi-) Projekt- und Prozess-Management, das sowohl die Wertschöpfungsbasis für strategische wie operative Entwicklungen darstellt, als auch die Kompetenz im Umgang mit den Kunden. Schließlich liegen in der zutreffenden Analyse der Zukunft und ihrer Wirkfaktoren die größten Wertpotenziale verborgen, die außerordentliche Gewinne mit sich bringen: Ähnlich den Juwelen, die im grauen Gestein eines Berges von außen kaum zu erkennen sind, werden deren tatsächliche Werte erst sichtbar, wenn sie geöffnet und von innen her betrachtet werden. Die Zukunft verstehen zu lernen heißt, diese in der Zukunft begründeten „Juwelen" zu bergen und den Abraum aktionistischen Managements beiseite zu lassen. Das gibt Raum für kluge, integrierte Lösungen – der Core Competence des High Value Managements.

Literatur

ANDERSON, T. (Hrsg.) (1990). Das Reflektierende Team. Dialoge und Dialoge über die Dialoge. Dortmund.

ANTONOVSKY, A. (1997). Salutogenese, Tübingen.

BERTHEL J. (1997). Personalmanagement. Stuttgart.

BLAKE, R. & MOUTON, S. (1964). The managerial grid. Houston.

BONSEN, M. ZUR (1998). Mit der Konferenzmethode Open Space zu neuen Ideen. In: HarvardBusiness*manager*, 3/1998, 19 – 26.

BÜHNER, R. UND AKITÜRK, D. (2000). Führen mit Kennzahlen. Führungs-Scorecard in Verbindung mit dem EFQM-Modell bringt kontinuierliche Verbesserung. In: Qualitätsmanagement, 45, 2,155 – 158.

DAVISON, G. & NEALE, J. (1979). Klinische Psychologie. München, Wien, Baltinore.

DÖRNER, D. (1990). Die Logik des Mißlingens. Reinbek bei Hamburg.

GEUS, A. DE (1997). Das Geheimnis der Vitalität. In: HarvardBusiness*manager*, 3/1997

FINK A., SCHLAKE O., SIEBE A. (2000). Wie Sie mit Szenarien die Zukunft vorausdenken. In: HarvardBusiness*manager*, 2/2000, 34 – 47.

HAUSCHILDT, J. (1993). Innovationsmanagement, München.

HEINRICH, L. & BURGHOLZER, P. (1987). Systemplanung, Band 1. München.

HEINRICH, L. & BURGHOLZER, P. (1988). Systemplanung, Band 2. München.

HENZLER, H. (HRSG.) (1988). Handbuch Strategische Führung. Wiesbaden.

HENZLER, H. (1990). Diskussionsforum, Universität München.

KIRTON, M. (1994). Adaptors and Innovators. Styles of Creativity and Problem Solving, London, New York.

KIRTON, M. (1995). Coping Behaviour. Occupational Research Centre, Berkhamsted.

KIRTON, M. (1996). KAI notes no. 4. Paradigm Width – When are Adaptors Broader than Innovators? Occupational Research Centre, Berkhamsted.

KRAUS, G. & WESTERMANN, R. (1995). Projektmanagement mit System: Organisation, Methoden, Steuerung. Wiesbaden.

MILGROM, P. & ROBERTS, J. (1992). Economics, Organization and Management. London.

O'HARA, S. & SCHWENDNER R. (1997). Ecological Economics. A Framework for Creating Social and Ecological Intelligence. In: Köhn Jörg & Gowdy John (ed.). Implications of Ecological Economics to Regional Economics. Rostocker Beiträge zur Regional- und Strukturforschung, Heft 10, 103 – 123.

PRESTBO, J. (Speech, 29 March 2000). Explaining the Dow Jones Sustainability Group Index. Montreux, Switzerland.

ROSENSTIEL, L. VON (1995). Grundlagen der Führung. In: Rosenstiel, L. von, Regnet, E., und Domsch, M., (Hrsg.). Führung von Mitarbeitern. Handbuch für erfolgreiches Personalmanagement. Stuttgart.

SCHOEMAKER, P. (1995). Scenario planning. A tool for strategic thinking. In: Sloan Management Review, 36, 2, 25–40.

SCHWENDNER, R. (1995). Sustainable Innovation and Quality Management. In: World Resource Review, 7, 4, 605 – 614.

SCHWENDNER, R. (1996). Logik des Scheiterns. Potentiale im Unternehmen verbessern statt verspielen. Wiesbaden.

SEN, A. (1999). Development as Freedom. Oxford University Press. Oxford, New York.

SENGE, P. (1990). The Fifth Discipline. New York.

SIMONS, R. & DÁVILA, A. (1998). Return on Management. Wie gut führen Sie Ihr Unternehmen? In: HarvardBusiness*manager*, 4/1998, 71– 80.

VESTER, F. (1980). Neuland des Denkens. Stuttgart.

WEIZSÄCKER, E. V. (1999). Das Jahrhundert der Umwelt. Frankfurt, New York.

WUNDERER, R. & GRUNWALD, W. (1980). Führungslehre. Berlin.

Abbildungsverzeichnis

Abbildung 1: Arbeitsfelder des „Value Competence Trainings" 17
Abbildung 2: Der thematische Aufbau des Buches 19

KAPITEL I:

Abbildung 3: Wie kleine Ruder große Schiffe bewegen 24
Abbildung 4: Der Aufbau des Effektoren-Managements 26
Abbildung 5: Sammeln und Gewichten relevanter Daten 32
Abbildung 6: Interdependenz-Analyse der Daten 33
Abbildung 7: Ergebnisse in der Einfluss-Matrix dokumentieren
(am Beispiel „Kundendatenbank") 35
Abbildung 8: Wie „Klumpenrisiken" entstehen ... 50
Abbildung 9: Vom Schein- zum echten Nutzen: ein Führungsauftrag 55

KAPITEL II:

Abbildung 10: Primäre Nutzenkonzepte von IuK-Systemen, nach Branchen geclustert 70
Abbildung 11: Die Werte der Effektoren-Analyse (Studie „Erfolgreiche
Kommunikationsmodelle") 73
Abbildung 12: Analyse des Lernbedarfs – Das Handlungs- und Wahrnehmungslernen 77
Abbildung 13: Den Lernbedarf konkretisieren (am Beispiel Unternehmenskommunikation) 78
Abbildung 14: Bewertungsraster für kurzfristig-reaktive und präventive Maßnahmen 81
Abbildung 15: Raster für den Aufbau einer Nutzwert-Analyse 84
Abbildung 16: Matrix der multifokalen Nutzwert-Analyse 87
Abbildung 17: Prozessoptimierung im Rahmen des EFQM-Modells 91
Abbildung 18: Return on Management (ROM): Wie gut erledigen Sie Ihren Auftrag? 93
Abbildung 19: Wie das ROM den Wert von EFQM und Balanced Score Cards erhöht 94
Abbildung 20: Kontextübergreifende Effektoren sukzessive einschleusen 99
Abbildung 21: Die erweiterte Matrix – Schnittstellen von Schlüsselfaktoren 100
Abbildung 22: Inbound Strategy: Hilfestellung für Multi-Power-Teams 103
Abbildung 23: Outbound Strategy: Irritationen bei Partnern und Kunden vermeiden 104
Abbildung 24: Circular Strategy: Die Teamführung unterstützen 105
Abbildung 25: Meta-Effektoren mit funktionsspezifischen Einflussgrößen verknüpfen 110
Abbildung 26: Prioritäten bilden – Checkliste zum Effektoren-Management 113

KAPITEL III:

Abbildung 27: Merkmale unterschiedlicher Kreativitäts- und Problemlöse-Stile   128
Abbildung 28: Häufigkeit von kreativen Stilen, gemessen an der Gesamtbevölkerung   131
Abbildung 29: Identifizierung von „Bridgern" im Team   140
Abbildung 30: Lösungs-Potenziale von „homogenen" und „hererogenen" Teams   143
Abbildung 31: Teamarbeit proviziert subjektive Rollenvielfalt   147
Abbildung 32: Coping-Verhalten zwischen exzellenter Leistung und Burn-out   154
Abbildung 33: Risikoabschätzung des Change Management   158
Abbildung 34: Die Entstehung von Team- und Unternehmenskulturen   160
Abbildung 35: Die Customer-Relation-Matrix   161

KAPITEL IV:

Abbildung 36: Multiple Aufträge durch Kontextanalysen verknüpfen   173
Abbildung 37: Beispiel für eine kontextorientierte Fragestruktur   175
Abbildung 38: Relationship Manager – Vom Fach-Berater zum „multiplen Könner"   187
Abbildung 39: Perspektivenwechsel – Von der Kontext- zur Auftragsklärung   189
Abbildung 40: Entscheidungs-Raum für Optimierungsstrategien   193
Abbildung 41: Der "lernende Kunde" – Customer-Coaching in der Wertschöpfungskette   195
Abbildung 42: Dialogisches Lernen als „Motor der Innovation"   196

KAPITEL V:

Abbildung 43: Wechselwirkungen zwischen Reparation, Prävention, Salutogenese   202
Abbildung 44: Dialogisches Lernen durch „selbst-reflexive Schleifen"   206
Abbildung 45: Entscheidungsmatrix für Team-Strategien   213
Abbildung 46: Das Verständnis der „kooperativen Führung" im Managerial Grid   216
Abbildung 47: Das Verständnis der „kooperativen Führung" nach Lutz von Rosenstiel   218
Abbildung 48: Selbst-Coaching von vernetzten Teams   224
Abbildung 49: Die Anwendungsbreite von lösungsorientierten Skulpturen   230

KAPITEL VI:

Abbildung 50: Das Management erfolgreicher Projektarbeit   235
Abbildung 51: Verlaufsmuster der präventiven versus reaktiven Projektkultur   237
Abbildung 52: ROM in der Projektarbeit   238
Abbildung 53: Steuerungsebenen des Projektmanagement   240
Abbildung 54: Integration von Rahmen- und Projektstrukturplan   241

Abbildung 55: Planungsebenen des Projektstrukturplans 242
Abbildung 56: Mini-Max-Pfade strukturieren 244
Abbildung 57: Integration von quantitativen und qualitativen „Ist"- und „Soll"-Kriterien 245
Abbildung 58: Entwicklung des Selbst-Controlling in der Projektarbeit 246
Abbildung 59: Integration verschiedener Implementierungsstrategien 248
Abbildung 60: Übersicht – Die serielle Implementierung 250
Abbildung 61: Übersicht – Die parallele Implementierung 251
Abbildung 62: Das Projektdesign in Abhängigkeit vom Innovationsgrad 255
Abbildung 63: Übersicht der Netzplan- und Verantwortungsmatrix 257
Abbildung 64: Entwicklungsschritte der Time-line-Konzeption 258
Abbildung 65: Die einzelnen Teilprojekte systematisch optimieren 259
Abbildung 66: Adaptiver Wandel 263
Abbildung 67: Innovativer Wandel 266
Abbildung 68: Alternierender Wandel 267

KAPITEL VII:

Abbildung 69: 3-D-Raster zur Bewertung von Zukunftsanalysen 280
Abbildung 70: Was Zukunfts-Instrumentarien leisten 283
Abbildung 71: Reduktion der Komplexität – die Delphi-Technik 286
Abbildung 72: Management of Diversity – die Integration multipler Szenarien 290
Abbildung 73: Entwicklungsphasen von systemischen Allianzen 298

Stichwortverzeichnis

A

Adaptiver Problemlöse-Stil 127

Adaptiver Regeldruck 153

Adaptiver Wandel 262

Adaptoren 137, 140, 148

- High Level, Low Level 129

Adressat

- Primär-, Sekundär-Adressat 57

Aktionismus 13, 108

- Aktionistische Pausen 41

Allfinanz-Geschäft (Beispiel) 30, 182, 188

Alpha-Faktoren 24

Ambivalenz-Faktoren 34, 37

Anmutungswert 227

Antizipatorische Verknüpfung 32

Assessment-Center 47

- Förder-Assessment 224

Aufgabenorientierung 217

Auftragsbeziehungen 196

Auftragsklärung 37, 169, 189, 192, 220, 236, 299

Auftragsvolumen 144

Autohaus (Beispiel) 129, 190

Averell-Faktoren 48

B

Balanced Score Cards 52, 91, 294

Barrieren 180

Bauernopfer 91, 277

Behaglichkeit 17, 303

Benchleader 275, 304

Berater 89, 117, 162, 176, 183, 226

- Früh-adaptive Berater 273

Beziehungen

- „Reife", „unreife" Beziehungen 205

Bezugsrahmen 117

Bezugssysteme 118, 127, 165, 178, 275, 294, 299

Bottom-Up-Strategien 109, 247

Bridger 120, 131, 139, 148, 152

Burn-out 150, 153

C

Change Management 14, 52, 156, 261

- adaptives Change Management 262

- als Auslöser einer Stagnation 157

- Kundenorientiertes 163

- Oszillierendes 267

- Paralleles 264

- Serielles 262

Clownerie 144, 225

Coach des Kunden 185

Coaching 14

- Bedarf 193

- Corporate-Coaching 31, 181, 258

- Creativity-Coaching 132

- Customer-Coaching 170, 187, 226, 258

- Profile 193

- Selbst-Coaching 303

- Systemisches Coaching 224

Complexity 281

Controlling

- Controlling des Controlling 89

- Innovation des Controlling 29

- Präventives Controlling 246
- Ressourcen-Controlling 245
- Ziel-Controlling 245
Coping-Strategien 152, 280
Coping-Verhalten 153
Courage des Handelns 138, 177, 181

D

Dalton-Analyse 25, 45, 109
Delphi-Management 275, 284, 194
Dialogisches Lernen 185, 195, 205
Diversity (Management of...) 281, 295, 298
Domino-Effekte (im Projektmanagement) 86
3-D-Raster 284
DV-Projekt (Beispiel) 176

E

E-Commerce 220
Effektoren 22, 34, 36, 82, 109, 112, 239, 298
- Effektoren und Innovationsgrad 87
Effektoren-Management 17, 25, 172, 186
- Analyse von verschiedenen
  Bezugssystemen 98
- Integriert mit Nutzwertanalysen 82, 90
- Organisationsentwicklung 82
- Personalentwicklung 43
- Projektmanagement 38
- Projektoptimierung 235
- Strategische Führung 106
Effizienz 122, 135, 164
- als Kreativitätsmerkmal 132, 135
EFQM 52, 91
Eigeninitiative 58

Eigenverantwortung 300
Elektronik-Konzern (Beispiel) 300
Emotionale Intelligenz 111
Emotionale Valenz 227
Energiewirtschaft (Beispiel) 289
Entscheidungsmatrix 210
Experimentalgeschäft 165
Externe Stimuli 125
Extrovertierte 125, 145

F

Faktor Vier 171
Feedback-Intensität 226, 249, 251
- Reaktives, präventives Feedback 37
Fehlinvestitionen vorbeugen 23, 208, 271, 285
Fitness (des Unternehmens) 144
Freiräume 13
Frustations-Aggressions-Spirale 95, 151
Führungsqualität 153
Führungsstile 215, 220
Fusionen 142

G

Gelassenheit 13, 112, 304
Generationenkonflikte 218
Geschäftsgebaren 156
Geschäftsprozesse 220
Geschäftswert 144

H

High Potentials 300
High Value Agent 13, 51, 300, 304
High Value Management 5, 55, 304

I

Iatrogener Stress 51
- Sekundärer Krankheitsgewinn 51

Ideenführung 123, 133, 157, 164

Implementierung 247
- Parallel 249
- Seriell 248

Indikatoren 34
- Indikatoren und Innovationsgrad 87

Ineffizienz-Falle 125

Initiativemanagement 31, 179

Innovation 129, 252
- Adaptive Innovation 166
- Innovative Innovation 166

Innovationsagent 110

Innovationsmarketing 109

Innovativer Problemlöse-Stil 127

Innovatoren 129, 137, 140, 148, 152, 156
- High-, Low-Level-Innovatoren 130

Innovatoren-Analyse 25, 109

Innovatoren-Management 186, 236

Integration 98
- Ökonomische und
  ökologische, soziale Verträglichkeit 98

Integrative Führung 17, 68, 74, 79, 258

Interdependenz-Analyse 34

Inter-paradigmatisches Lernen 298

Intra-paradigmatisches Lernen 127, 289

Intrinsische Fantasie 125, 141

Introvertierte 125, 145

IT-Tools 30

IuK- (Info- und Kommunikations-) Systeme
- Beitrag zur Gesamtkommunikation 61
- Hierarchieübergreifende 81
- Kommunikative Nahtstellen 66
- Nutzenkonzepte 66
- Potenzialabschätzung 67
- Risikoabschätzung 67

J

Jack-Faktoren 47
Joe-Faktoren 47

K

KAI-Inventory 132, 141

Karriere-Coaching 17, 22

Karrierekultur 301

Karriereplanung 300

Keil-Strategien 248

Kerngeschäft 165

Kernkompetenzen 178

Kirton-Adaptor-Innovator-Inventory (KAI) 122

Klumpenrisiken 49, 54

Kognitive Dissonanz 273

Kommunikationsmuster 56, 123

Kommunikative Beliebigkeit 57

Kommunikative Kompetenz 247

Kommunikative Verantwortung 60

Kompetenzkriterien 271

Komplexität (Aufgabe, Kooperation) 211

Konfliktbewältigung 200

Konkurrenz (von Interessen) 101

Kontextanalysen 172, 191, 238

Kontextklärung 169, 172, 179, 185, 190, 238, 298

Kooperative Führung 215

Kostenverursacher 95

Kreativität 20, 150

- Klischees ausräumen 120

- Kreativität und Leistung 119

- Niveau 121

- Profile (homogene, heterogene) 132

- Stil 117, 121, 165

Kreativitätsmanagement 125, 153, 155, 166, 172

- des Kunden 162

Krisenmanagement 80, 200, 293

Krisenprävention 201

Kulturwandel 5

Kundendatenbank (Beispiel) 35

Kundenkontext 197

Kunden-Motiv 223

Kundennähe 229

Kundenorientierung 160

Kunden-Pfad-Analyse 196

Kundenverantwortung 190

L

Lead-Position 15, 226

Lernbedarf 145

Lernen

- Dialogisches Lernen 205

- Handlungslernen 74

- Wahrnehmungslernen 75

Lernprozesse 14

Lolly-Kultur 58

Lösungsprozesse 72

Lösungsstrategien 83, 102, 223, 293

- Inbound- 102

- Intelligente 260

- Outbound- 102, 104

- Zirkuläre 102, 105

Luftfahrtindustrie (Beispiel) 289

Lumpy risks 49

M

Märkte

- diversifizierte, vertraute 165

Maximaloption 245

Mediatoren-Rolle 152

Meetings 53

Mentor-Team 222

Meta-Analysen 25, 91

Meta-Effektoren 109, 111

Meta-Instrumentarien 304

Meta-Optimierung 193

Mini-Max-Lösungen 244, 258

Missmanagement vorbeugen 39

Mitarbeiterorientierung 219

Mittelmäßigkeit 157

Mobbing 202, 204

- Zirkuläres Mobbing 151

Motivation 122

Multi-Center-Teams 104, 186, 209, 247

Multi-perspektivische Betrachtung 96

Multiple Risiken 294, 283

Multiple-Nucleus-Strategien 109, 247

Multi-Power-Teams 103, 212, 185

Multi-Projekt-Management 17, 109

Multi-Prozess-Management 210

Münchhausen-Prinzip 80, 152

N

Neutrale Faktoren 34
Nutzwertanalysen
- im Team-Coaching 83
- multiple 86, 112

O

Open Space 282, 288
Optimierte Coaching-Profile 194
Optimierungsprozesse optimieren 192
Ort der Initiative 230

P

Paradigm Enrichment 264, 292
Paradigm Swing 267
Parentale Teams 177
Pendulum des Wandels 158
Pole-Position 15, 28, 263
Portfolio-Management 287
Prävention 202
Prioritätenmanagement 37
Problemlöse-Kompetenz 125
Problemlöse-Stil 17, 117, 122
Problemlöse-Strategien 145
Produktentwicklung 230
Projekt-Assessment 260
- Assessment des Innovationsgrads 253
Projekt-Auftrag 242
- Sach-, Prozess-, Leistungskriterien 243
Projekt-Controlling 236, 242, 246
Projekt-Design 256
- Ablaufanalyse 39
- Innovationsgrad und Projektdesign 39

Projektführung 185
Projekt-Hopping 52
Projektkultur 237
Projekt-Management 14, 184, 231, 236, 240
- Effektivität des Projektmanagements 37
- Erfolgsfaktoren 236
- Handlungslernen (im Projekt) 78
- Präventive, reaktive Erfolgsfaktoren 237
- Wahrnehmungslernen 78
Projekt-Optimierung 171
Projektplanung
- Logische versus opportunistische
  Planung 252
Projekt-Team 30
Projekttypen
- Lineare, rollierende, reflexiv-
  meilensteinorientierte 254
Promotor 182
Prozess-Controlling 215
Prozess-Integration 258
Prügelknabe (Funktion des...) 151
Psychohygienische Attitüde 57

Q

Qualität der Zukunftsbewertung 273
Qualitätsmanagement 296

R

Rahmenbedingungen 31, 179
Rahmenstrukturplan 241
Reengineering 38, 47, 52

Regeln
- Umgang mit Regeln (im Team) 122, 136
Reibungsverluste 125
Relationship Manager 183
Risikofaktoren 157
Risikowahrnehmung 280
ROM (Return on Management) 91, 93, 238
Rüstungskonzern (Beispiel) 273

S

Salutogene Teams 17, 200, 293
Scenario-Coaching 31
Scenario-Learning 186, 284, 300, 302
Scenario-Management 289, 291
Schnittstellen
-Analysen 237, 251
-Management 108, 111
Sculptured Solutions 228, 293
- in der Projektarbeit 232
Selbst-Coaching 141, 214, 303
Selbstführung 141, 155, 185, 222
Selbstführung im Team 143, 214
Selbst-kooperative Kompetenz 214
Selbst-Organisation 214
Selbst-reflexive Schleifen 207
Situationsanalyse 169, 179
Standardisierungsbedarf 193, 195, 226
Strategieentwicklung 13
Strategische Allianzen 280
Strategische Führung 5, 106
Strategisches Coaching
- (siehe auch Corporate Coaching) 111

Streitkulturen überwinden 96
Stress 13, 150
- Alltagsstress 145
- Lolly-induzierter Stress 41
- Stress und Coping-Verhalten 123
Stressmanagement 153
Synergiepotenziale 142
Systemische Allianzen 295
Systemwirkung 170, 193

T

Task Force 213
Teamarbeit 22
- Balance der Teamarbeit 137, 165
- Interkulturelle 147
- Kontinuum 141
Team-Coaching 83, 141
Teamführung 79, 143, 164
- Lösungspotenziale im Team 146
- Leistungsprofile 146
Team-Integration 231
Teamkultur 161
Teams
- Heterogene 146
- Homogene 146, 166
Team-Skulpturen 228
Technischer Dienstleistungskonzern 144
Time-line 258
Top-Down-Strategien 109, 247
Trainingsbausteine 184
Trainingskultur 125
Trendanalyse 286
Trilogie des Könnens 17, 179, 192, 304

Triple-Win-Strategien 295

Trojanische Pferde 95, 97

U

Unbehagen 176

Unternehmenskommunikation 65

- Innovatorenanalysen 66

- Lernprozesse 66

Unternehmenskultur 161

V

Value Competence Training 5, 16, 96, 125, 171, 192, 214, 236, 261

Verantwortung

- Aufgespaltene 277

- Eigenverantwortung 300

- Substanzielle 276

- Substituierte 276

Vernetzte Teams 223

Versicherungsmathematik (Beispiel) 107

Viren-Risiken in der Gesamtkommunikation 56

Virtuelle Kommunikation 56,

Virtuelle Kooperation 212

Virtuelle Teams 79, 148

W

Wandel 121

- Adaptiver, innovativer 263

- Gradmesser des Wandels 260

Wertschöpfungsnetze 182, 295

Wertschöpfungspotenziale 156

William-Faktoren 48

Wirkungsräume (-systeme) 171, 193

Wissensmanagement (zukunftsorientiertes) 272

Z

Zinsniveau 107

Zukunfts-Analysen, -Bewertung, -Evaluation 17, 279, 283, 304

- Leistungsmerkmale der Zukunft 278

- Instrumentarien der Zukunftsbewertung 283

Zukunftskompetenzen 278

Zukunftsorientierte Denkprozesse 123

Der Autor

Dr. Raimund Schwendner, geb. 1955, arbeitet als Management-Berater und Führungskräfte-Coach für zahlreiche international tätige Unternehmen. Seine Arbeitsschwerpunkte sind Strategische Führung, Innovationsmanagement und High Value Management. Im Rahmen seiner Gastprofessur für Innovation Strategies in den USA hat er eine Reihe innovativer Ansätze zur Projekt- und Prozess-Steuerung entwickelt.

Darüber hinaus arbeitet er als Management Science Adviser für Projekte der World Bank, vor allem in den Bereichen Integratives Management, Change Management, Regionale Entwicklung, Organisationsentwicklung und Operations Research. Der Integration von ökonomischen, ökologischen und sozialen Herausforderungen gilt dabei sein besonderes Engagement.

Als Leiter des KAI Centre Germany befasst er sich mit der Gestaltung intelligenter Kreativitäts- und Problemlöse-Strategien. Sie dienen dazu, Prozesse des Change Management, des „Management of Diversity" als auch des individuellen Führungs- und Team-Coaching zu optimieren. Diese Problemlöse-Strategien sind Bestandteil seines Value-Competence-Trainings sowie der Train-the-Trainer-Maßnahmen zur Führungs- und Unternehmensentwicklung.

Weitere Informationen unter

www.raimund-schwendner.de

oder zur persönlichen Kontaktaufnahme unter

RaySchwendner@aol.com